国家级高技能人才培训基地建设项目重点建设专业规划教材

U0735504

汽车维修技师技能培训

QICHE WEIXIU JISHI JINENG PEIXUN

主　编　王　瑜
主　审　高为群
参　编　汤　彬　　陈李军

江苏大学出版社
JIANGSU UNIVERSITY PRESS
镇　江

图书在版编目(CIP)数据

汽车维修技师技能培训 / 王瑜主编. — 镇江：江苏大学出版社，2016.4(2021.1重印)
ISBN 978-7-5684-0021-3

Ⅰ.①汽… Ⅱ.①王… Ⅲ.①汽车－车辆修理－技术培训 Ⅳ.①U472.4

中国版本图书馆 CIP 数据核字(2016)第 085151 号

汽车维修技师技能培训

主　　编/王　瑜
责任编辑/郑晨晖
出版发行/江苏大学出版社
地　　址/江苏省镇江市梦溪园巷 30 号(邮编：212003)
电　　话/0511-84446464(传真)
网　　址/http：// press. ujs. edu. cn
印　　刷/广东虎彩云印刷有限公司
开　　本/787 mm×1 092 mm　1/16
印　　张/17
字　　数/417 千字
版　　次/2016 年 4 月第 1 版
印　　次/2021 年 1 月第 3 次印刷
书　　号/ISBN 978-7-5684-0021-3
定　　价/46.00 元

如有印装质量问题请与本社营销部联系(电话：0511-84440882)

前　　言

　　为满足汽车维修行业技能型人才培养的需求,适应职业教育全面实行"理论与实践一体化"的形式,我们组织专业教师编写了本书。本书以职业工作需求为培养目标,以技能训练为中心,注重实践操作,增强学生的感性认识,激发其学习兴趣,理论指导实践,使学生能够轻松掌握所学知识,达到融会贯通的效果。

　　本书具有以下特点:

　　1. 引入"看图学修"的理念。以图的形式生动形象地展现了汽车的基本结构及组成、基本性能的测试与检查、故障诊断与检修,具有较强的现场感,同时配以文字说明,便于理解和掌握。

　　2. 可操作性强。无论需要完成任务的大小和复杂程度如何,学生都可以在教师的指导下独立地获取信息及进行工作准备、制订工作计划、确定工作任务、实施工作等。

　　3. 内容系统全面。本书从发动机、底盘、车身电器及专业技术论文写作四个方面选取了各具代表性的汽车维修工技师技能鉴定的考核项目,围绕国家技能考核鉴定的考核要求,以岗位技能需求为出发点,突出汽车维修技师的职业特点,系统而全面地讲解知识,以满足本职业对从业人员的要求。

　　4. 在叙述上深入浅出,通俗易懂。不仅考虑了学生的实际情况,同时兼顾了有一定水平的人员的提高需求,具有很强的指导性与实用性。

　　5. 服务目标明确。本书可用于企业培训和职业技能鉴定培训,也可作为高级技校、技师学院、高职院校及各种短训班的教学用书,也可供有关人员自学使用。

　　本书共分为4个模块,27个项目,其中模块一和模块四由江苏省交通技师学院王瑜编写;模块二由江苏省交通技师学院汤彬编写;模块三由江苏省交通技师学院陈李军编写。全书由王瑜主编,江苏省交通技师学院高为群主审。

　　本书在编写过程中得到了镇江奥达汽车销售服务有限公司、江苏天泓汽车集团有限公司、镇江宝德汽车服务有限公司、镇江飞驰商务车有限公司等单位的大力支持,在此一并表示感谢。

　　由于编者水平有限,编写时间仓促,书中难免有疏漏之处,恳请读者批评和指正!

目　录

模块一
发动机性能检测及故障诊断

知识要点

　　本模块主要内容包括发动机基本性能如燃油压力、气缸压缩压力、气缸真空度的检测,并通过性能检测判断发动机的运行工况变化;介绍了主要传感器的检测及波形分析,喷油器、点火系统的检测及波形分析方法,以及发动机五个典型故障的诊断与排除方法。

考核项目一

燃油压力测试及故障分析

考场准备

整车一辆、汽油燃油压力表、常用拆装工具、抹布、专业油管夹钳。

考核要求

1. 正确安装和使用燃油压力表；
2. 规范操作燃油压力测试步骤；
3. 准确分析油压不正常的原因，并能排除常见故障。

考点链接

燃油压力测试是发动机综合故障诊断中最基本的测试手段之一，可以准确判断出供油系统的故障。测试内容包括静态油压测试、工作油压测试和残余油压测试等几个方面。

与燃油压力相关的机械元件有燃油泵、燃油滤清器、油压调节器。

操作步骤

燃油压力测试及故障分析步骤见表1.1-1。

表1.1-1　燃油压力测试及故障分析步骤

1. 前期准备与安全检查
（1）准备工具：拆装工具、抹布、专业油管夹钳、跨接线、灭火器。 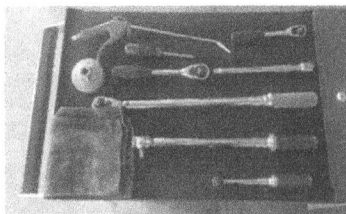

（2）铺好车轮挡块、室内三件套、翼子板布、前格栅布,安装尾气烟套;检查变速器挡位;检查汽车油、水、电;检查发动机舱线路、管路连接情况。

2. 泄压

先拔下燃油泵保险丝、继电器或油泵插头,再启动发动机,直至发动机自行熄火后,再次启动发动机2~3次,然后拆下蓄电池负极。

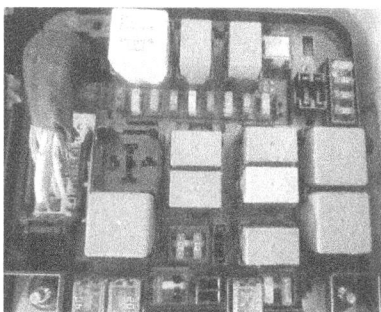

3. 安装燃油压力表

将燃油压力表串接在进油管中(带测压口的车辆将燃油压力表连接到测压口上),在拆卸油管时要用一块毛巾或棉布垫在油管接口下,防止燃油泄漏到地上。

注意事项:
 ① 燃油压力的检测必须在通风良好的环境下操作。
 ② 在接燃油压力表之前应先泄掉燃油压力。
 ③ 连接燃油压力表,试着车几秒,检查压力表接头处是否有泄漏。应确保无燃油泄漏才能检测燃油压力。

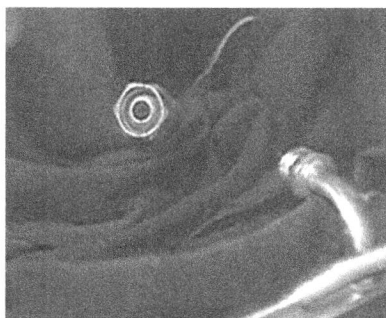

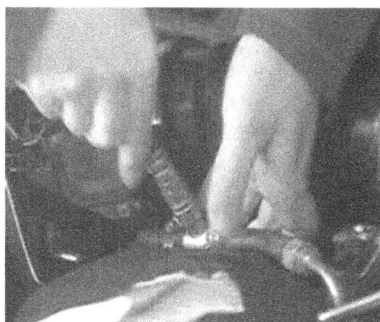

4. 静态油压测试

（1）将泄压时拔下的燃油泵保险丝复位。

（2）使用跨接线连接燃油泵继电器上30号和87号针脚孔，并将点火开关转至"ON"位置，使油泵工作，检查燃油压力表的读数值，此读数即为静态油压。静态油压一般在300 kPa左右。

5. 工作油压测试

（1）关闭点火开关，拔下跨接线，装复燃油泵继电器。

（2）测试怠速油压：启动发动机，使燃油泵在怠速下运转，此时油压表的读数为怠速工作油压，标准的燃油压力值为380～420 kPa，同时查看油压表指针是否摆动，若摆动则为油压不稳。

（3）调节油压：在发动机怠速运行的条件下，拔掉燃油压力调节器上的真空管，观察油压表读数，此时燃油压力值应上升到450 kPa。

（4）发动机怠速运行时用包有软布的钳子夹住回油管，此时油压表读数为油泵最大供油压力，一般为正常工作油压的2～3倍。否则，说明油泵性能下降，泵油压力不足。

注意事项：
钳子夹住回油管的时间不应超过3～5 s。

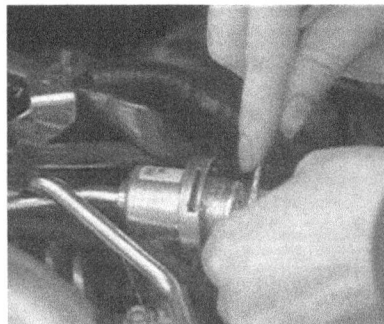

4

6. 残余油压测试
松开油管夹钳,发动机熄火,燃油泵停止运转,10 min后,油管保持压力应大于150 kPa。

7. 卸除油压
再次拔下燃油泵保险丝、继电器或油泵插头,启动发动机,直至发动机自行熄火后,再次启动发动机2～3次。

8. 拆卸燃油压力表并进行 5S 工作
(1) 拆卸燃油压力表,将进油管重新连接好,启动发动机,检查油管是否渗漏。 (2) 整理工具,打扫考场。

结果分析

　　油压表读数结果有油压为0、油压正常、油压过高和油压过低4种情况。

　　油压为0时(此类情况较少见),先检查油箱存油量及油道是否严重外泄,燃油滤清器是否完全堵塞。排除可能性后,若油压依然为0,则需检查燃油系统的控制电路,如保险丝是否烧断、继电器是否工作、油泵电路线束是否开路、油泵是否损坏等。

　　油压过高时,主要检查压力调节器顶部的真空管是否松脱或破裂漏气,或油压调节器回油管是否堵塞等。

　　燃油压力过低时,或油泵停止工作2～5 min内油压迅速下降,在排除油路向外泄漏的前提下,则说明喷油器之中有泄漏现象,燃油压力调节器故障、燃油滤清器堵塞、油泵故障。

考核项目二

气缸压缩压力测试及故障分析

2

考场准备

发动机台架一台或整车一辆、气缸压力表一套、拆装工具一套、发动机综合分析仪一台、机油一壶等。

考核要求

1. 正确使用气缸压力表；
2. 规范操作气缸压力的测试步骤；
3. 准确分析气缸压力过高、过低的原因，并能排除常见故障。

考点链接

气缸压缩压力是指四冲程发动机压缩终了时气缸内的压力，与机油黏度、气缸活塞组配合情况、配气机构调整的正确性和气缸垫的密封性等因素有关。测量发动机气缸的压力，可以诊断气缸、活塞组的密封情况，以及活塞环、气门、气缸垫密封性是否良好和气门间隙是否适当等。

在用汽车发动机各缸压力不少于原设计标准的85%，每缸压力与各缸平均压力差：汽油机不大于8%，柴油机不大于10%。

操作步骤

气缸压缩压力测试及故障分析步骤见表1.2-1。

表 1.2-1 气缸压缩压力测试及故障分析步骤

一、使用气缸压力表检测气缸压力

1. 车辆前期准备及安全检查

（1）准备工具：拆装工具、抹布、气缸压力表。

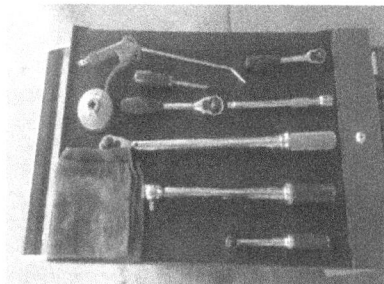

（2）铺好车轮挡块、室内三件套、翼子板布、前格栅布；安装尾气烟套；检查变速器挡位；检查汽车油、水、电；检查发动机舱线路、管路连接情况。

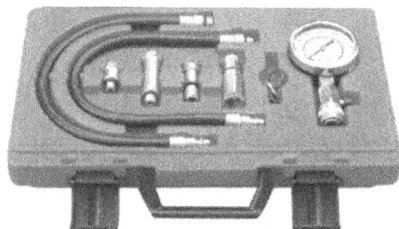

2. 打开发动机舱盖

（1）蓄电池电量充足。
（2）起动机性能正常。

（3）彻底清洗空气滤清器或更换新的空气滤清器。

（4）发动机达到正常的工作温度（水温 80~90 ℃，油温 70~90 ℃）。	

3. 打开继电器盒

（1）打开继电器盒。	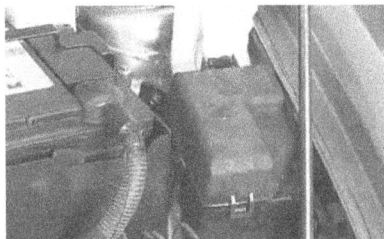
（2）拔下主继电器 15 A 熔丝。	

4. 取下盖板

（1）取下盖板。	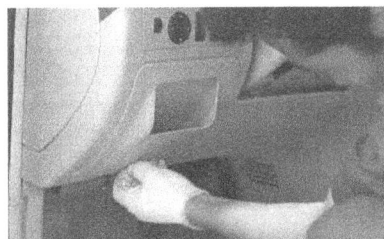
（2）取出点火线圈 10 A 熔丝。	

5. 拔出高压分缸线

拔出发动机各缸高压分缸线。

6. 取下火花塞

使用棘轮扳手、火花塞专用套筒取下各缸火花塞。

7. 安装气缸压力表

将气缸压力表安装在火花塞孔内,确认气缸压力表安装正常。

8. 启动发动机,读取压力表数值

将降节气门开至最大,启动发动机,观察压力表的指针读数。

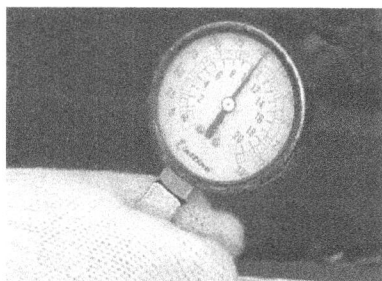

9. 拆卸气缸压力	
按与安装顺序相反的步骤拆卸气缸压力。	

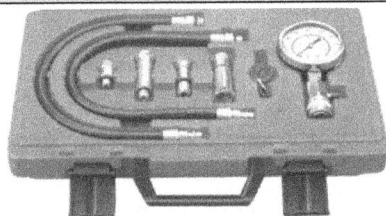

二、使用发动机综合分析仪检测气缸压力

1. 前期准备及安全检查

　　(1) 准备工具:拆装工具、抹布、气缸压力表;铺好车轮挡块,室内三件套、翼子板布、前格栅布;安装尾气烟套。
　　(2) 检查变速器挡位;检查汽车油、水、电。
　　(3) 检查发动机舱线路、管路连接情况。

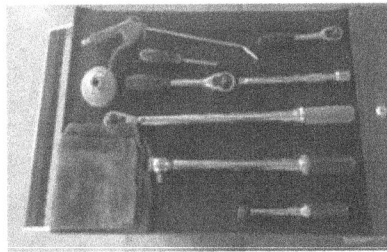

2. 打开发动机舱盖

3. 连接发动机综合分析仪

(1) 连接蓄电池夹,红色对正极,黑色对负极。	
(2) 连接电流钳,电流钳上箭头指向电源正极。	

4. 检测启动电流

（1）进入启动电流/蓄电池。	
（2）启动发动机。 （3）操作发动机综合分析仪。	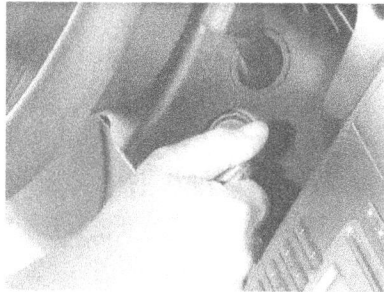
（4）点击"停止"按钮,保存波形。	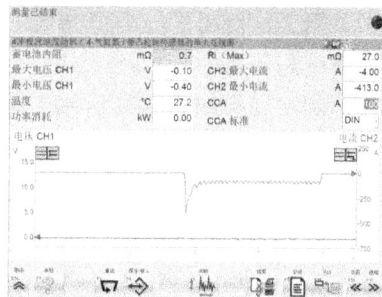

5. 检测气缸相对压缩压力

（1）点击进入"气缸相对压缩压力"。 （2）启动发动机,直到屏幕中出现数据为止。	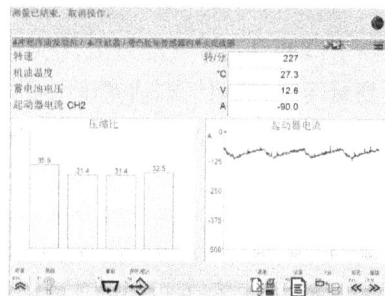

续表

6. 拆下检测仪器,装复发动机,进行 5S 工作

整理、整顿、清理、清洁、素养。

结果分析

1. 使用气缸压力表测量结果分析

测得的结果高于原厂标准,则说明燃烧室内积炭过多,这是由于气缸垫过薄或缸体和缸盖结合平面经多次维修磨削过多造成的。

测得的结果低于原厂标准,则说明气缸密封性变差,可向该缸火花塞孔内注入 20～30 mL 机油,然后用气缸压力表重新测量气缸压力。

(1) 第二次测得的压力值比第一次高,接近标准压力,表明是气缸活塞环、活塞磨损过大或活塞环对口、卡死、断裂及缸壁拉伤等原因造成气缸密封不严。

(2) 第二次测得的压力值与第一次大致相同,即仍比标准压力低,说明进、排气门或气缸衬垫密封不良。

(3) 两次结果均表明某相邻气缸压力都相当低,说明是两相邻处的气缸衬垫烧损窜气。在测量气缸压力后,针对压力低的气缸,常采用如下简易方法调压:

① 拆下滤清器,打开散热器盖、加机油口和节气门,用一条胶管的一头接在压缩空气气源上(600 kPa 以上),另一头通过锥形橡皮头插在火花塞或喷油器孔内。

② 摇转发动机曲轴,使被测气缸活塞处于压缩终了上止点位置,然后将变速器挂入低速挡,拉紧驻车制动器。

③ 打开压缩空气开关,注意倾听发动机漏气声。如果在进气管口处听到漏气声,说明进气门关闭不严;如果在排气消声器口处听到漏气声,说明排气门关闭不严。如果在散热器加水口处看到有气泡冒出,说明气缸垫不密封造成气缸与水套沟通。如果在加油口处听到漏气声,说明气缸活塞配合副磨损严重。

注意事项:

(1) 不能在冷车时测缸压。由于温度和大气压等因素的影响,只有在发动机达到正常的工作温度时测得的缸压才具有实质性的参考价值。

(2) 对于电喷车在测试中必须拆下燃油泵保险丝或继电器再测量,否则往往会导致"淹缸"及缸压偏低的情况。

(3) 测试过程中,必须将节气门全部打开,否则会由于燃烧室内进气量不足,从而导致缸压偏低。

（4）由于缸压测量具有一定的偶然性，因此需要测量2～3次取其平均值，结果才有效。

（5）测量时起动机运转时间不宜过长或过短，时间过长会消耗过多电能和损坏起动机，过短则达不到测量标准要求。

2. 气缸压缩压力波形分析

气缸压缩压力波形如图1.2-1所示。

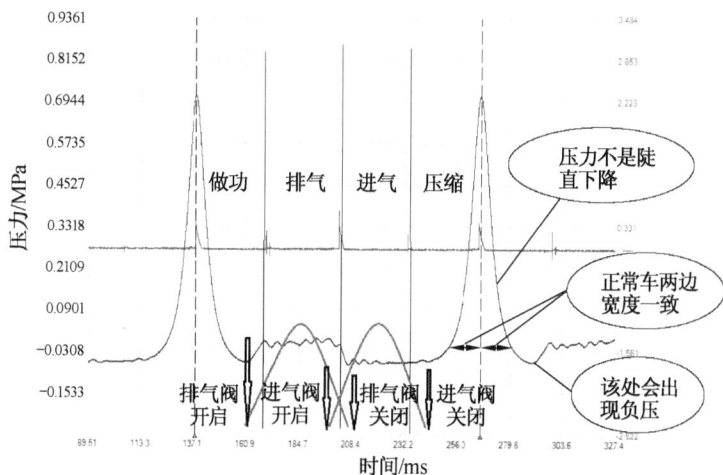

图1.2-1　气缸压缩压力波形

从正常波形图可以看出：

（1）活塞到达上止点后，做功行程开始，此时的压力不是陡直地下降，而是随着活塞向下移动斜下降。

（2）压缩行程的波形弧度和做功行程的波形弧度是相同的（即两边宽度一致，对称）。

（3）活塞在做功行程移动到某处会出现负压，这实际上是由于此时气缸内没有真正做功而形成的（此时的气缸内没有燃烧，我们可以把它看作是一个抽气机，所以当活塞移动到某处会出现负压）。

3

考核项目三
气缸真空度测试及故障分析

✎ 考场准备

发动机台架一台或整车一辆、真空表一套、拆装工具一套等。

✍ 考核要求

1. 正确使用真空表；
2. 规范操作气缸真空测试步骤；
3. 能根据气缸真空度的变化，判断发动机的工作情况，并分析、排除常见故障。

📦 考点链接

发动机在运转过程中，进气歧管内会产生一定的真空度，它直接来源于发动机的真空。该数值与汽车的排气量和压缩比有着密切关系，真空度的大小、稳定与否可直接反映出发动机的总体性能与故障部位。发动机真空度的测试可分为 4 种方式：启动测试、怠速测试、急加速测试和排气系统阻塞测试。本书介绍前 3 种简单可行的测试。

（1）启动时。先接好真空表，如果立即着火，说明进气系统和点火、喷油系统正常；如果不着火，表压应稳定在 10 kPa 左右，说明密封性良好。不着火可能是点火、喷油系统有故障。如果表压低于 10 kPa，且不稳定，说明进气系统密封不良（进气管、气门、活塞环漏气）或起动机转速过低（汽油机转速 <250 r/min，柴油机转速 <500 r/min）。

（2）怠速时。表压稳定在 57.3 ~71.6 kPa，说明怠速工况良好；快速开、闭节气门时，表针在 6.7 ~84.6 kPa 间灵活摆动，说明各工况都良好；单缸断火，跌落值 >5 kPa 为好，说明单缸功率良好，如图 1.3-1 所示。

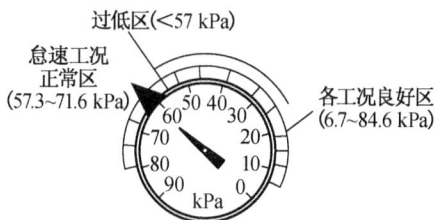

图 1.3-1　密封性检测

若真空度明显低于规定值,则可能活塞环漏气、气门漏气、进气管漏气、三元催化器(TWC)堵塞、个别气缸不工作(不点火、喷油),如图 1.3-2 所示。

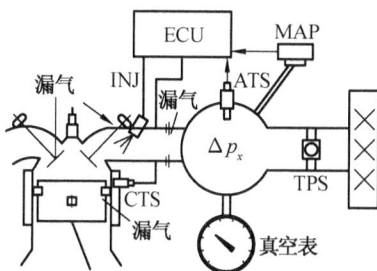

图 1.3-2　Δp_x 低于规定值

一、启动测试

如果压力小于 10 kPa,可能原因如下:发动机转速过低(起动机无力),活塞环磨损(密封不严),节气门卡滞或烧蚀,进气歧管漏气,怠速旁通气路过大等。

二、怠速测试

接上真空表,发动车子怠速运行至水温稳定。一台性能良好的发动机,根据其排气量和压缩比的不同,怠速运转时,真空表读数应在 $-80 \sim -50$ kPa 之间,而且稳定。若测量值不在此范围,要根据不同情况,加以分析,以判断故障所在。

(1)如果怠速测试时的真空表读数不正常,则应进行以下检查:① 检查初始点火正时;② 检查配气正时;③ 检查气缸压力;④ 检查曲轴箱强制通风控制阀。例如,如果怠速测试时真空读数低于正常数值但是稳定,除了节气门的密封和怠速阀的旁通有问题外,可能原因还有点火正时推迟,配气正时延迟(过松的正时齿带或正时链条),凸轮轴升程不足。

(2)如果怠速测试时的真空表指针有规律地减小 6～9 kPa,则应进行以下检查:① 查找工作不良的火花塞,包括高压线等;② 查找烧坏的气门(压力测试);③ 查找烧坏的活塞(压力测试)。

(3)如果发现真空表读数值不规则地下降到 $-27 \sim -10$ kPa,则应进行以下检查:① 检查火花塞;② 查找卡滞的气门;③ 查找卡滞的气门挺杆或液压挺杆;④ 查找严重磨损的凸轮轴。

(4)如果真空表指针缓慢摆动于 $-34 \sim -27$ kPa,则应进行以下操作:① 如果是化油器车,调整化油器(混合气可能太浓);② 检查火花塞(火花塞间隙可能太小)。

(5)如果怠速时真空表指针很快地在 −61 ~ −47 kPa 之间摆动,则说明进气门挺杆与导管磨损、配合松旷;如果真空表指针在 −76 ~ −34 kPa 之间缓慢摆动,并且随着发动机转速的升高摆动加剧,则说明气门弹簧弹力不足。

(6)如果怠速时真空表指针在 −61 ~ −38 kPa 之间来回摆动,原因通常有气门漏气、气缸垫损坏、活塞损坏、缸筒拉伤。

(7)如果怠速时真空表指针在 −65 ~ −18 kPa 之间大幅度摆动,则多数是由气缸衬垫漏气所引起的。

(8)如果发动机怠速过高,测试歧管真空度(绝对值)小于 40 kPa,说明发动机节气门后的歧管或总管漏气。漏气部位多数是歧管垫及与歧管相连接的许多导管,如真空助力器气管等。

(9)如果发动机启动困难,保证不了稳定怠速运转,只要测试发动机的真空度(绝对值)在 50 kPa 以上,说明发动机的进气管路没有问题,故障应为电控系统造成的点火不良或喷油不良,例如点火线圈故障等。

三、急加速测试

(1)如果活塞漏气严重,则真空表指针的摆动幅度不明显。真空表指针摆动幅度越宽,表明发动机技术状况越好。

(2)如果怠速时真空表指针低于正常值,急加速时指针回落到"0"附近,节气门突然关闭时指针也不能升高到 −86 kPa 左右。此现象主要是由于活塞环、进气管或化油器(化油器车)衬垫漏气造成的。

知识拓展

使用示波器测试的真空波形如图 1.3-3 所示。

① 进气门在上止点前打开(BTDC),活塞仍向上移动,该缸的排气门未完全关闭。

② 活塞到达上止点(TDC)。此时进、排气门均开启,气缸中有部分废气未完全排出,由进气门返流到进气歧管,使进气管绝对压力升高。

③ 排气门完全关闭。活塞下行,真空度快速增加。① ~ ③ 为进、排气门重叠阶段。

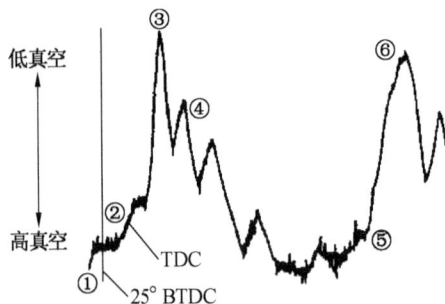

图 1.3-3 气缸真空波形图

④ 活塞到达下止点。由于进气门滞后关闭,气缸中仍有吸力,进气管真空度继续增加。

⑤ 活塞开始向上移动,压缩行程开始,进气门未完全关闭。

⑥ 此时进、排气门完全关闭,气缸中压力开始升高,进气歧管真空度下降,另一缸又开始重复前面的过程。

📚 操作步骤

气缸真空度测试及故障分析步骤见表1.3-1。

表 1.3-1　气缸真空度测试及故障分析步骤

1. 安全检查与前期准备

（1）准备工具:拆装工具、抹布、真空表。
（2）铺好车轮挡块、室内三件套、翼子板布、前格栅布;安装尾气烟套。

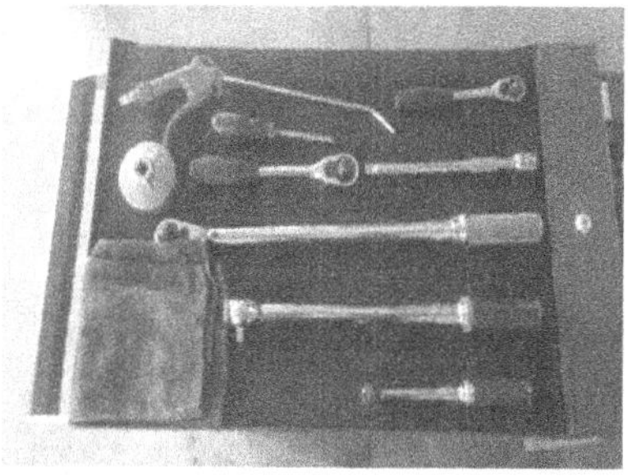

（3）检查变速器挡位;检查汽车油、水、电。
（4）检查发动机舱线路、管路连接情况。

2. 预热发动机,使其达到正常工作温度(60 ℃以上)

3. 安装真空表

将真空表安装在节气门后方的进气歧管上。观察真空表的读数,表盘校零。

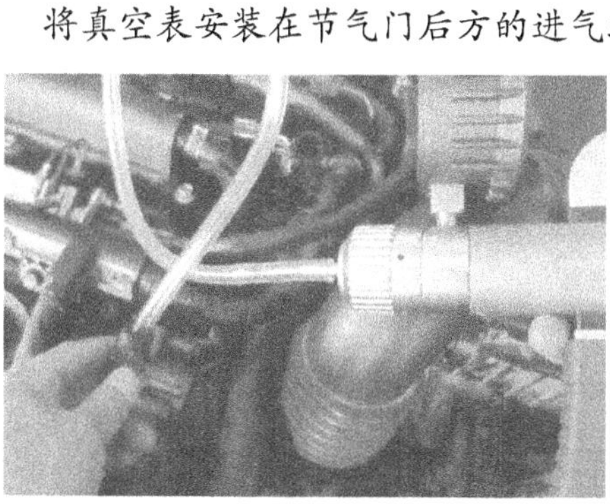

4. 启动测试

（1）关闭节气门。
（2）断开点火系统保险丝。

（3）启动发动机。
（4）观察真空表数值应在 11～21 kPa。

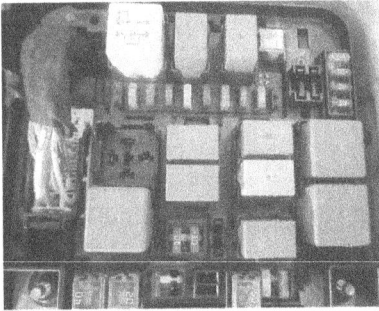

5. 怠速测试

（1）装复点火系统保险丝。
（2）启动发动机，怠速运转平稳。

（3）真空表数值应稳定在 60～70 kPa。
若不正常，则参见本考核项目的"测试结果
分析"。

6. 急加速、减速测试
发动机急加速时,真空表的读数应突然减小;急减速时,真空表指针在原怠速时的位置向前大幅度跳跃,即当迅速开启和关闭节气门时,真空表指针应在 7 ~ 8 kPa 之间摆动。 
7. 拆下真空表及发动机综合分析仪测试线,装复发动机
8. 进行 5S 工作

⭐ 结果分析

　　(1) 在相当于海拔高度的条件下,发动机怠速运转时,真空表指针稳定地指在 57.3 ~ 71.6 kPa 内,表示正常。

　　(2) 迅速开启并立即关闭气门时,真空表指针在 6.7 ~ 84.6 kPa 之间摆动,则进一步说明气缸密封良好。

　　(3) 怠速时,若真空表指针在 50.6 ~ 67.6 kPa 之间摆动,则表示气门黏滞或点火系统有问题。

　　(4) 怠速时,若真空表指针低于正常值,主要是活塞环、进气管漏气造成的,也可能与点火过迟或配气过迟有关。此种情况下,若突然开启并关闭节气门,指针会回落,但不能回跳至 84 kPa。

考核项目四

主要传感器检测及波形分析

考场准备

整车一辆、汽车示波器或发动机综合分析仪、常用拆装工具、数字万用表、跨接线、汽车维修手册。

考核要求

1. 正确使用示波器或发动机综合分析仪；
2. 规范操作仪器检测传感器波形；
3. 准确分析传感器正常波形的组成,并能分析故障波形所代表的含义。

考点链接

一、 曲轴位置传感器和凸轮轴位置传感器

曲轴位置传感器又称为转角传感器,用于检测曲轴转角信号;凸轮轴位置传感器用于检测凸轮轴位置信号,向电脑提供某缸工作行程(如压缩行程或排气行程)的信号。两者均为发动机点火和燃油喷射的主控制信号。

当发动机无法启动、怠速不稳或加速不良时应考虑检测曲轴和凸轮轴位置传感器。目前常用的曲轴和凸轮轴位置传感器有磁感应式、霍尔效应式和光电式三种类型。图1.4-1为曲轴/凸轮轴位置传感器。

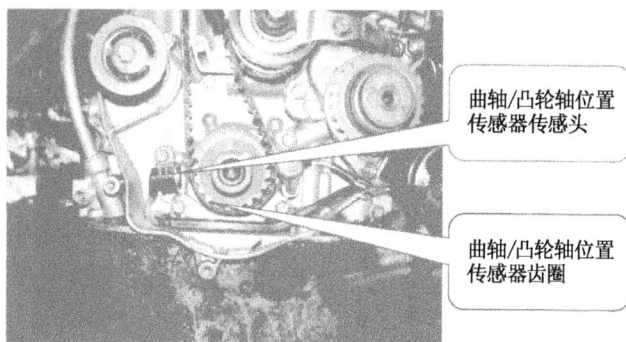

图 1.4-1　曲轴/凸轮轴位置传感器

二、空气流量计

主流车型中主要采用质量型空气流量计,它是利用惠斯通电桥原理通过检测电桥两参考点之间的电压随进气量的变化而发生变化来测量进气质量的。

空气流量计(以卡罗拉车型为例)的输出特性如图 1.4-2 所示。

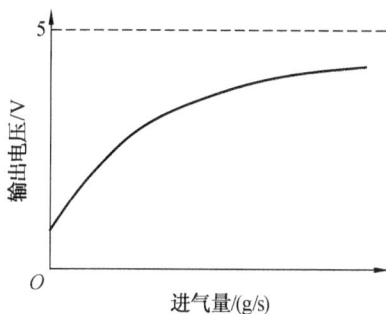

图 1.4-2　空气流量计的输出特性

空气流量计的线束端子如图 1.4-3 所示。

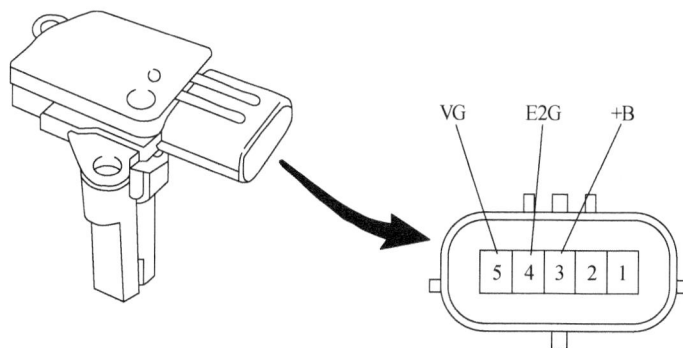

1—进气温度信号线;2—进气温度搭铁线;3—空气流量计电源线;
4—空气流量计搭铁线;5—空气流量计信号线

图 1.4-3　空气流量计的线束端子

空气流量计电路如图 1.4-4 所示。

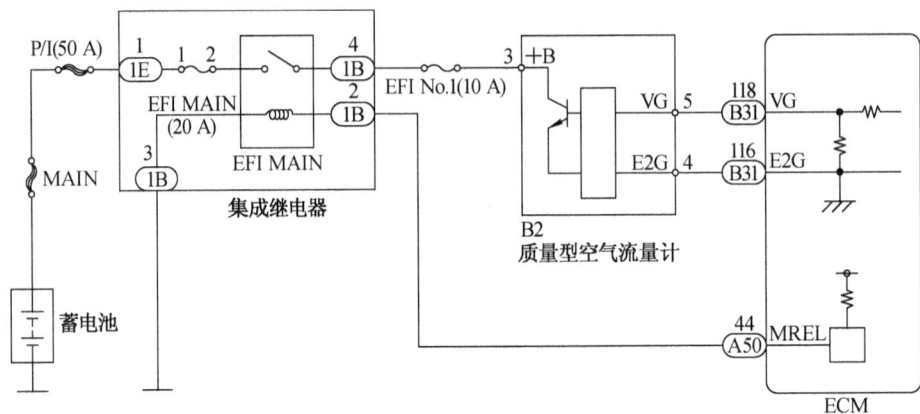

图 1.4-4　空气流量计的电路

三、进气压力传感器

在 D 型喷射系统中,使用进气歧管绝对压力传感器(MAP)(简称进气压力传感器)来代替空气流量计进行空气计量,其作用是测量进气管内的进气压力,并将其转换成电压信号传给 ECU,作为决定喷油量、点火正时、怠速控制、尾气排放的主控信号之一。现代汽车上大多数采用半导体压敏电阻式进气歧管压力传感器,其特点是尺寸小,精度高,响应性、抗震性好,且生产成本低,因而广泛应用。

半导体压敏电阻式进气歧管绝对压力传感器构造如图 1.4-5 所示。

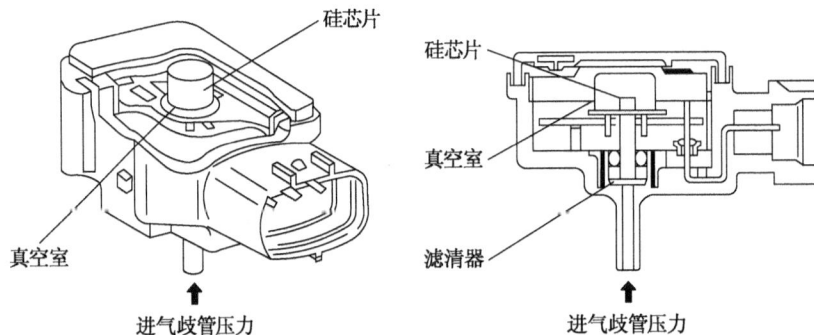

图 1.4-5　半导体压敏电阻式进气歧管绝对压力传感器构造

半导体压敏电阻式进气歧管绝对压力传感器由压力转换元件(硅膜片)和把转换元件输出信号进行放大的混合集成电路组成。它是利用半导体压阻效应原理,把硅膜片的一面抽成真空,另一面导入进气歧管的气体压力;硅膜片受到的压力不同产生的电阻就不同,把它与单臂电桥相连,就可以把电阻信号转变成电压信号输出,工作原理如图 1.4-6 所示。

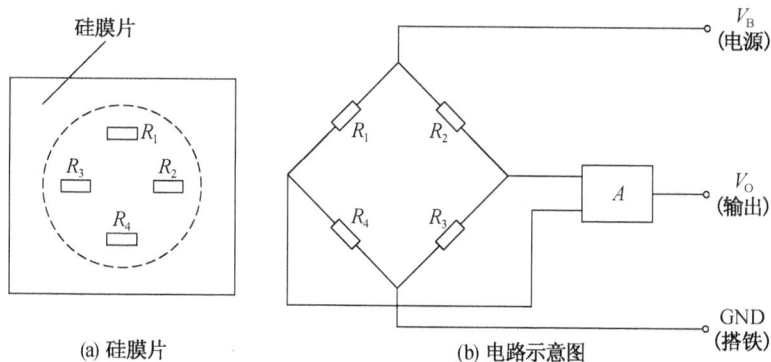

(a) 硅膜片　　　　　　　　　　　(b) 电路示意图

图 1.4-6　压敏电阻式进气歧管绝对压力传感器工作原理

四、节气门位置传感器

节气门位置（TP）传感器用于检测节气门的开度及开度的变化量,并将信号传给 ECU。图 1.4-7 为节气门体的结构及节气门位置传感器。

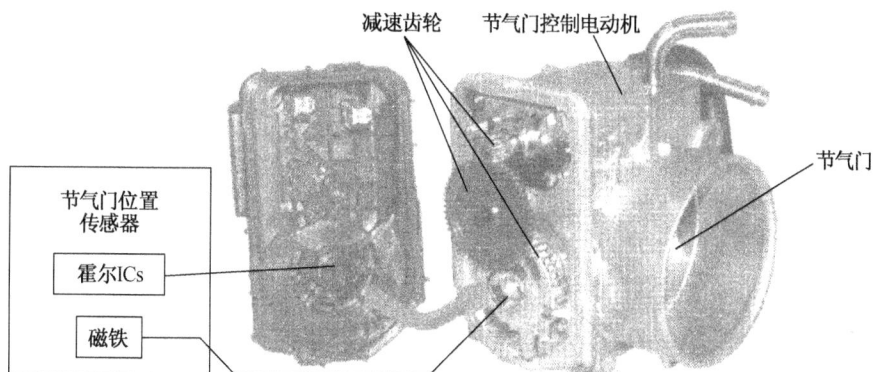

图 1.4-7　节气门体的结构及节气门位置传感器

节气门位置传感器信号电压在 $0 \sim 5$ V 变化,其变化幅度与节气门的开度呈比例,并被发送到 ECU 的信号端子 VTA。节气门关闭时,节气门位置传感器输出电压减小;节气门打开时,节气门位置传感器输出电压增大,如图 1.4-8 所示。

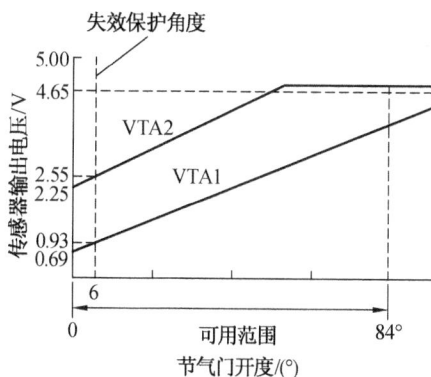

图 1.4-8　节气门位置传感器的输出特性

节气门位置传感器的线束端子如图 1.4-9 所示(以卡罗拉车型为例)。节气门位置传感器的电路如图 1.4-10 所示。

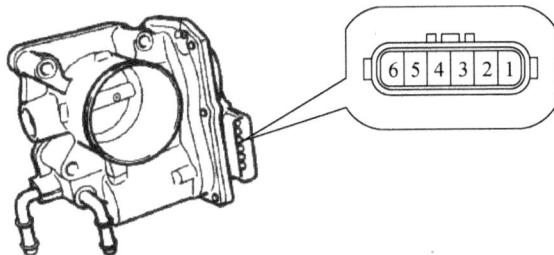

1—节气门控制电机的负极端;2—节气门控制电机的正极端;3—负极端;
4—传感器 2 的信号端;5—电源端;6—传感器 1 的信号端

图 1.4-9　节气门位置传感器线束端子

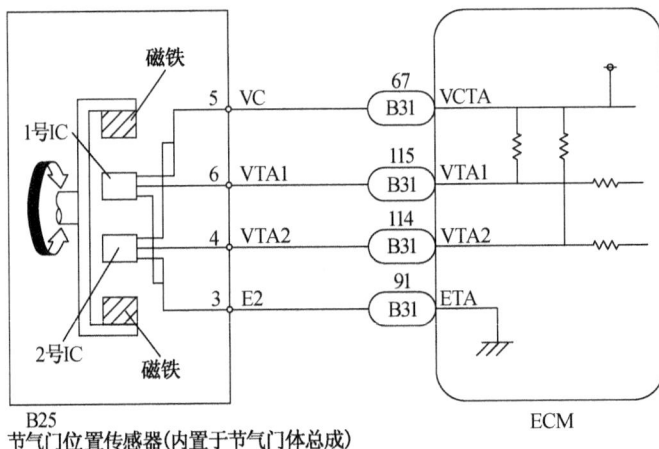

图 1.4-10　节气门位置传感器电路

五、氧传感器

氧传感器是对发动机排放物中氧气浓度进行检测,并将氧气浓度以电压信号的方式传递给 ECU,从而对发动机的喷油量实施闭环控制的装置。前氧传感器判断发动机燃油系统和点火系统是否正在有效运转,还可以确定氧传感器是否存在短路或断路故障。通过调取氧传感器输出的电压信号还能间接判断 CANP(碳灌清除电磁阀)、EGR(废气再循环)、二次空气喷射系统 AIR 是否工作正常。

① 夏天混合气过浓,氧传感器输出电压信号持续走高,CO 和 HC 严重超标,说明 CANP 有可能滞留在开启位置。

② 氧传感器可用于确定发动机中速运转时 EGR 阀是否处于开启位置。但需要注意的是,如果 NO_x 含量过低,HC 含量明显过高,可能是排气不畅造成排气管压力过高,引发 EGR 开启时过多的废气进入燃烧室。此时控制单元会点亮故障指示灯,但故障码显示的是 EGR 阀故障。

③ 氧传感器输出电压信号持续走低,导致混合气过浓,说明超二次空气喷射电磁阀

可能关闭不严。

（1）普通跃变式氧传感器的工作原理

普通跃变式氧传感器分为氧化锆型和氧化钛型。大多数氧传感器内有一个加热装置，启动后 15 s 就能达到传感器工作所需的 350 ℃ 高温。加热电阻由控制单元控制。当排气的温度超过 800 ℃，加热中断。发动机冷机状态和大负荷时不考虑氧传感器的信号，系统处于开环状态。

（2）二氧化钛型氧传感器的工作原理

由于二氧化钛半导体材料的电阻具有随氧离子浓度的变化而变化的特性，因此二氧化钛型氧传感器相当于一个可变电阻，其电阻值随废气中氧离子的浓度变化，氧离子浓度大（混合气稀），二氧化钛呈低阻状态，氧离子浓度小（混合气浓），二氧化钛呈高阻状态。

发动机控制单元提供二氧化钛型氧传感电压为 5 V，氧传感器变化电压为 0.1 ~ 4.6 V，混合气稀时电压值的变化范围为 0 ~ 2.5 V，混合气浓时电压值的变化范围为 2.5 ~ 5 V。氧传感器工作原理如图 1.4-11 所示。

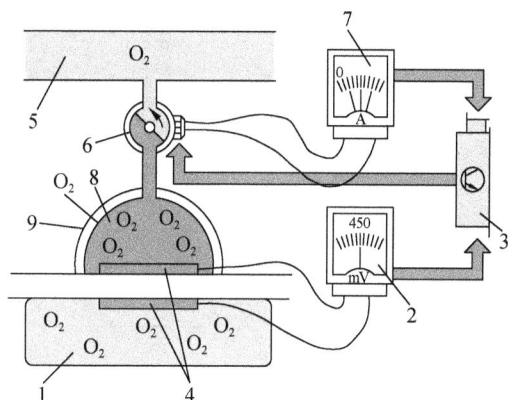

1—空气；2—传感器电压；3—氧传感器加热器；4—测量片；5—尾气；
6—单元泵；7—单元泵电流；8—测量室；9—扩散通道

图 1.4-11　氧传感器的工作原理

📚 **操作步骤**

主要传感器波形检测步骤见表 1.4-1。

表 1.4-1　传感器波形检测步骤

1. 安全检查与前期准备
（1）准备工具：拆装工具、数字万用表、FSA740 发动机综合分析仪、跨接线、灭火器。 （2）铺好车轮挡块、室内三件套、翼子板布、前格栅布；安装尾气烟套。 （3）检查变速器挡位，检查汽车油、水、电。 （4）检查发动机舱线路、管路连接情况。 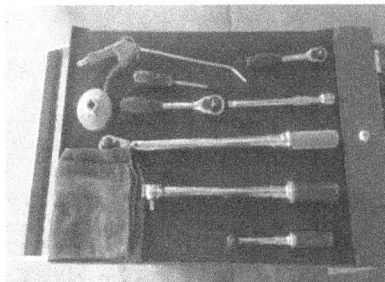
2. 车辆与仪器准备
准备伊兰特悦动轿车、FSA740 发动机综合分析仪，并诊断跨接线。 
3. 曲轴位置传感器波形测量
（1）关闭点火开关。 （2）使用跨接线将曲轴位置传感器的两根信号线引出。 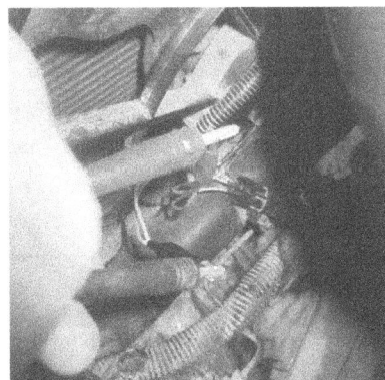
（3）将 FSA740 上多用途检测线（CH1）连接曲轴位置传感器信号线。 （4）操作 FSA740 软件界面，依次点击"常规传感器""转速与基准标记传感器"，进入波形检测窗口。 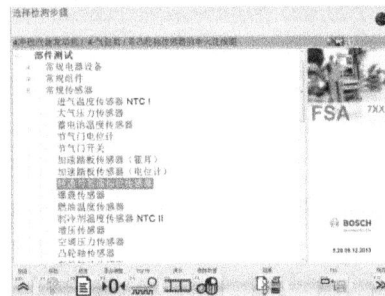

（5）启动发动机,调整发动机的转速。

（6）在波形检测窗口上显示电压变化波形情况。

① 单击"F7"按钮进行 X 轴范围的调整。

② 单击"F8"按钮进行 Y 轴范围的调整。

③ 单击"F3"按钮停止检测。

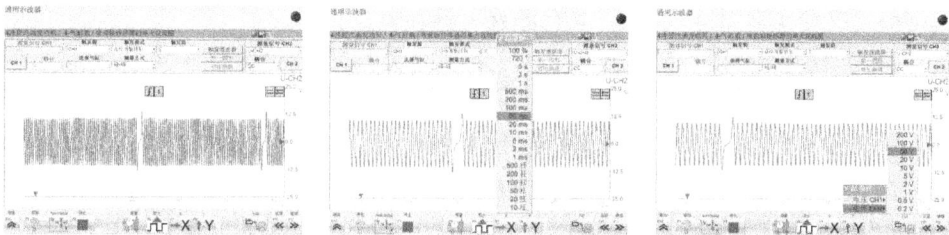

（7）关闭点火开关。

① 在波形检测界面上,单击"F4"按钮,在"U–CH1"坐标上出现可移动的光标,当移动光标落在某点时,显示该点的数值。

② 单击"F6"按钮,可以用图形方式保存测量值,并且可与标准波形进行比较。

③ 单击"F8"按钮,系统进入"记录"界面,在窗口中将内容填写完整。

④ 单击"F9"按钮,系统进入"打印预览"界面。

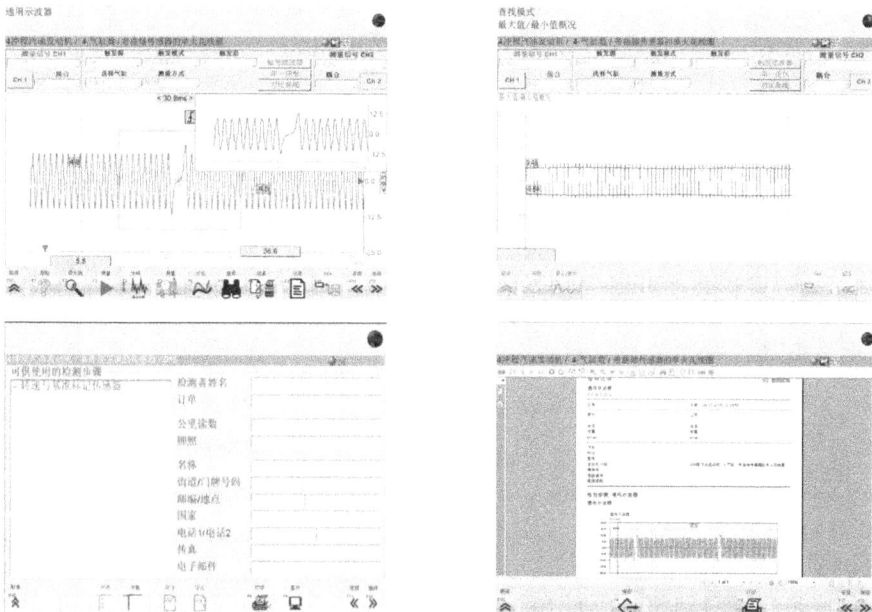

（8）判断检测结果，单击"F8"按钮，打印检测记录，单击"F11"按钮，退出系统。

4. 凸轮轴位置传感器波形测量

（1）关闭点火开关。

① 使用跨接线将凸轮轴位置传感器信号线引出。

② 将 FSA740 上多用途检测导线（CH1）连接在凸轮轴位置传感器上，红色导线与凸轮轴位置传感器信号线相连，黑色导线与搭铁相连。

③ 操作 FSA740 软件界面，依次点击"常规传感器""凸轮轴位置传感器"，进入波形检测窗口；或者点击"通用传感器"，进入波形检测窗口。

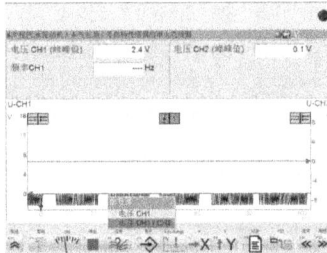

（2）启动发动机，调整发动机的转速。

① 在波形检测窗口上显示电压变化波形情况；单击"F7"按钮进行 X 轴范围的调整。

② 单击"F8"按钮进行 Y 轴范围的调整。

③ 单击"F3"按钮停止检测。

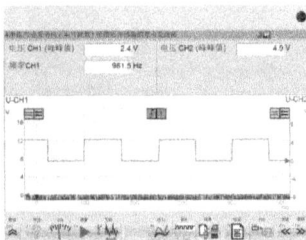

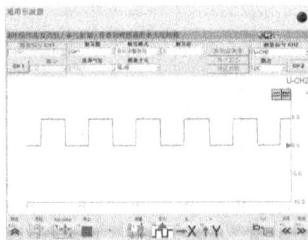

（3）关闭点火开关

① 在波形检测界面上，单击"F4"按钮，在"U－CH1"坐标上出现可移动的光标，当移动光标落在某点时，显示该点数值。

② 单击"F6"按钮，可以用图形方式保存测量值，并且可与标准波形进行比较。

③ 单击"F8"按钮，系统进入"记录"界面，在窗口中将内容填写完整。

④ 单击"F9"按钮，系统进入"打印预览"界面。

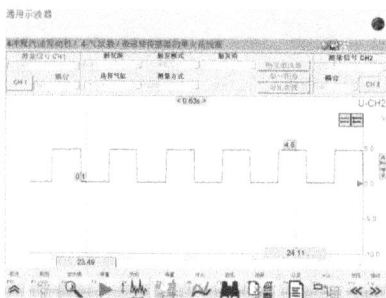
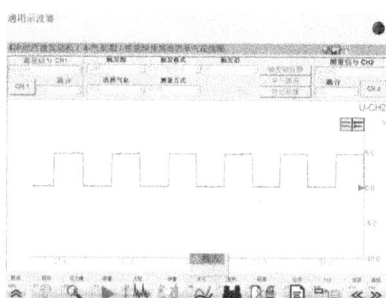

5. 双通道传感器波形对比测量（以曲轴位置传感器和凸轮轴位置传感器为例）

（1）将 FSA740 上多用途检测导线（CH1）连接在凸轮轴位置传感器上，黄色导线与凸轮轴位置传感器信号线相连，蓝色导线与传感器搭铁线相连；将 FSA740 上多用途检测导线（CH2）连接在曲轴位置传感器上；进入"通用示波器"。

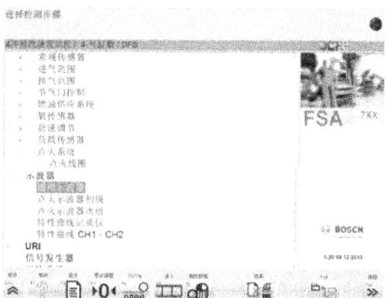

（2）启动发动机，调整发动机的转速。

① 在波形检测窗口上显示两个通道传感器电压变化波形情况。

② 单击"F7"按钮进行 X 轴范围的调整。

③ 单击"F8"按钮进行 Y 轴范围的调整。

④ 单击"F3"按钮停止检测。

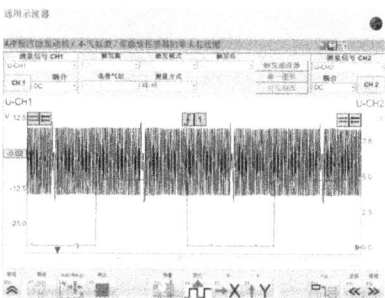
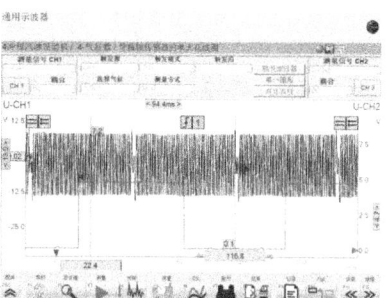

29

6. 空气流量计波形测量

(1) 关闭点火开关。

① 使用跨接线将空气流量计信号线引出；将 FSA740 上多用途检测导线(CH1)连接在凸轮轴位置传感器上,黄色导线与空气流量计信号线相连,蓝色导线与传感器搭铁线相连。

② 操作 FSA740 软件界面,依次点击"常规传感器""空气流量计",进入波形检测窗口。

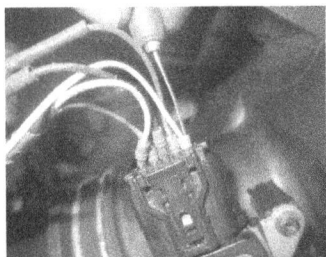

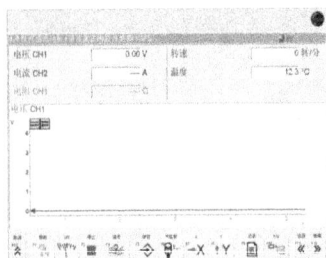

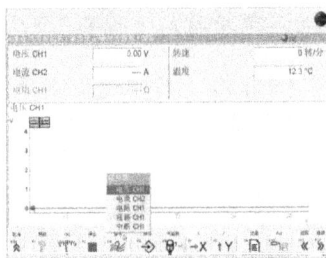

(2) 启动发动机,调整发动机的转速。

① 在波形检测窗口上显示电压变化波形情况。

② 单击"F7"按钮进行 X 轴范围的调整；单击"F8"按钮进行 Y 轴范围的调整。

③ 测试步骤:先缓加速 2~3 s 至节气门全开,速收油门,再急加速至节气门全开,再速收油门,保证在界面显示区域内能将测试过程完成。

④ 单击"F3"停止检测。

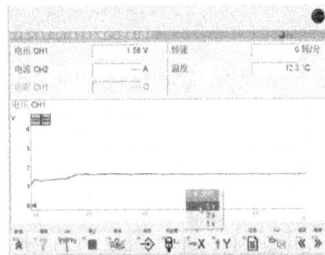

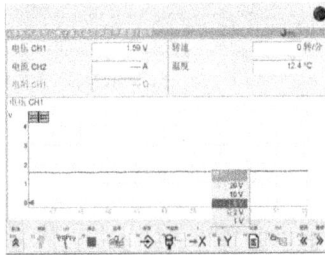

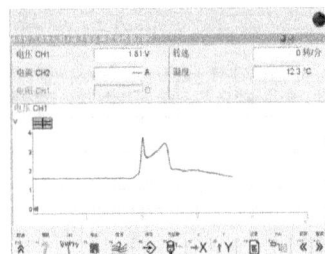

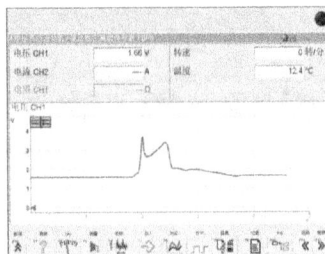

（3）进入驾驶室,将发动机熄火。

① 在波形检测界面上,单击"F4",在"U－CH1"坐标上出现可移动的光标,当移动光标落在某点时,显示该点数值。

② 单击"F6",可以用图形方式保存测量值,并且可与标准波形进行比较,也可以将测试波形作为比较波形重新载入进行对比。

③ 单击"F8",系统进入"记录"界面,在窗口中将内容填写完整。

④ 单击"F9",系统进入"打印预览"界面。

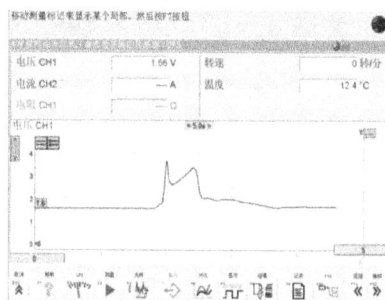

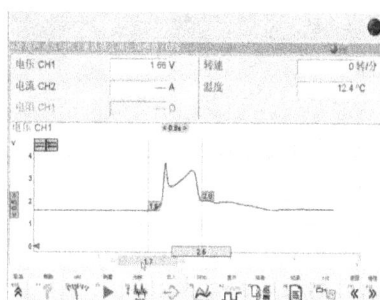

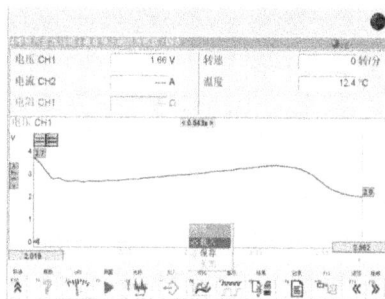

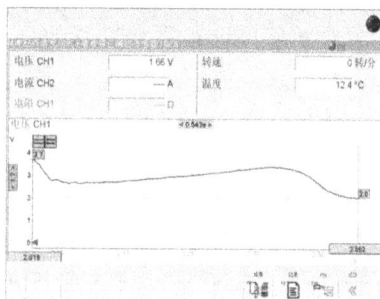

7. 进气压力传感器波形测量(步骤同空气流量计波形测量,此处略)

8. 节气门位置传感器波形测量

（1）关闭点火开关。

① 使用跨接线将节气门位置传感器信号线引出。

② 将 FSA740 上多用途检测导线（CH1）连接在凸轮轴位置传感器上，黄色导线与节气门位置传感器信号线相连，蓝色导线与传感器搭铁线相连。

③ 操作 FSA740 软件界面，依次点击"常规传感器""节气门电位计"，进入波形检测窗口。

（2）打开点火开关。

① 在波形检测窗口上显示电压变化波形情况。

② 单击"F7"进行 X 轴范围的调整。

③ 单击"F8"进行 Y 轴范围的调整；单击"F3"停止检测。

④ 测试步骤：先缓加速 2～3 s 至节气门全开，缓慢减速，保证在界面显示区域内能将测试过程完成。

⑤ 单击"F3"停止检测。

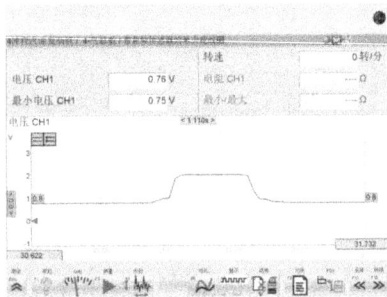

（3）关闭点火开关。

① 在波形检测界面上，单击"F4"，在"U－CH1"坐标上出现可移动的光标，当移动光标落在某点时，显示该点数值。

② 单击"F6"，可以用图形方式保存测量值，并且可与标准波形进行比较，也可以将测试波形作为比较波形重新载入进行对比。

③ 单击"F8"，系统进入"记录"界面，在窗口中将内容填写完整。

④ 单击"F9"，系统进入"打印预览"界面。

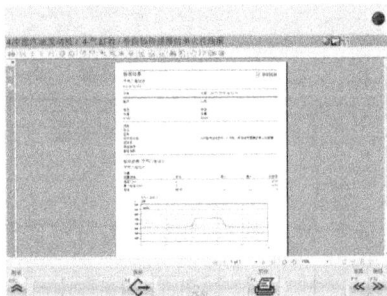

9. 氧传感器波形测量

（1）关闭点火开关。

① 使用跨接线将氧传感器信号线引出。

② 将 FSA740 上多用途检测导线（CH1）连接在凸轮轴位置传感器上，黄色导线与氧传感器信号线相连，蓝色导线与传感器搭铁线相连。

③ 操作 FSA740 软件界面，依次点击"常规传感器""跃变氧传感器"，进入波形检测窗口。

（2）启动发动机，使发动机达到正常工作温度。

① 在波形检测窗口上显示电压变化波形情况。

② 单击"F7"进行 X 轴范围的调整。

③ 单击"F8"进行 Y 轴范围的调整；测试步骤：先怠速运转 10 s 以上，保存波形；继续测量，发动机转速达到 2 500 r/min，运行 10 s 以上，记录波形，保证在界面显示区域内能将测试过程完成。

④ 单击"F3"停止检测。

（3）将发动机熄火。

① 在波形检测界面上，单击"F4"，在"U－CH1"坐标上出现可移动的光标，当移动光标落在某点时，显示该点数值。

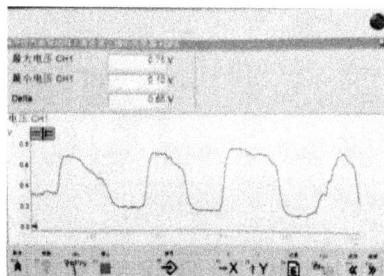

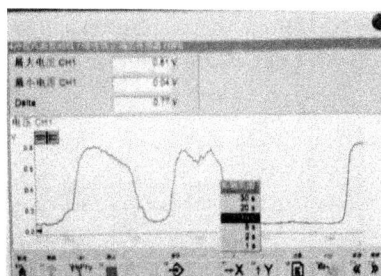

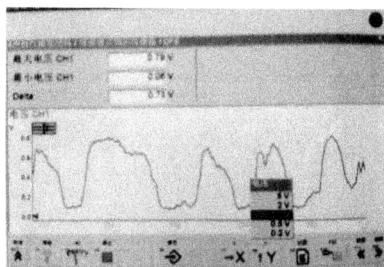

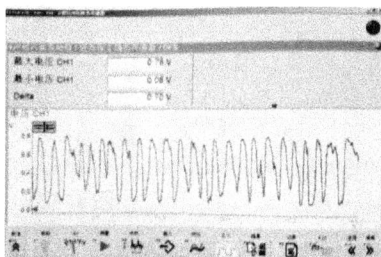

② 单击"F6",可以用图形方式保存测量值,并且可与标准波形进行比较,也可以将测试波形作为比较波形重新载入进行对比。

③ 单击"F8",系统进入"记录"界面,在窗口中将内容填写完整。

④ 单击"F9",系统进入"打印预览"界面。

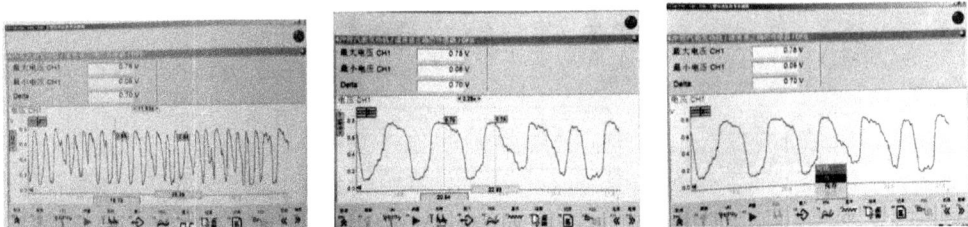

10. 5S 工作

结果分析

1. 曲轴位置传感器波形分析

如图 1.4-12 所示,通常波形中上升和下降的波形不完全对称,但大多数是相当接近的,由于磁电式传感器波形随发动机转速增加而波形频率也增加。确认振幅、频率、形状等判定性尺度在相同条件下(发动机转速等)是有重复性的、有规律的。

发动机转速恒定时,波形的振幅、频率和形态基本保持不变,是周期性呈现的。

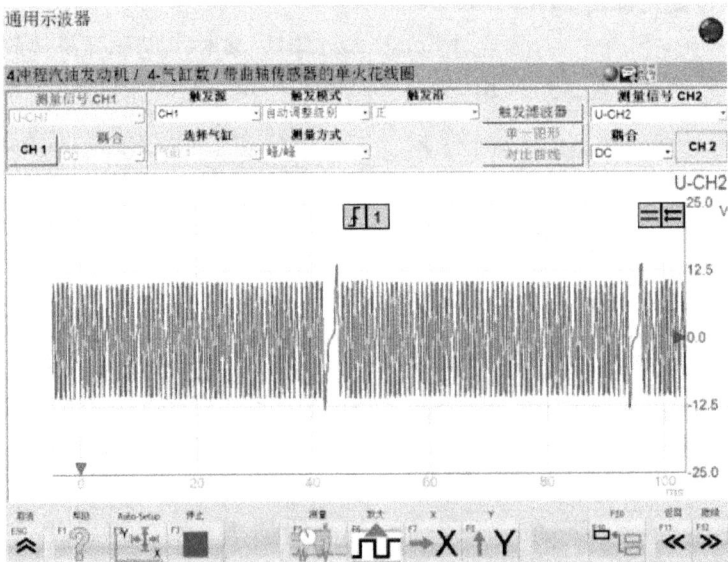

图 1.4-12 曲轴位置传感器波形

波形的频率与发动机转速同步变化。当发动机转速不变时,若波形相邻的两脉冲间隔时间变化,一般为传感器触发齿轮有轮齿缺失或存在脏污现象干扰到波形图而导致。

如果波形不正常,首先检查线路和接线端,确认线路没有搭铁,再检查示波器和传感器的连线,还要确认机械转动部分(分电器/凸轮轴/曲轴)转动是否正常。

2. 凸轮轴位置传感器波形分析

凸轮轴位置传感器波形如图 1.4-13 所示。

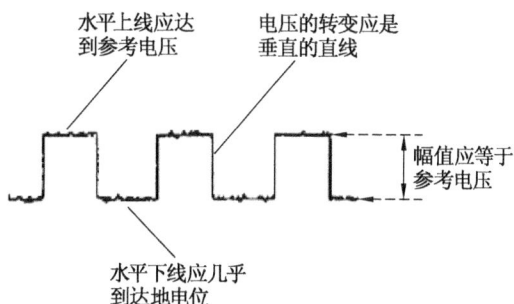

图 1.4-13　凸轮轴位置传感器波形

(1)波形频率应与发动机转速相对应,脉冲波形的其他任何变化都意味着故障的出现。

(2)查看波形形状的一致性、检查波形上下沿部分的拐角。由于传感器供电电压不变,所有波峰的高度(幅值)均应相等。实际应用中有些波形有缺痕或上下各部分有不规则形状,这也许是正常的,关键留意波形形态是否前后一致。

3. 空气流量计波形分析

空气流量计波形分析如图 1.4-14 所示。

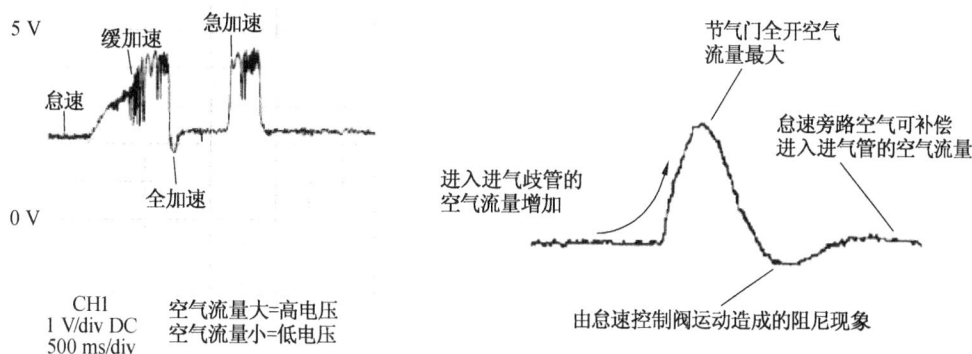

图 1.4-14　空气流量计波形

车型不同,信号电压有所不同,可将信号电压与维修手册中的参考值进行比对。通常由怠速至节气门全开过程中,信号电压在 0.2 ~ 4.5 V 之间波动。怠速时的低电压信号也是判断空气流量计好坏的依据之一。当急减速时信号电压会比怠速时稍低。

信号电压波形上升缓慢,急减速时波形下降也缓慢,说明空气流量传感器的热线(热膜)脏污,需酌情清洁或更换热线(热膜)式空气流量传感器。

4. 进气压力传感器波形分析

进气压力传感器波形如图 1.4-15 所示,通常在怠速时信号电压为 1.25 V,节气门全开时略低于 5 V,全减速时接近 0 V。

35

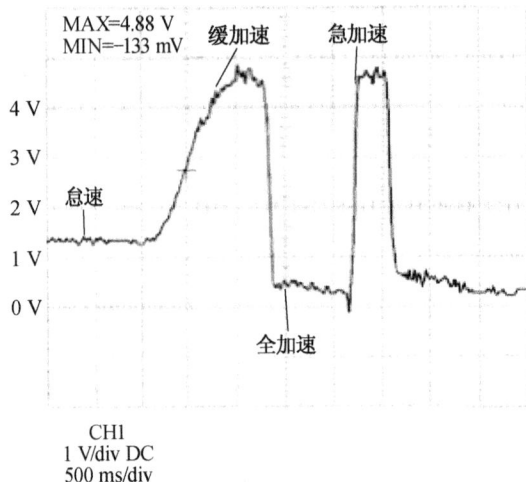

图 1.4-15 进气压力传感器波形

个别车型进气压力传感器设计思路恰恰相反,即当真空度增高时输出电压增高,真空度降低时输出电压也降低。

5. 节气门位置传感器波形分析

节气门位置传感器波形如图 1.4-16 所示。图 1.4-16a 为打开点火线图,不启动发动机进行测试的波形,图 1.4-16b 为坏节气门位置传感器振幅超过允许范围的波形。波形上不应有任何断点、对地峰尖或大波折,特别应注意在前 1/4 油门行程中的波形变化,因为这一段通常是在驾驶中传感器电位计碳膜最先磨损处,在碳膜前端,占总长度的 1/8 ~ 1/3,导致信号失真,波形异常。

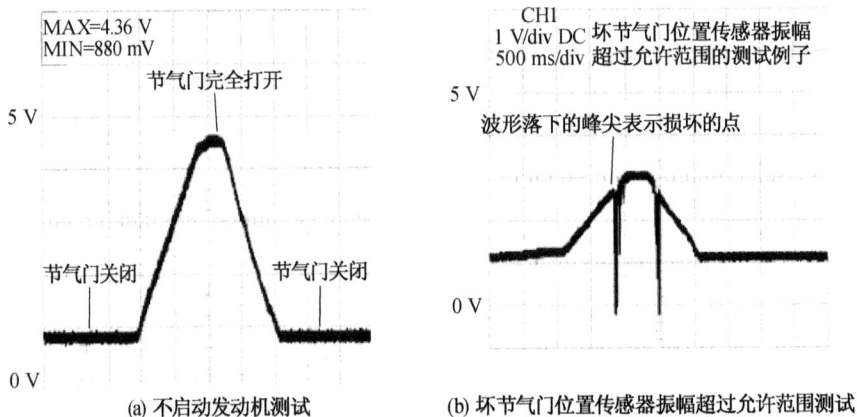

(a) 不启动发动机测试   (b) 坏节气门位置传感器振幅超过允许范围测试

图 1.4-16 节气门位置传感器波形

6. 氧传感器信号波形分析

(1) 普通跃变式氧传感器的信号波形分析

作为前氧传感器时,正常电压信号波形如图 1.4-17 所示,电压范围为 0.1 ~ 0.9 V。输出电压分析见表 1.4-2。

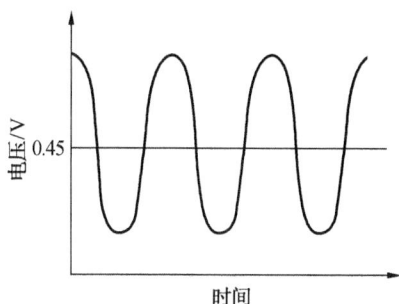

图 1.4-17 上游二氧化锆型氧传感器正常时的电压波形

表 1.4-2 氧传感器输出电压分析

输出电压	故障原因
约 1.1 V	氧传感器对电源正极短路
约 0 V	氧传感器对地短路
0.45 ~ 0.50 V 之间的某个电压保持不动	氧传感器断路

若氧传感器信号电压为 0 V 时，发动机控制单元会误认为是可燃混合气过稀而加大喷油脉宽，造成混合气过浓，油耗明显增大。

对于使用空气流量传感器的发动机，用手堵住空气滤清器进气口会使充气系数降低，可燃混合气变浓。氧传感器如工作正常，输出电压应为 0.7 ~ 0.9 V，否则表明氧传感器有故障。

使用空气流量传感器的发动机检测时，拔下进气道上的一根真空软管后，可燃混合气就会变稀。氧传感器如工作正常，输出电压应为 0.1 ~ 0.3 V，如氧传感器输出电压不在上述范围内，表明氧传感器有故障。

（2）二氧化钛型氧传感器的信号分析

新款发动机前氧普遍采用二氧化钛宽频带型氧传感器，端子为 6 针；后氧都为二氧化锆型氧传感器，端子为 4 针。

二氧化钛宽频带型氧传感器是通过电阻变化反应可燃混合气浓度变化的。它输出的是电流信号，混合气越浓电流越大，混合气越稀电流越小。检测时以马自达 6 为例，在 10 s 连内续踩下加速踏板，每次踩到底，发动机转速达到 3 000 r/min 时立即放松踏板，放松瞬间电流应大于 0.25 mA。随着转速降低，电流应同步降低。

（3）前氧、后氧均为二氧化锆型氧传感器时后氧氧传感器的电压信号分析

① 前氧氧传感器失效的特征。发动机刚启动时工作正常，发动机冷却液温度为 90 ℃ 后出现怠速不稳，严重抖动，加速不良，排气管冒黑烟。在熄火后，拔下前氧氧传感器插头，使其始终处于开环状态，重新启动，车辆恢复正常。链接诊断仪，读取数据流，前氧氧传感器输出电压始终在 0.1 ~ 0.3 V，说明前氧氧传感器失效。

若氧传感器前边的排气管泄漏，会使其输出的信号电压持续走低，导致控制单元逐步将喷油脉宽调到最大，造成混合气过浓。

用万用表检测氧传感器插头 1 号和 2 号端子的电阻值，应为 1 ~ 5 Ω。

② 后氧氧传感器信号分析。后氧氧传感器安装在三元催化转化器后面,其目的是为了检验三元催化转化器的工作是否正常,如图 1.4-18 所示。如前氧使用的也是二氧化锆型氧传感器,氧气全部用于转化,后氧氧传感器的电压信号应处于 0.5 ~ 0.7 V。

如后氧氧传感器的电压信号始终保持在 0.05 V,应重点检查传感器的紧固力矩。紧固力矩不够会造成松旷漏气,重新紧固后电压信号可恢复正常。

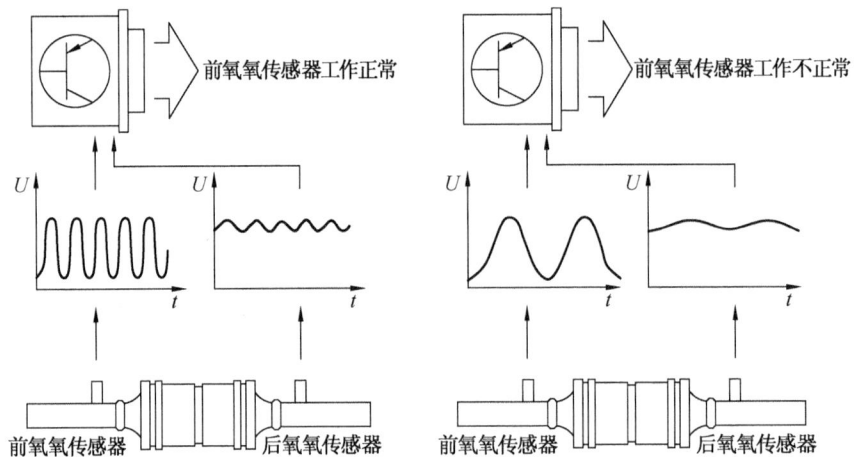

图 1.4-18　前氧、后氧氧传感器通过信号对比对三元催化转化器的检查

考核项目五

喷油器检测及波形分析

5

考场准备

整车一辆、数字万用表、常用拆装工具、发动机综合分析仪或汽车示波器、抹布、汽车维修手册。

考核要求

1. 正确使用示波器或发动机综合分析仪；
2. 规范操作仪器检测喷油器波形；
3. 准确分析喷油器正常波形的组成，并能分析故障波形所代表的含义；
4. 能排除由于喷油器及工作电路故障导致的发动机运转不稳的故障。

考点链接

喷油器为电磁式，由 ECU 的喷油脉冲控制其打开或关闭，其结构如图 1.5-1 所示。当 ECU 根据各传感器送来的信号，控制晶体管 VT 截止，喷油器不喷油；当晶体管 VT 导通，喷油器电磁线圈有电流，产生磁场，衔铁被吸起，带动针阀上升约 0.1 mm，喷油器喷油。喷油器控制原理如图 1.5-2 所示。

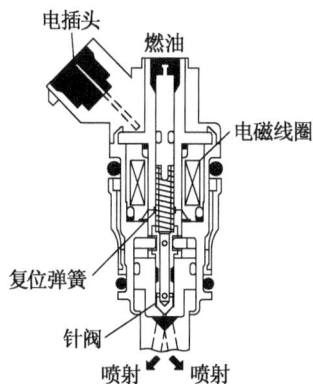

图 1.5-1　喷油器结构示意

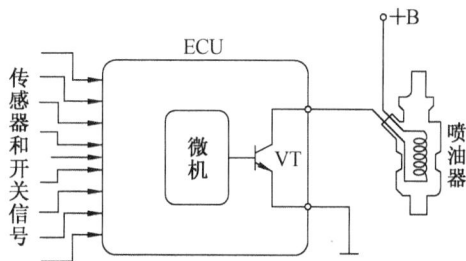

图 1.5-2　喷油器的控制原理

📚 **操作步骤**

喷油器检测及波形分析步骤见表1.5-1(以伊兰特悦动车型为例)。

表1.5-1　喷油器检测及波形分析步骤

1. 安全检查与前期准备
（1）准备工具:拆装工具、数字万用表、故障解码仪、FSA740 发动机综合分析仪、跨接线、灭火器。 （2）铺好车轮挡块、室内三件套、翼子板布、前格栅布,安装尾气烟套;检查变速器挡位;检查汽车油、水、电;检查发动机舱线路、管路连接情况。

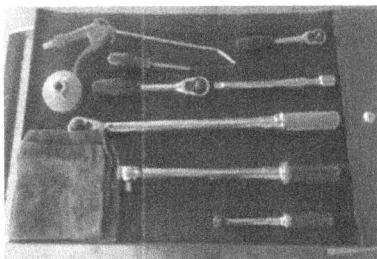

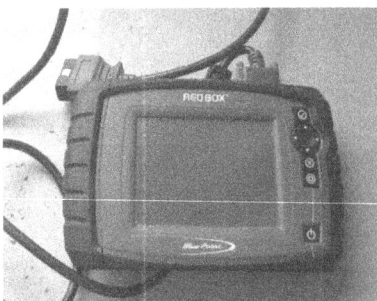

2. 连接解码仪
（1）解码仪连接OBDⅡ诊断接口。

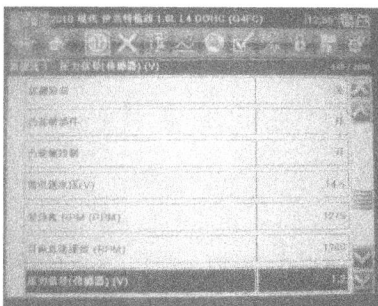

（2）找到相应的车型、发动机代码等参数。

3. 确认故障

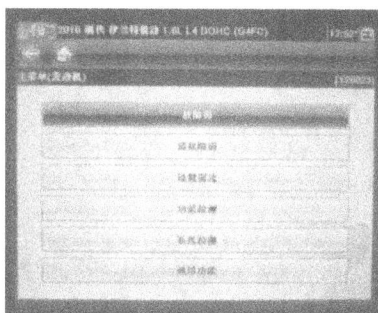

启动发动机,观察发动机的运行情况和加速情况,故障灯是否点亮等。

4. 读取故障代码和数据流

进入系统,检查是否有故障代码。若提示有喷油器故障,则在读完数据流中喷油时间后,检查喷油器及工作电路;如无故障码,先检查发动机转速、喷油时间及相关数据流,然后进入下一步测试。

5. 断缸测试(功率平衡测试)

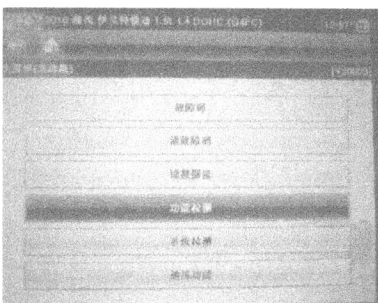

（1）操作解码仪,进入"功能检测"界面。

（2）找到"断开 X 缸燃油喷射"项目,以此断开一、二、三、四缸的燃油喷射。

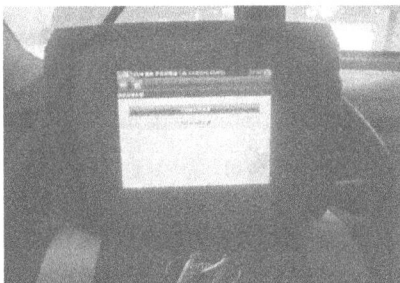

（3）观察断缸后发动机转速的变化情况,其中,转速基本无变化便是有问题的气缸。

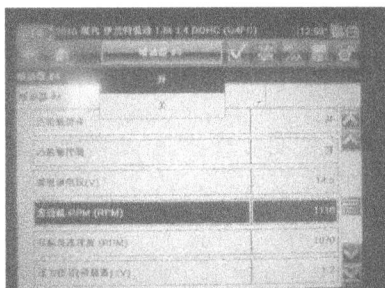

6. 检查问题气缸的喷油器及控制线路

（1）进入驾驶室,将发动机熄火。

（2）拔下问题气缸的喷油器插头;打开点火开关。

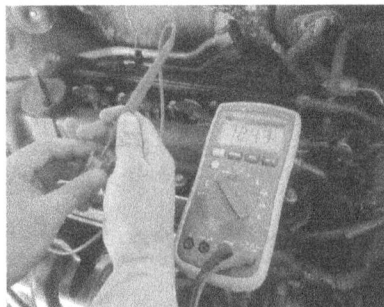

（3）使用万用表检测喷油器插头上的电源线的电压是否有 12 V，控制线是否有 3.2 V 左右的反馈电压；若没有达到标准电压，则检测相关工作电路线束的电阻，进入下一步；若电压正常，则说明喷油器出现问题，检查喷油器，其电阻应在 12 ~ 17 Ω。

7. 检查喷油器工作电路

（1）检查喷油器至供电保险丝之间线路的导通性。

（2）检查喷油器控制线与 ECU 针脚之间的电阻，应不大于 1 Ω。

8. 检查喷油器波形

（1）使用跨接线将喷油器控制线信号引出。

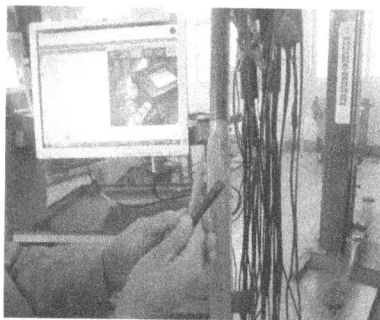

（2）将 FSA740 上多用途检测电缆（CH1）连接在喷油器控制线上，黄色香蕉头与控制线相连，蓝色香蕉头与搭铁相连。

（3）操作 FSA740 软件界面，依次点击"部件测试""燃油供应系统""喷油阀"，或者点击"通用示波器"，进入波形检测窗口。

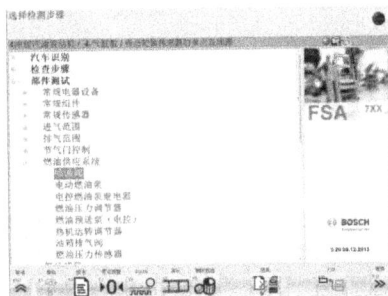

（4）进入驾驶室，打开点火开关。

① 在波形检测窗口上显示电压变化波形情况。

② 单击"F7"进行 X 轴范围的调整。

③ 单击"F8"进行 Y 轴范围的调整。

④ 单击"F3"停止检测。

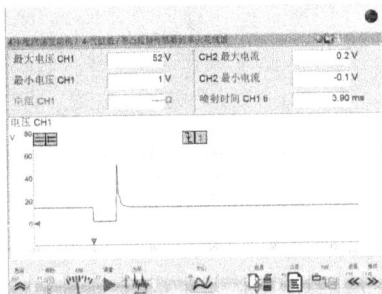 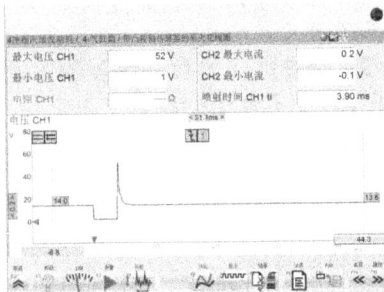

（5）进入驾驶室，将点火开关关闭。

① 在波形检测界面上，单击"F4"，在"U-CH1"坐标上出现可移动的光标，当移动光标落在某点时，显示该点数值。

② 单击"F6"，可以用图形方式保存测量值，并且可与标准波形进行比较，也可以将测试波形作为比较波形重新载入进行对比。

③ 单击"F8"，系统进入"记录"界面，在窗口中将内容填写完整。

④ 单击"F9"，系统进入"打印预览"界面。

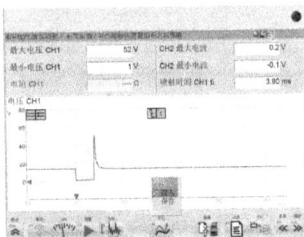 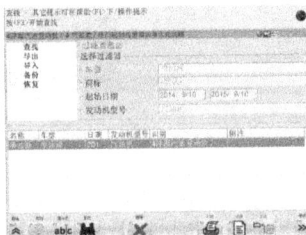 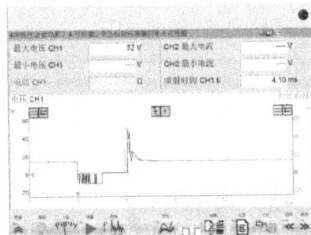

9. 5S 工作

结果分析

1. 喷油系统电路图分析

喷油器电路如图1.5-3所示。当点火开关转到"ON"时,电源通过熔丝AM2、点火开关(E4)向继电器(IG2)的线圈供电,线圈中有电流,产生磁场,继电器开关被吸合,此时电源通过熔丝(IG2)、继电器(IG2)向喷油器线圈供电。ECU接收各传感器输入的信号,判断发动机的工况,适时导通ECU内部电路中的晶体管。当晶体管导通后电流流至喷油器中的电磁线圈,喷油器喷油。

1号喷油器电磁线圈中电流的流向:电源(+)→集成继电器的端子(1E-1)→熔丝(IG2)→继电器(IG2)→集成继电器的端子(1A-4)→喷油器的端子1→电磁线圈→喷油器的端子2→ECU(B31-108)→晶体管→E01→搭铁→电源(-)。

继电器(IG2)电磁线圈中电流的流向:电源(+)→熔丝(AM2)→点火开关E4的端子7→点火开关E4的端子6→熔丝(IG2 No.2)→集成继电器的端子(1A-3)→集成继电器的端子(1A-2)→搭铁→电源(-)。

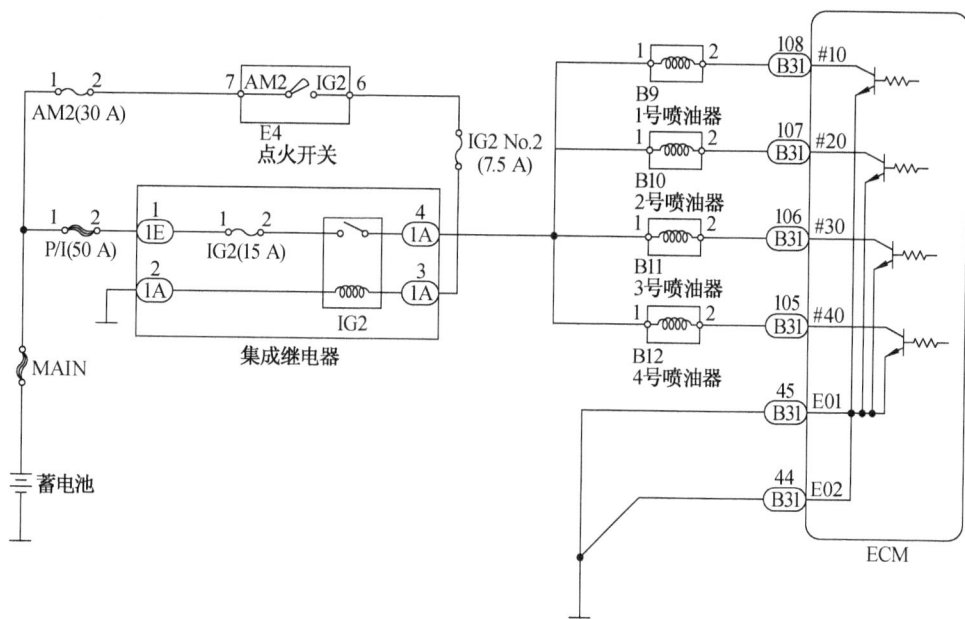

图1.5-3 喷油器电路

2. 喷油器波形分析

喷油器波形如图1.5-4所示。在峰值的测试模式下实际分析喷油驱动器的工作情况,并得到精确的峰值高度。

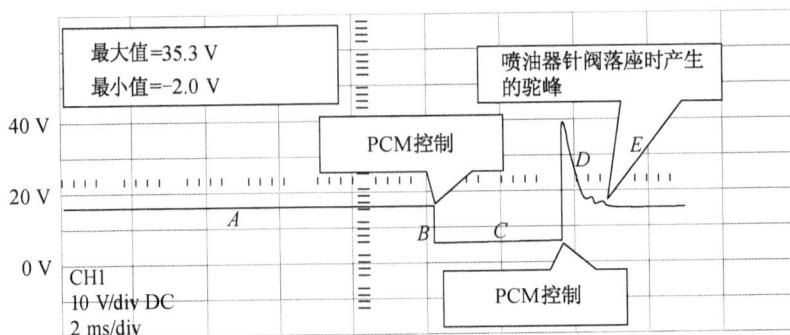

图 1.5-4　喷油器波形分析

A 段:显示开路电压(电瓶电压),电源电压波动过大,会影响喷油器的供油脉宽。若显示无电压或不正常,则检查主继电器到喷油器的这一段线路和蓄电池电压及发电机充电系统。

B 段:驱动器启动时刻,波形应该是一条垂直下降的直线。若为斜线,则可判断为驱动器(ECU)工作不良;若波形曲线不下降,则表示驱动器未工作。

C 段:喷油脉宽(喷油时间,即喷油器通电时间)。此线应为非常接近于零刻度线的一条直线。随着发动机转速的变化,脉宽也变化(转速高,脉宽变大;转速低,脉宽变小)。

如果该线离零刻度线的距离较远,则表示搭铁不良(指 ECU 的 E1 搭铁不良,虚接电阻产生或者驱动器的功率三极管工作不良)。E1 搭铁不良,影响整车的工作,对于喷油器来说影响喷油器的开启时间,从而影响燃油的混合比。

D 段:喷油器断电时刻,线圈所产生的自感电动势。一般此电压为 35 ~ 100 kV,生产厂家不一样,生产的喷油器产生的自感电动势高低也不一样。如果带有钳位二极管的喷油器,D 段峰间应有一个被削波的平顶,若自感电动势太小,那么峰顶是尖的。

E 段:自感电动势衰减段。E 段尾部有一个驼峰为正常波形,如出现有多个驼峰或杂波,则可判定喷油器弹簧弹力过弱或喷油器嘴过度磨损或沾污而使其性能下降,断电落座时产生多次弹跳,关闭不严。

驼峰产生的原因:喷油器断电关闭时,阀针因一定的惯性力,使弹簧反弹,针阀阀芯来回弹跳,电磁线圈在剩磁下产生微弱的电动势。如果波形数过多,即表示针阀在关闭过程中因沾污、磨损等无法定位,来回弹跳,使针阀关闭不严,引起额外喷油,电脑无法控制,反馈后来回修正,无法正常控制空燃比,造成混合气过浓,影响发动机工作。

考核项目六

点火系统检测及波形分析

6

考场准备

整车一辆、数字万用表、常用拆装工具、发动机综合分析仪或汽车示波器、抹布、汽车维修手册。

考核要求

1. 正确使用示波器或发动机综合分析仪;
2. 规范操作仪器检测点火系统波形;
3. 准确分析点火系统正常波形的组成,并能分析故障波形所代表的含义。

考点链接

微机控制点火系统主要包括与点火有关的各种传感器(如转速传感器、曲轴位置传感器、温度传感器、爆震传感器等)、电子控制单元(ECU)、点火线圈、火花塞等,如图 1.6-1 所示。

曲轴位置传感器向 ECU 提供发动机曲轴转速与转角信号,转速信号用于计算确定点火提前角,转角信号用于控制点火提前角(即点火开始时刻);凸轮轴位置传感器向 ECU 提供气缸判别信号。空气流量计或进气压力传感器和节气门位置传感器提供发动机负荷信号,用于计算确定点火提前角。冷却液温度信号、进气温度信号、车速信号、空调开关信号及爆震传感器信号等用于修正点火提前角。

发动机工作时,控制系统通过采集上述传感器反映的发动机工况信息,并不断检测凸轮轴位置传感器信号,判定某一缸活塞即将到达压缩上止点。当 ECU 收到判缸信号后,开始对曲轴转角信号进行计数,判断点火时刻是否到来。与此同时,ECU 根据转速信号、负荷信号及与点火提前角相关的传感器信号,查询相应工况下的最佳点火提前角。当曲轴转角等于最佳点火提前角时,ECU 立即控制初级电路截止,点火线圈初级电流被切断,从而在次级线圈中产生高压电,使火花塞跳火,点燃混合气。

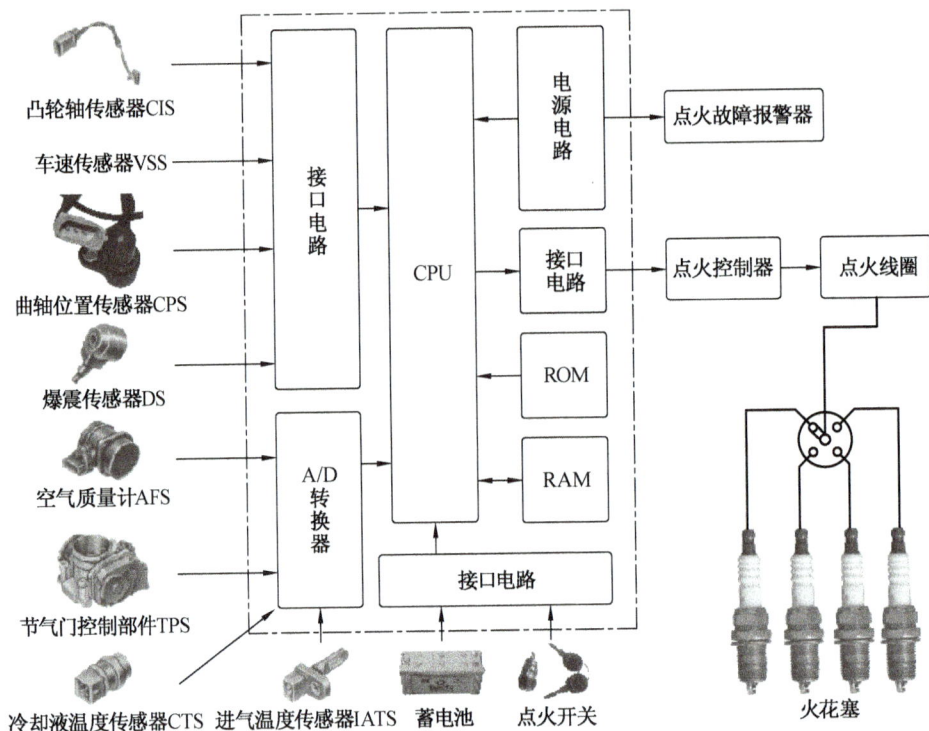

图 1.6-1　微机控制点火系统

在独立点火系统中(见图 1.6-2),每个火花塞配一只点火线圈,并且火花塞与次级线圈尾部相连。次级线圈中产生的强电压直接作用到火花塞上,在旁电极与中心电极之间击穿混合气产生火花。因点火线圈和火花塞直接相连,使高压电流过的距离缩短,从而减少电压损失和电磁干扰,提高了点火系统的可靠性。

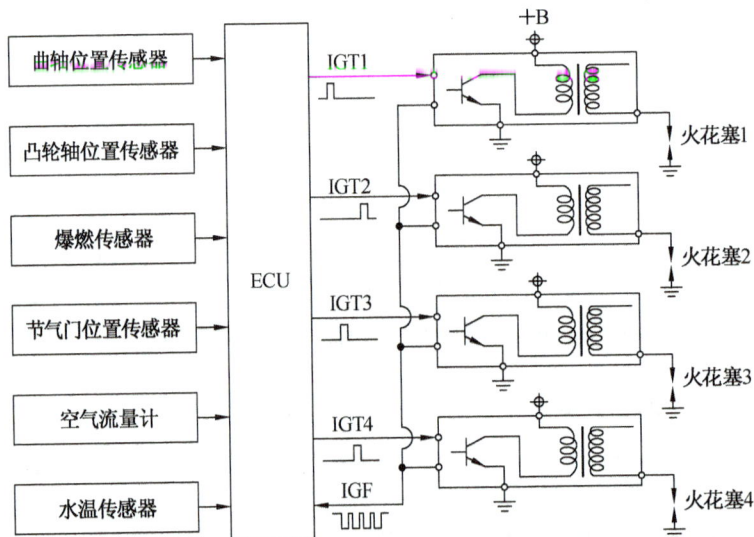

图 1.6-2　单缸独立点火方式

如图1.6-3和图1.6-4所示,当发动机运转时,发动机ECU根据各传感器的信号输出点火正时信号(IGT),接通初级线圈的电路,给线圈充电并在线圈周围产生磁场。当点火器按ECU输出的点火正时信号(IGT)快速地切断初级线圈电路时,初级线圈的磁通量减小,在初级线圈中产生自感电动势(200～300 V),在次级线圈中产生互感电动势(约30 kV),此高压电动势输出的高压(15～20 kV)使火花塞产生火花放电,点燃压缩的混合气。

初级电流越大,初级线圈电路切断越迅速,感应的次级电压越大。

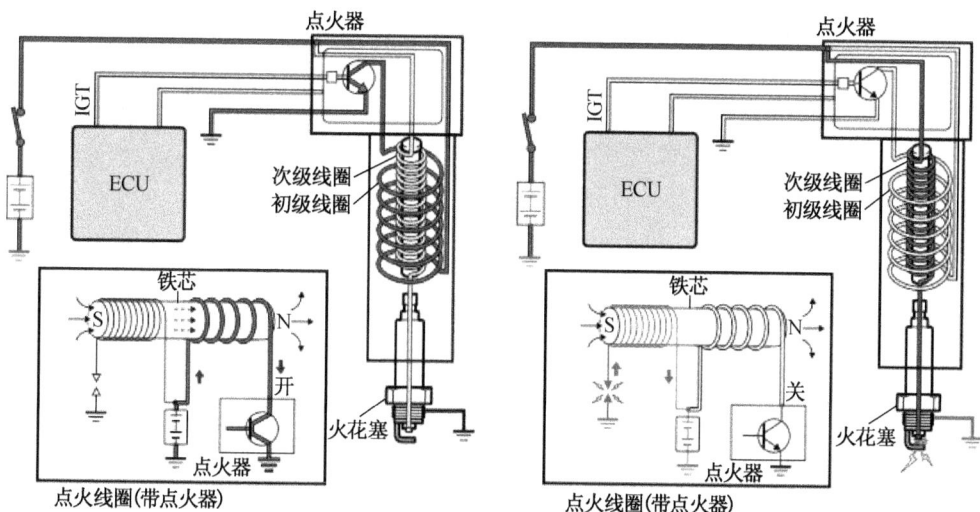

图1.6-3　单缸独立点火结构示意

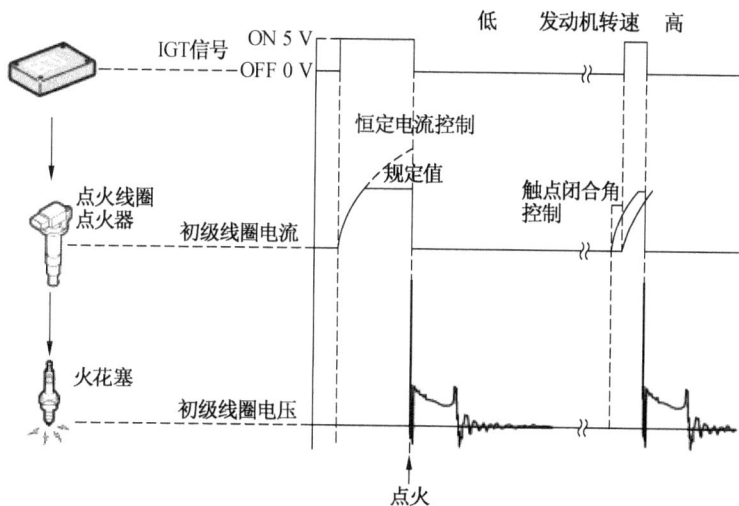

图1.6-4　点火信号示意

丰田卡罗拉1ZR-FE发动机点火系统中,使用了点火反馈信号(IGF),如图1.6-5所示。ECU按照IGT信号精确地切断点火线圈中的初级电流,然后点火器又按初级电流的电流值向发动机ECU输送一个点火反馈信号(IGF),确认点火。如果发动机ECU未收到IGF信号,则认定点火系统存在故障。为防止过热造成的不良影响,ECU将停止喷油,并

储存故障信息。由于 ECU 不能探测次级电路中的故障,因此只能监视初级电路中的 IGF
信号。当来自点火器的初级电流达到预定值时,输出 IGF 信号;当初级电流超过预定值
IF2 时,系统判定电流量已达到规定值,于是允许 IGF 信号回到其原来的电压。

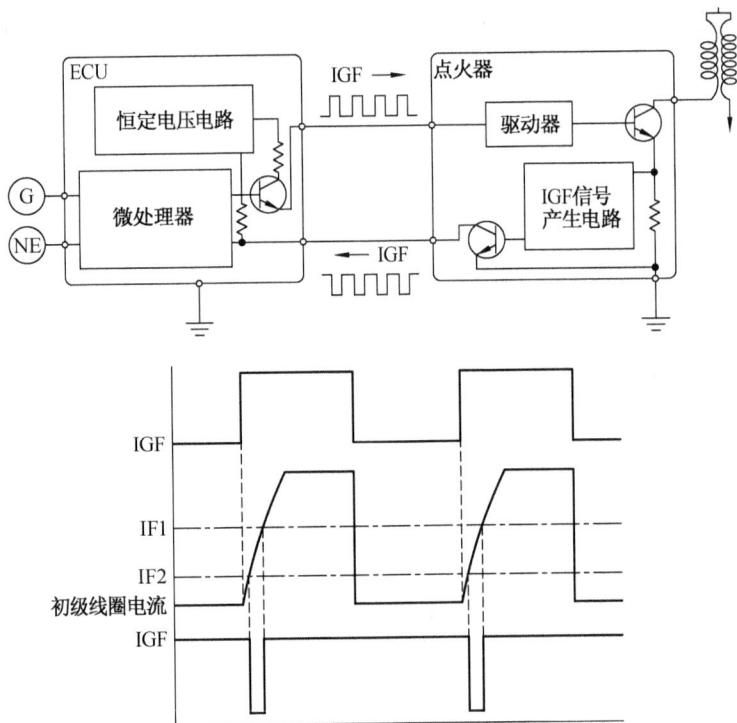

图 1.6-5　丰田卡罗拉 1ZR – FE 发动机点火信号示意

操作步骤

点火系统检测与波形分析步骤见表 1.6-1。

表 1.6-1　点火系统检测与波形分析步骤

1. 安全检查与前期准备
(1) 准备工具:拆装工具、数字万用表、故障解码仪、FSA740 发动机综合分析仪、跨接线、灭火器。

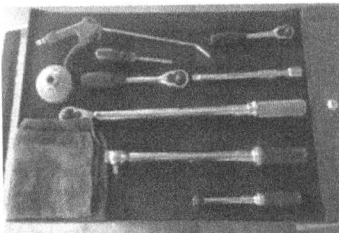

（2）铺好车轮挡块、室内三件套、翼子板布、前格栅布,安装尾气烟套;检查变速器挡位;检查汽车油、水、电;检查发动机舱线路、管路连接情况。	

2. 连接解码仪

（1）解码仪连接 OBD Ⅱ 诊断接口。	
（2）找到相应的车型、发动机代码等参数。	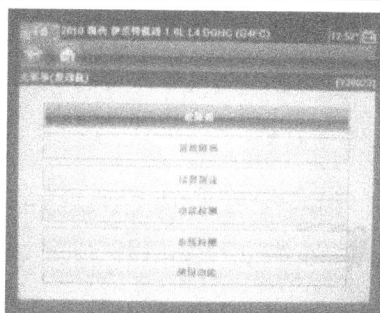

3. 确认故障

启动发动机,观察发动机运行和加速情况,查看故障灯是否点亮等。	

4. 读取故障代码和数据流

进入系统,检查是否有故障代码。若提示有喷油器故障,则在读完数据流中的喷油时间之后,直接检查喷油器及工作电路;若无故障码,先检查发动机转速、喷油时间及相关数据流,然后进入下一步测试。

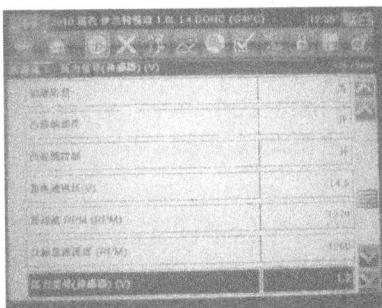

5. 断缸测试(功率平衡测试)

操作解码仪,进入"功能检测"界面,找到"断开 X 缸燃油喷射"项目,依次断开一、二、三、四缸的燃油喷射,观察断缸后发动机转速变化情况,其中,转速基本无变化的便是有问题的气缸。

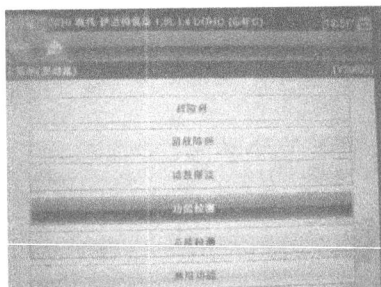

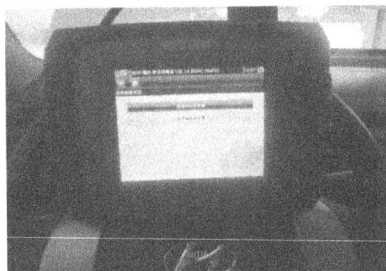

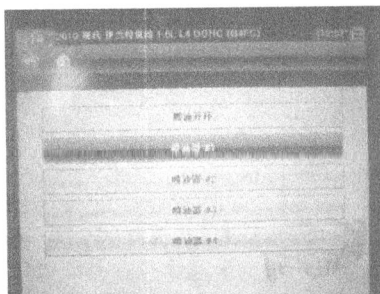

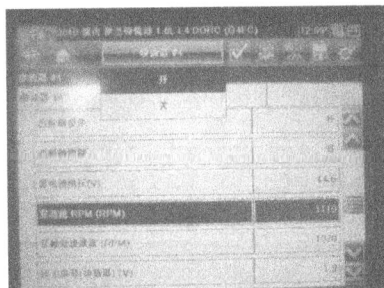

6. 检查问题气缸的点火情况

(1) 将问题气缸的点火线圈取出,接上火花塞,将火花塞搭铁。

续表

（2）启动发动机,观察火花塞点火情况。若不能点火,或火花较弱(呈现黄色),则检查点火线圈总成及工作电路;若火花正常,则检查气缸火花塞及气缸压缩压力。

7. 检查点火线圈总成及工作电路

（1）关闭点火开关。
（2）检查点火线圈插头上电源线电压是否有12 V。
（3）检查 IGT,IGF 信号线电压是否符合要求。

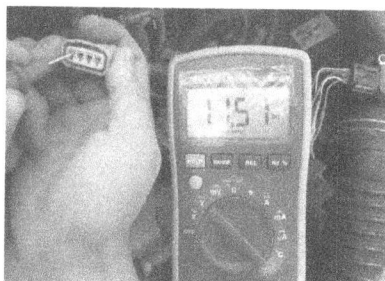

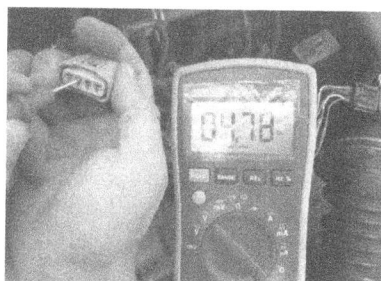

（4）正时信号线 IGT 和反馈信号线 IGF,以及搭铁线与 ECU 针脚的导通性;检查线束间及线束与搭铁间是否有短路情况。

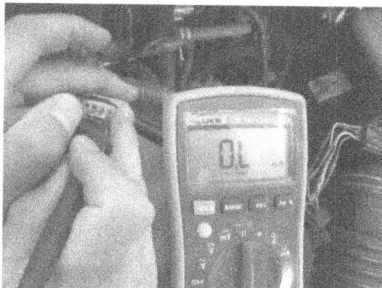

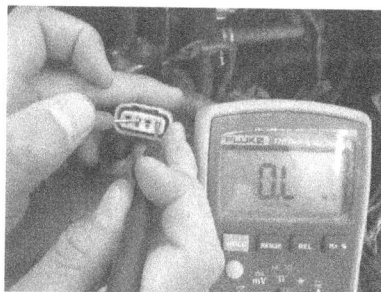

如果电源线电压没有12 V,则检查点火线圈至供电保险之间线束的导通性。

8. 检测点火线圈次级波形

（1）确定点火开关处于关闭状态。
① 将 FSA740 测量模块上的感应钳式脉冲信号检测器夹在通向一缸点火电缆上。
② 将测量模块上的红色适配电缆夹在问题气缸的点火高压线上。

③ 将示波器蓄电池正(红色)、负(黑色)电缆与车辆蓄电池正、负极连接。

若需要检测多个气缸波形,只需依照上述步骤,继续将红色适配电缆夹在相应气缸的高压线上即可。

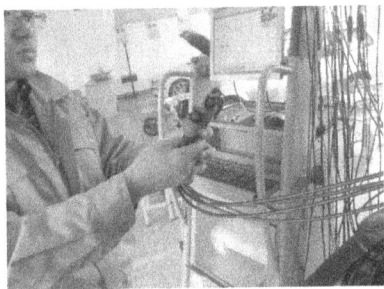

(2) 在 FSA740 窗口中,选择"示波器|点火示波器次级",进入操作界面。

① 单击"F6",选择第一项"Σ"(选取所有点火波形),可检测各缸平列波;启动发动机,怠速运转。

② 在波形窗口显示"U－次级"波形。

a. 单击"F7",进行 X 轴坐标的调整。

b. 单击"F8",进行 Y 轴坐标(峰值)的调整。

c. 单击"F3",停止测量。

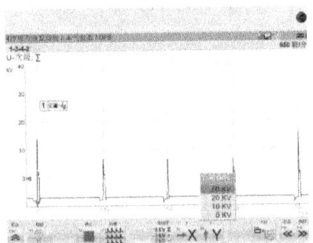

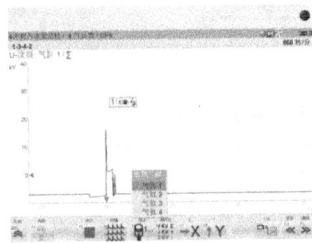

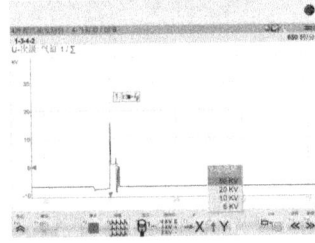

（3）单击"F11"，退出至"点火示波器测量停止"窗口。

① 单击"F3"进行新的测量，单击"F4"，选择各缸并列波，启动发动机，怠速运转，在波形显示窗口显示各缸并列波。

② 单击"F7"，进行 X 轴坐标的调整；单击"F8"，进行 Y 轴坐标的（峰值）的调整。

③ 单击"F3"，停止测量。

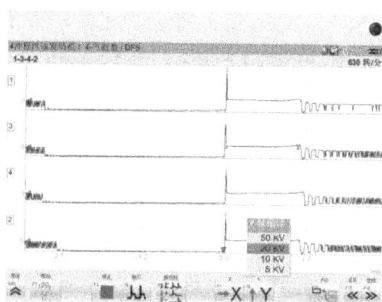

（4）关闭点火开关，使发动机熄火。

① 单击"F2"放大镜，可将局部波形进行放大。

② 单击"F4"出现可移动的光标，当移动光标时，可在光标和曲线上同时显示对应点的数值。

③ 单击"F6"，以图形方式保存测量波形，并且将其作为比较曲线重新载入。

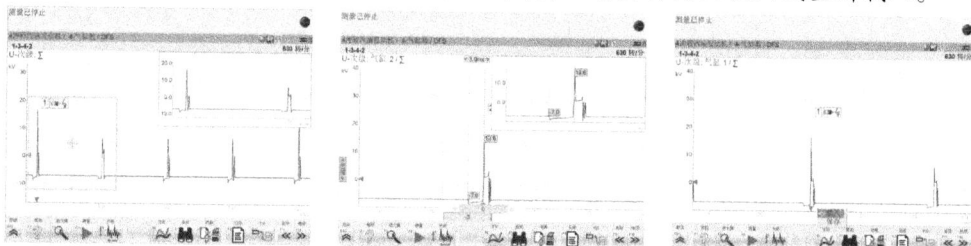

（5）单击"F7"，在波形显示窗口进入"查找"模式。

① 单击"F2"，在查找模式窗口中，显示发动机转速。

② 单击"F4"，显示点火电压。

③ 单击"F5"，显示燃烧电压。

④ 单击"F6"，显示燃烧持续时间。

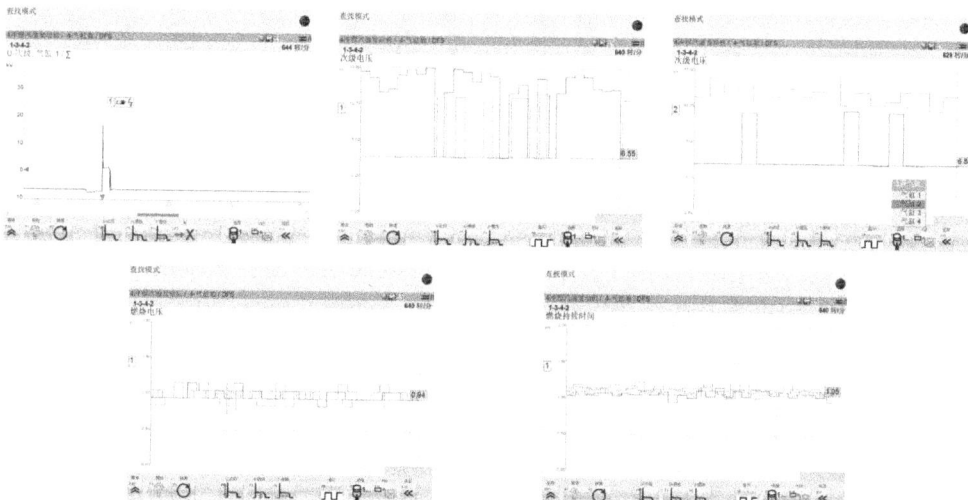

续表

（6）关闭点火开关，使发动机熄火。

① 单击"F4"出现可移动的光标，当移动光标时，可在光标和曲线上同时显示对应点的数值。

② 单击"F6"，以图形方式保存测量波形，并且将其作为比较曲线重新载入。

③ 单击"F8"，系统进入记录窗口，将内容填写完整。

④ 单击"F9"，进入打印预览窗口。

⑤ 判断检测结果，单击"F8"，打印检测记录。

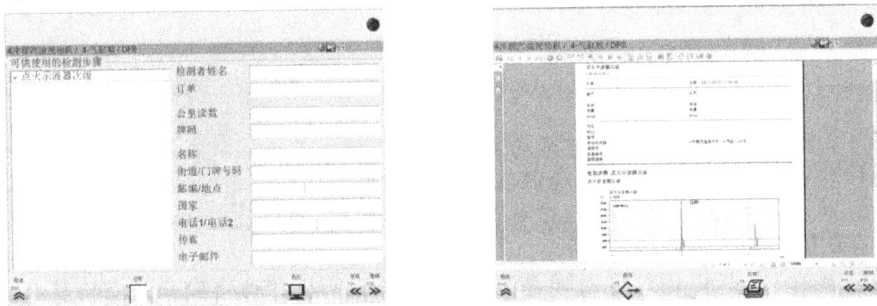

9. 5S 工作

结果分析

次级绕组产生的点火波形如图 1.6-6 所示。

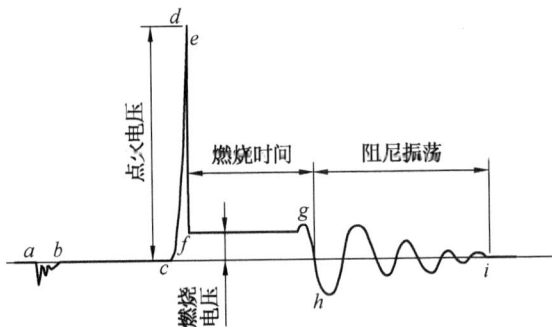

图 1.6-6　点火次级波形分析

次级绕组产生的点火波形各点分析如下：

a 点：初级绕组通电时刻（由于初级绕组接通时电流增长速度比较慢，所以次级绕组产生电动势也慢，且方向与初级绕组的方向相反）。

b 点：初级绕组电流饱和点（也可以说是初级绕组通电后电流上升到恒流电流值的点，点火控制器恒流功能开始工作）。

a~*b* 段：初级绕组接通电流增长至点火控制器开始恒流控制的过程（建立磁场能量）。

c 点：初级绕组断电时刻（点火控制器控制初级线圈断电开始点火时刻）。

　　$b \sim c$ 段:恒流控制段(初级绕组电流上升到点火控制器恒流电流后的恒流保持段)。恒流是指点火初级绕组充电电流上升到一定值后稳定向绕组充电。

　　$a \sim c$ 段:闭合角(从接通初级绕组到点火时刻初级绕组的通电时间),一般四缸发动机闭合角 45% ~60%,即按凸轮轴转角计算为 90°×(45% ~60%),按曲轴转角计算为 180°×(45% ~60%),意思是说闭合角时间为 1 个气缸完成一个工作循环凸轮轴转角度为 90°,曲轴转角度为 180°,它在整个工作循环中所占的比例为 45% ~60% 的转角角度。六缸发动机闭合角为 60% ~70%。

　　d 点:初级绕组断电瞬间次级绕组产生的击穿高压击穿火花塞间隙的最高电压点,火花塞间隙被击穿后电压峰值立即下降。击穿电压受很多因素的影响,如火花塞间隙、火花塞电极形状、混合气浓度、气缸压力、气缸压缩时的压缩温度等。

　　火花塞电极间隙越大,电极形状变尖,所需击穿电压越高,所需点火能量也就越大。混合气过浓,由于 HC 和空气分子被压缩后挤压密集,高压力使其正负电子分离更加困难,需要更大的电压才能使其电离形成电子流产生电火花。混合气过稀时,HC 和空气分子分布比较稀薄,分子无法被同时电离,使其离子电离的电压就越高才能击穿稀松的间隙。温度越高,各分子比较活跃,电离比较容易,所需击穿电压就低,相反所需电压就高。只有混合气适中,油气分子分布均匀,电防产生电子流比较容易,此时的击穿电压为标准电压。

　　e 点:火花形成的起始点(即高压击穿火花塞间隙后形成电子流的瞬间,产生热能量的转换开始)。

　　$c \sim f$ 段:电容放电段(相当于一个大电容放电,火花形成的过程,即击穿电离后形成电子流的过程)。

　　g 点:火花结束点(即击穿形成电子流后,磁能转换持续到不能维持电子流的最低能量点)。

　　$f \sim g$ 段:火花的持续时间,也称燃烧线,即击穿电防后电子流的持续时间,这个电压是火花燃烧电压,是维持火花传递的电压,一般为击穿电的 1/4,此段也称电感放电段。此段应比较平直,干净无异形波。

　　$h \sim i$ 段:绕组线圈正常衰减振荡段。一般有 3 个以上的振荡波,标准为 5 ~6 个。即磁能转换电能不能维持火花导通后,初次绕组线圈磁能相互转换衰减振荡消失过程。如果衰减波太少,说明线圈性能下降。

　　二次线圈波形分析原理:点火时,次级线圈产生很高的电压,当电压逐步升高到一定值,火花塞上产生火花(测试时火花能量表现为蓝白色火焰,且能持续 1.5 ~2.4 ms(分电器系统),在无分电器点火系统,则标准火花时间必须在 0.8 ~1.8 ms 之间。此种火焰在气缸中能量高,传播速度快,使气缸内燃烧快速充分,爆发压力强,发动机动力输出高),此电压即点火电压。随后电压迅速下降到另一电压值并维持一段时间,此电压即燃烧电压,燃烧时间就是电压维持在燃烧电压值的时间。在燃烧时间结束时,点火线圈中的能量基本耗尽,残余的能量在线圈上形成阻尼振荡,振荡波数量要求 3 个以上(标准 5 ~6 个)。

　　理想状态下,该二次波形非常稳定,表示每一次点火燃烧过程的电压都一致。各气缸的图形应该大体相仿。然而实际情况并不理想,图形总会有或大或小的抖动,如点火或击穿电压忽高忽低,燃烧时间也可能长短不一,这些并不一定表明发动机有故障。这就需要积累经验,结合其他测试数据综合分析。

(1) 次级点火电压分析

若点火电压过高,甚至超过屏幕范围,表明在次级点火电路中电阻值过大。线路中有断路、火花塞损坏、高压线或火花塞间隙过大等都有可能造成击穿电压过高的现象。相反,如果点火电压过低,表明在点火次级电路中电阻值小于正常值,可能是火花塞太脏或破裂、高压线漏电等原因造成。

(2) 点火火花时间分析(燃烧时间)

① 运转发动机,使其达正常工作温度。

② 调整发动机转速到 2 000 r/min。

正常标准火花时间在 1.5~2.4 ms(分电器系统),在无分电器点火系统,则标准火花时间必须在 0.8~1.8 ms 之间。

③ 当火花时间低于 0.8 ms,可能的原因如下:

a. 高压线电阻太大。

b. 火花塞间隙太大。

c. 分电盘与分火头间隙太大。

d. 混合气过稀。

e. 火花塞温度过低。

f. 点火正时太慢。

g. 气缸压力太高。

h. 气门弹簧太弱。

④ 当火花时间高于 2.4 ms,可能的原因如下:

a. 高压线电阻太小。

b. 混合气过浓。

c. 火花塞间隙太小。

d. 气缸压力太低。

e. 火花塞温度过高。

f. 发动机耗机油。

g. 点火正时太早。

h. 气门间隙太小。

考核项目七

发动机不能启动故障诊断与排除

7

考场准备

卡罗拉轿车一辆、常用拆装工具、汽车故障诊断仪、发动机综合分析仪、数字万用表、试灯、备用保险丝、继电器、跨接线、汽车维修手册、电路图。

考核要求

1. 正确使用故障诊断仪检测故障代码,读取数据流;
2. 正确判断发动机故障原因,并规范操作检查故障;
3. 排除不能启动故障。

考点链接

导致发动机不能启动故障的原因有很多,总的来说易出现在以下几个大类:

(1)燃料供给系统。

(2)点火系统。

(3)电子控制单元 ECU。

(4)电气系统。

(5)机械系统。

而区分以上具体的故障类型,需要在实际检查过程中不断根据检查结果来分析故障原因。细分故障原因包括:

(1)进气系统中有漏气、空气滤清器滤芯堵塞、进气管和进排气门积炭过多(气门关闭不严)。

(2)燃油压力太低或保持压力不正常。燃油泵控制电路故障、燃油泵故障、燃油压力调节器故障、燃油滤清器滤芯堵塞。

(3)喷油器电路故障、喷油器工作不良(漏油、积炭、胶质堵塞等)。

(4)冷却液温度传感器的故障。

(5)点火正时不准确。

（6）点火线圈总成电路故障、点火线圈总成、火花塞工作不良。

（7）节气门体总成故障。

（8）ECU 电源电路故障。

（9）起动机总成及起动机工作电路故障。

（10）防盗系统故障。

（11）气缸压缩压力太低。

操作步骤

发动机不能启动故障诊断与排除步骤见表1.7-1。

表 1.7-1　发动机不能启动故障诊断与排除步骤

1. 前期准备与安全检查
（1）准备工具：拆装工具、数字万用表、故障解码仪、FSA740 发动机综合分析仪、跨接线、灭火器。
（2）铺好车轮挡块、室内三件套、翼子板布、前格栅布，安装尾气烟套；检查变速器挡位；检查汽车油、水、电；检查发动机舱线路、管路连接情况。
2. 连接解码仪
（1）解码仪连接，OBDⅡ诊断接口。

（2）找到相应的车型、发动机代码等参数。	

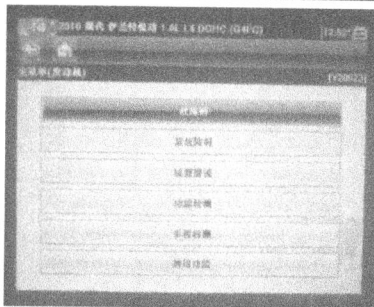

3. 确认故障

（1）启动发动机，观察发动机的运行情况、加速情况，查看故障灯是否点亮等。 （2）若起动机不能转动，检查启动工作电路。	

4. 读取故障代码

（1）进入解码仪，读取发动机故障代码。若提示"无法连接ECU"或"无通讯系统"，则退出，进入其他的控制系统，如"防抱死控制系统"。

（2）进入系统，观察是否能读到 ABS 系统的相关数据，若能读到，说明发动机ECU 出现故障，检查 ECU 电源电路；若不能读到，应检查解码仪到控制单元的诊断线是否正常工作，检查 K 线或 CAN 系统的工作电路。若解码仪界面显示"系统正常"，则说明属于无码故障，检查点火系统。

5. 根据故障代码，查询维修手册

导致发动机不能启动并且有故障码的主要有曲轴位置传感器、凸轮轴位置传感器、空气流量计或进气压力传感器。	

61

6. 检查曲轴位置传感器及工作电路

曲轴位置传感器 2 条信号线间电阻小于 2.6 kΩ,与 ECU 阵脚间电阻均不大于 1 Ω。

标准电阻(断路检查)		
B13 - 1(NE +) - B31 - 93	始终	小于 1 Ω
B13 - 2(NE -) - B31 - 117	始终	小于 1 Ω
标准电阻(短路检查)		
B13 - 1 或 B31 - 93(NE +)至车身搭铁	始终	10 kΩ 或更大
B13 - 2 或 B31 - 117(NE -)至车身搭铁	始终	10 kΩ 或更大

7. 检查凸轮轴位置传感器及工作电路。

以现代悦动 G4FC 发动机为例凸轮轴位置传感器 3 条线,其中电源线电压为 5 V,信号线电压在 0 ~ 12 V 之间变化,搭铁线及其他两条线与 ECU 阵脚之间的电阻均不大于 1 Ω。

8. 检查空气流量计或进气压力传感器

拔下空气流量计插头,使用万用表检测传感器电压及标准电阻。

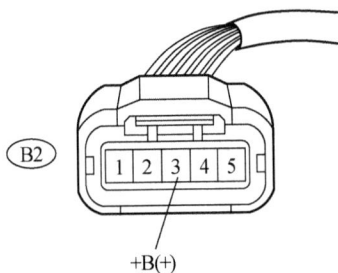

标准电压		
B2 - 3(+ B) - 车身搭铁	点火开关 ON	11 ~ 14 V
标准电阻(断路检查)		
B2 - 5(VG) - B31 - 69	始终	小于 1 Ω
B2 - 4(E2G) - B31 - 92	始终	小于 1 Ω
标准电阻(短路检查)		
B2 - 5 或 B31 - 69(VG) - 车身搭铁	始终	10 kΩ 或更大

9. 检查起动机总成及工作电路

检查起动机搭铁情况、起动机电源电压是否为 12 V,若没有检查起动系统保险丝、启动继电器总成及工作电路。

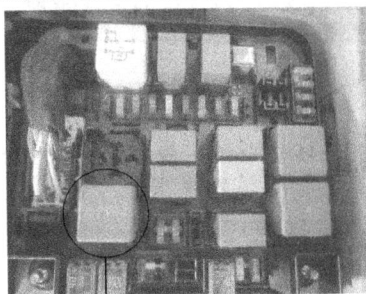

启动继电器

10. 检查 ECU 电源电路(以卡罗拉 1ZR - FE 发动机为例)

检查 ECU 电源控制电路中的保险丝 AM2,EFI MAIN,IG2,EFI No. 1,IGN 和继电器 EFI MAIN,IG2 及 ECU 搭铁线。

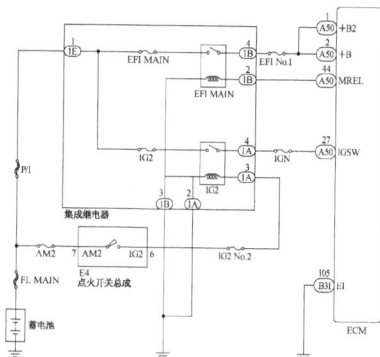

11. 检查 VC 电源电路

ECU 持续将端子 +B 上的蓄电池电压转换成 5 V 的恒定电压,即 VC 电压。这个电压用于运行微处理器,同时给传感器提高电源,如果 VC 电压与搭铁短路,ECU 内的微处理器和由 VC 供电的传感器没有电压供应而不能运行,系统不能启动。

检查时,可检查传感器上电源线与搭铁之间的电阻或导通性,如果导通,说明 VC 电源与搭铁短路。

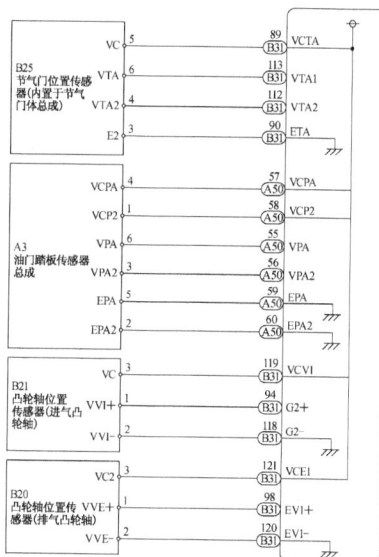

12. 检查点火系统工作电路

① 检查点火线圈工作线路,电源线电压是否为 12 V。

② 检查 IGT、IGF 信号线电压是否正常。

③ 检查 IGT、反馈信号线 IGF 有没有发生短路或断路,是否搭铁良好。若有问题,更换线束。

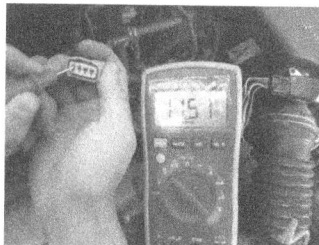 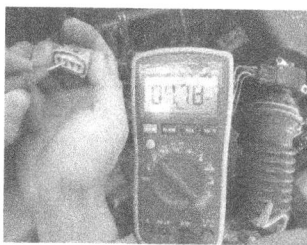 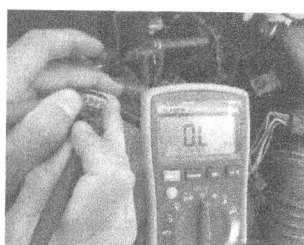

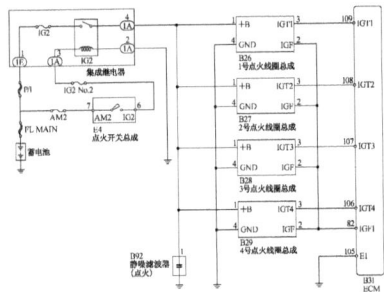

13. 检查喷油系统的工作情况

　　检查喷油器的工作情况,电源电压应为12 V,控制线电压应为3.8 V。若不符合要求,喷油检查电源线保险丝及控制线与 ECU 针脚之间的电阻,应不大于1 Ω。若喷油器正常,则检查燃油泵的工作情况。

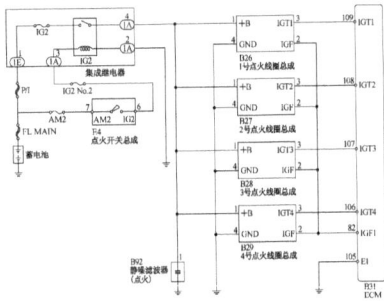

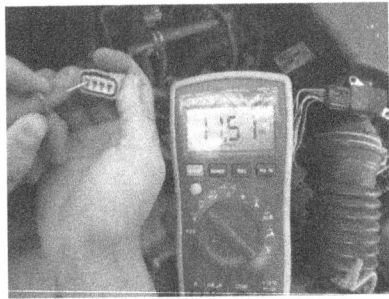

14. 检查燃油泵的工作情况

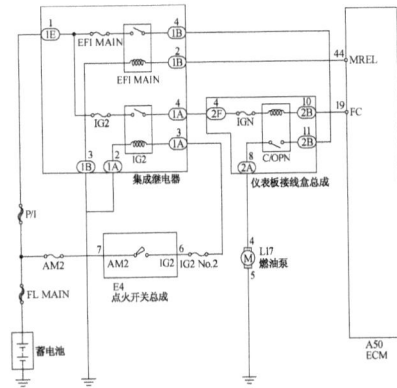

　　打开点火开关时,燃油泵应转有"嗡嗡"的动声,如果没有反应,检查燃油泵线束电压是否为 12 V,搭铁线与车身搭铁电阻是否不大于1 Ω。

　　若不符合要求,检查燃油泵保险丝、燃油泵继电器总成及工作线路。

15. 5S 工作

电路图分析

1. ECM 电源电路

ECM 电源电路如图 1.7-1 所示。

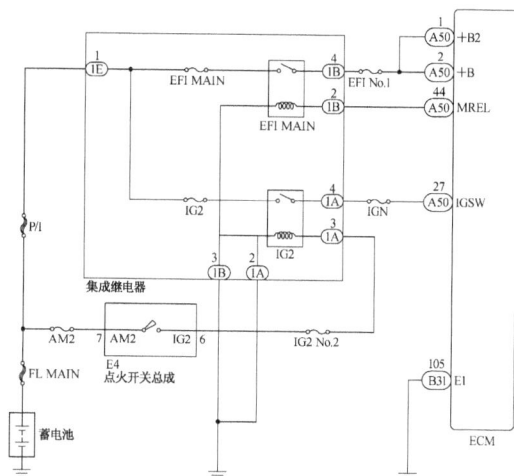

图 1.7-1　ECM 电源电路

电流走向分析：

① 蓄电池 + →P/I→集成继电器(1E - 1)→EFI MAIN→继电器 EFI MAIN→集成继电器(1B - 4)→保险丝 EFI NO.1→A50 - 2(+ B)/A50 - 1(+ B2)。

② A50 - 44(MREL)→集成继电器(1B - 2)→继电器 EFI MAIN→集成继电器(1B - 3)→搭铁。

③ 蓄电池 + →FL MAIN→P/I→集成继电器(1E - 1)→IG2 保险丝→继电器 IG2→集成继电器(1A - 4)→保险丝 IGN→ECM A50 - 27(IGSW)。

④ 蓄电池 + →FL MAIN→AM2→点火开关总成→保险丝 IG2 No.2→集成继电器(1A - 3)→继电器 IG2→集成继电器(1A - 2)→搭铁。

2. 喷油泵工作电路

喷油泵工作电路如图 1.7-2 所示。

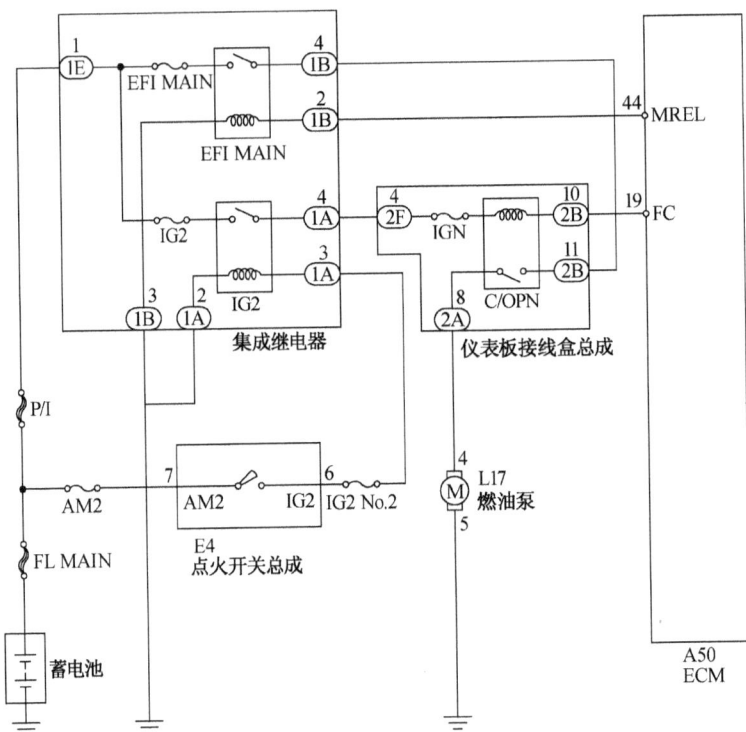

图 1.7-2　喷油泵工作电路

电流走向分析：

① 蓄电池 + →FL MAIN→P/I→集成继电器（1E - 1）→保险丝 EFI MAIN→继电器 EFI MAIN→集成继电器（1B - 4）→仪表板接线盒总成（2B - 11）→继电器 C/OPN→仪表板接线盒总成（2A - 8）→燃油泵→搭铁。

② ECM（A50 - 44）MREL→集成继电器（1B - 2）→继电器 EFI MAIN→集成继电器（1B - 3）→搭铁。

③ 蓄电池 + →FL MAIN→P/I→集成继电器（1E - 1）→保险丝 IC2→继电器 IG2→集成继电器（1A - 4）→仪表板接线盒总成（2F - 4）→保险丝 IGN→继电器 C/OPN→仪表板接线盒总成（2B - 10）→ECM（A50 - 19）FC。

④ 蓄电池 + →FL MAIN→保险丝 AM2→点火开关总成→保险丝 IG2. No.2→集成继电器（1A - 3）→继电器 IG2→集成继电器（1A - 2）→搭铁。

3. 喷油器工作电路

喷油器工作电路如图 1.7-3 所示。

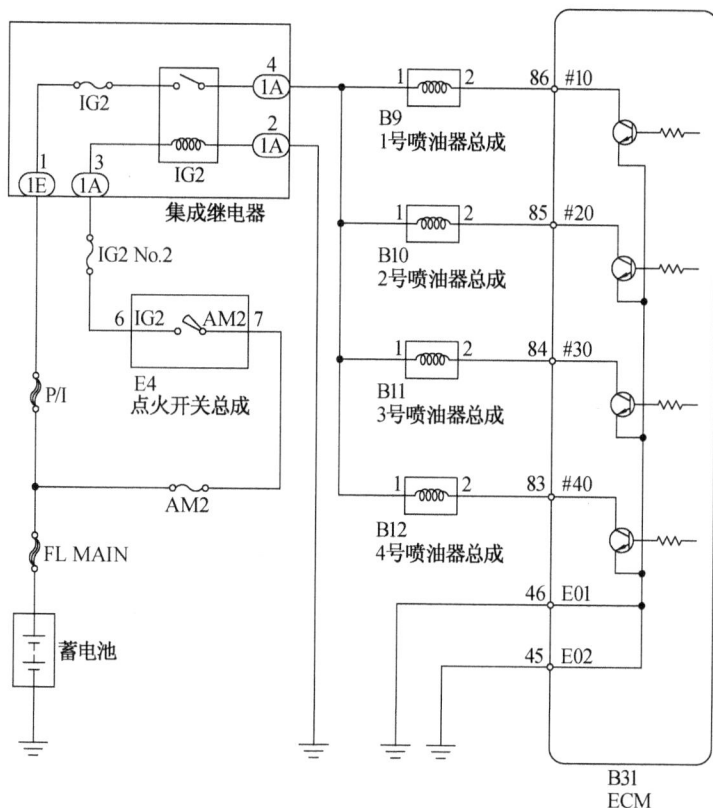

图1.7-3 喷油器工作电路

电流走向分析：

① 1号喷油器电磁线圈中电流的流向：电源(＋)→集成继电器的端子(1E－1)→熔丝(IG2)→继电器(IG2)→集成继电器的端子(1A－4)→喷油器的端子1→电磁线圈→喷油器的端子2→ECU(B31－108)→晶体管→E01→搭铁→电源(－)。

② 继电器(IG2)电磁线圈中电流的流向：电源(＋)→熔丝(AM2)→点火开关E4的端子7→点火开关E4的端子6→熔丝(IG2 No.2)→集成继电器的端子(1A－3)→集成继电器的端子(1A－2)→搭铁→电源(－)。

4. 点火系统电路

点火系统电路如图1.7-4所示。

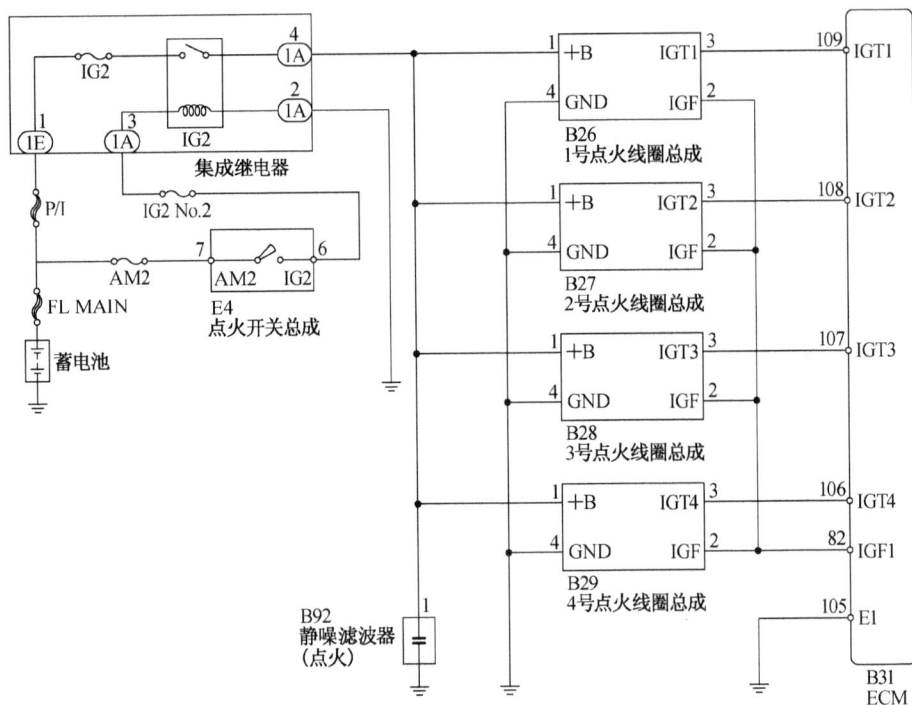

图 1.7-4　点火系统电路

1 号点火线圈总成电流走向分析：

① 蓄电池 +→FL MAIN→P/I→集成继电器(1E－1)→保险丝 IG2→继电器 IG2→集成继电器(1A－4)→1 号点火线圈总成(B26－1)→B26－4→搭铁。

② 蓄电池 +→FL MAIN→保险丝 AM2→点火开关总成 E4→保险丝 IG2 No.2→集成继电器(1A－3)→继电器 IG2→集成继电器(1A－2)→搭铁。

5. VC 电源电路

VC 电源电路如图 1.7-5 所示。

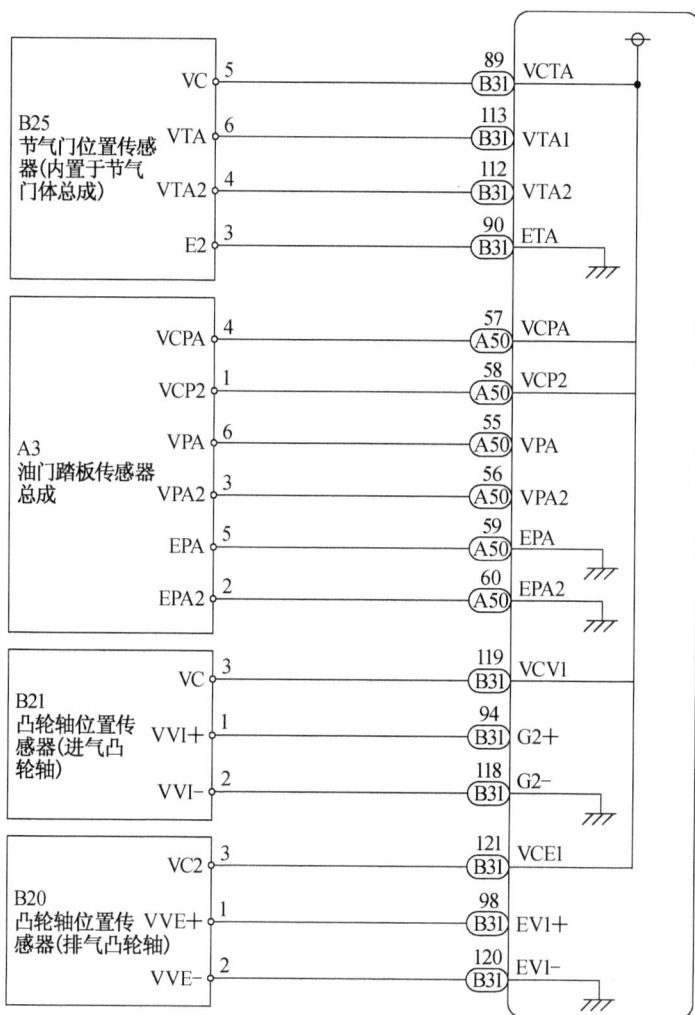

图 1.7-5 VC 电源电路

故障诊断流程

发动机不能启动故障诊断流程如图 1.7-6 所示。

```
                              ┌──────────────┐
                              │   启动发动机   │
                              └──────────────┘
                                     │
                                     ▼
                    ◇─────────────────────────◇   不能   ┌─────────────────────────┐
                    │      起动机转动情况        │─────────▶│  检查起动机总成及工作电路  │
                    ◇─────────────────────────◇          └─────────────────────────┘
                                     │ 能
                                     ▼
┌──────────────────┐            ◇───────────────◇   有   ┌──────────────────────────┐
│ 检查点火系统及工作 │   无故障码  │               │──────▶│ 根据故障码提示，检查相         │
│ 电路：电源线电       │◀─────────│   读取故障码    │        │ 关传感器，如曲轴位置传         │
│ 压是否有12 V, IGF  │            │               │        │ 感器、凸轮轴位置传感器、      │
│ 信号线是否与搭铁    │            ◇───────────────◇        │ 进气压力传感器或空气流      │
│ 短路等            │                    │                 │ 量计                       │
└──────────────────┘                    │ 无法             └──────────────────────────┘
          │                             │ 读取
          │ 正常                          ▼
          ▼                    ◇───────────────◇   否   ┌──────────────────────────┐
┌──────────────────┐          │  检查是否能读取   │──────▶│  检查CAN系统工作电路        │
│ 检查喷油器及工作    │          │ 其他系统,如ABS    │        └──────────────────────────┘
│ 电路:电源线电压是   │          │  系统           │
│ 否有12 V, IGF喷油  │          ◇───────────────◇
│ 器保险丝是否正常    │                   │ 是
└──────────────────┘                   ▼
          │                   ◇───────────────◇   否   ┌──────────────────────────┐
          │ 正常                │                │──────▶│ 检查保险丝 AM2，EFI          │
          ▼                   │ 检查ECU电源电路 │        │ MAIN，IG2，EFI No.1,        │
┌──────────────────┐         │                │        │ IGN 和继电器 EFI MAIN,       │
│ 检查喷油泵及工作    │         ◇───────────────◇        │ IG2，以及 ECU 搭铁线        │
│ 作电路：燃油泵保     │                  │ 正常            └──────────────────────────┘
│ 险丝、燃油泵继      │                  ▼
│ 器等              │         ◇───────────────◇   否   ┌──────────────────────────┐
└──────────────────┘         │  检查VC电源电路  │──────▶│ 检查进排气凸轮轴位置传         │
          │                  ◇───────────────◇        │ 感器、空气流量计、节气门位      │
          │                           │                │ 置传感器、加速踏板位置传        │
          │ 正常                        │ 正常            │ 感器等传感器中 VC 电源针       │
          │                           ▼                │ 脚电压是否有 5 V 及与搭铁      │
          │               ┌──────────────┐            │ 之间的电阻                   │
          └──────────────▶│   故障排除     │            └──────────────────────────┘
                          └──────────────┘
```

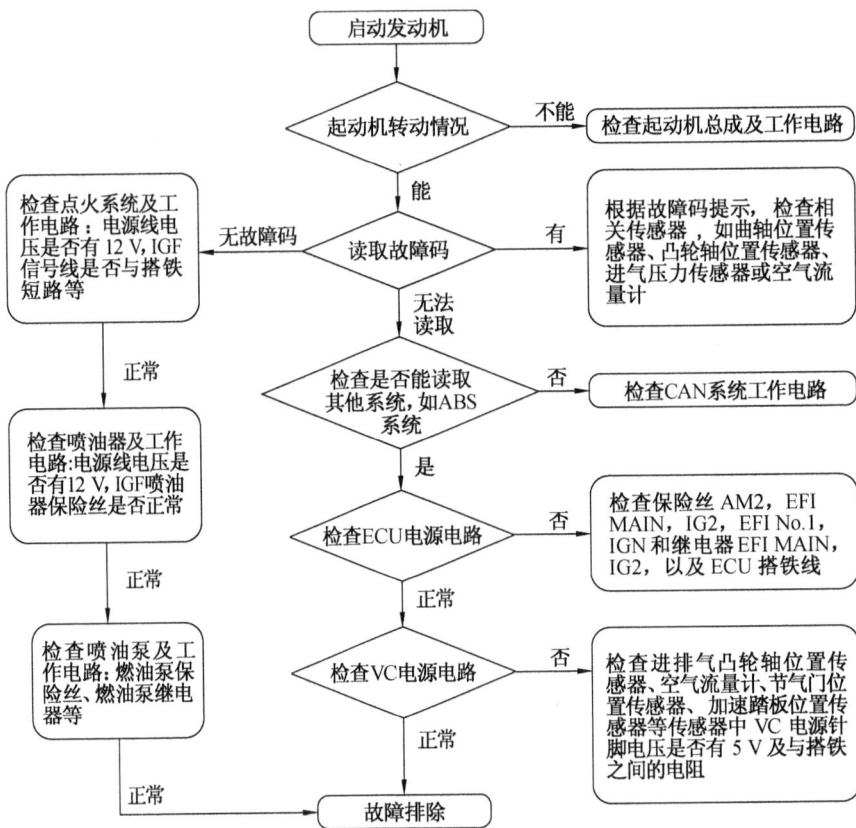

图 1.7-6 发动机不能启动故障检测流程

考核项目八

发动机启动困难故障诊断与排除

8

考场准备

整车一辆、常用拆装工具、汽车故障诊断仪、发动机综合分析仪、数字万用表、试灯、备用保险丝、继电器、跨接线、汽车维修手册、电路图。

考核要求

1. 正确使用故障诊断仪检测故障代码,读取数据流;
2. 正确判断发动机故障原因,并规范操作检查故障;
3. 排除启动困难故障。

考点链接

发动机启动困难的现象为起动机能带动发动机按正常转速转动,有明显着车征兆,但很难启动;需要连续多次启动或很长时间转动起动机才能启动发动机。

一、 常见故障原因

(1)进气系统有漏气。

(2)燃油系统保持压力或残余压力太低。

(3)油路中有大量空气而产生气阻。

(4)回油管或燃油滤清器堵塞。

(5)空气滤清器堵塞。

(6)ECTS 故障。

(7)MAPS 故障。

(8)ISC 阀故障。

(9)EGR 系统工作不良。

(10)喷油器工作不良(漏油、积炭、堵塞等)。

(11)点火正时不正确。

（12）启动开关至电脑的接线断路。

（13）气缸压缩压力过低。

（14）进气管和进、排气门积炭过多（气门关闭不严）。

（15）点火线圈、火花塞工作不良、高压线处有破损。

故障诊断的一般程序：对于启动困难，应分清是在冷车时出现还是热车时出现，或者不管冷车还是热车均出现。故障一般是在燃油系统，可按下述步骤进行检查：

① 自诊断。

② 检查怠速时进气管的真空度，若真空度小于标准值，或怠速运转时进气管附近有漏气的"嘶嘶"声，说明进气系统中有泄漏，应检查进气管各个管接头、衬垫、真空软管等处，以及 EGR 系统和 EVAP 系统。

③ 检查空气滤清器是否有堵塞。

④ 如节气门在 1/4 开度左右发动机能正常启动，而在节气门全关时启动困难，则应检查 ISC 阀是否工作正常。在冷车怠速运转下，拔下 ISC 阀线束插头，若发动机转速没有下降，则说明 ISC 阀工作不良，应检查 ISC 阀及其控制电路。

⑤ 检查燃油压力。

⑥ 检查 ECTS 和 IATS。若阻值或阻值变化规律不符合标准，则应更换。检查其信号电压是否与标准相同，若不同，则检查线路。

⑦ 检查 MAPS。测量器信号电压是否符合标准值。

⑧ 如冷车启动正常，而热车不易启动，则应检查点火线圈、点火器等。若无异常，则应检查燃油压力是否过高（造成混合气过浓、气阻等），还应检查 PSCV 阀的工作情况，如其内部有卡滞，则会使阀不能正常关闭，造成混合气过浓。

⑨ 在怠速时检查点火正时，若不符合标准值，应调整。

⑩ 检查启动开关至电脑的启动信号是否正常。若电脑接收不到启动开关的启动信号，就不能进行加浓控制，也会导致启动困难。

⑪ 拆检喷油器。

⑫ 检查进气管和进、排气门积炭。严重时应清除。

⑬ 检查缸压，若过低，应拆检发动机相关部件。

⑭ 若以上检查均正常，则可更换一个新的电脑试验，如启动正常，则说明原电脑有故障，应更换。启动困难的检查与诊断不能启动的检查方法有相似之处，有时启动困难最终可能发展为不能启动。

二、 故障的相关要点

1. 进气量和喷油量对启动的影响

电控发动机在启动时进气量由怠速控制机构控制，而 ISC 阀的开闭及开度是由 ECTS 直接控制或根据 ECTS、启动信号由 PCM 间接控制，若此时的进气量与喷油量不能合理匹配，造成混合气过浓或过稀，均可能引起启动困难。如 ISC 阀积炭卡死，空气通道小（导致过浓），如 EGR 阀卡在打开位置、进气管漏气，使进气量额外增加（导致过稀）。启动时如燃油过多，火花塞会"淹死"而难以启动，因此一般 PCM 都设有清除溢油功能。启动时，踩下加速踏板使节气门全开或节气门开度为 80% ~100% 时，PCM 会发出指令少喷油，直到发动机达到设定怠速转速。

2.重点检查项目

（1）仔细检查燃油压力,包括压力建立的快慢,压力值、保持压力和残余压力的情况等。

（2）检查高压火花的强弱,并测量启动时的蓄电池端电压、PCM 及点火器的供电电压。

3.冷启动困难和热启动困难的区别

冷启动困难的根本原因是混合气过浓或过稀,具体原因一般有 ECTS 故障、IATS 故障、喷油器雾化不良、进气管积炭、点火能量不够、火花塞故障、ISC 阀故障等。热启动困难的根本原因是混合气过浓,具体原因一般有 ECTS 故障、IATS 故障、喷油器漏油或严重雾化不良、ISC 阀故障、油压过高、点火故障等。

4.积炭对发动机起动性能的影响

发动机各部位中,进气门后部形成的积炭对发动机影响最大,会导致功率下降,从而使发动机加速不良及最高车速下降。原因在于当存在积炭后一方面影响了发动机的最大进气量与瞬时进气速度,降低了充气系数;另一方面积炭多为多孔形结构,在冷启动时会吸收部分燃油,使进入气缸的燃油偏少,使空燃比变小。这样只有多次启动以使气门积炭上吸收的燃油饱和,混合气达到启动的浓度才能顺利启动。

操作步骤

发动机启动困难故障诊断与排除步骤见表 1.8-1。

表 1.8-1　发动机启动困难故障诊断与排除步骤

1.前期准备与安全检查
2.连接解码仪
3.确认故障
启动发动机,观察发动机的运行和加速情况,检查故障灯是否点亮等。 　　若起动机不能转动,检查启动工作电路。

4. 读取故障代码和数据流

　　进入系统,检查是否有故障代码。若提示有喷油器故障,则在读完数据流中喷油时间之后,直接检查喷油器及工作电路。

　　如无故障码,先检查发动机转速、喷油时间及相关数据流,然后进入下一步测试。

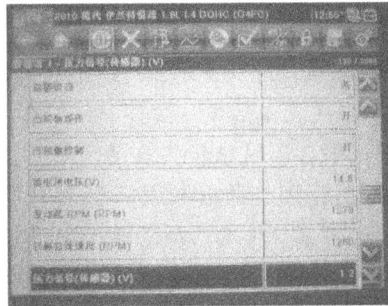

5. 根据故障代码,查询维修手册

　　导致发动机启动困难并且有故障码的主要部件有凸轮轴位置传感器、空气流量计或进气压力传感器、冷却液温度传感器、机油控制阀。

6. 检查凸轮轴位置传感器及工作电路

　　凸轮轴位置传感器连接有3条线,其中电源线电压为5 V,信号线电压在0~5 V之间变化,搭铁线及其他两条线与 ECU 阵脚之间电阻均≤1 Ω。

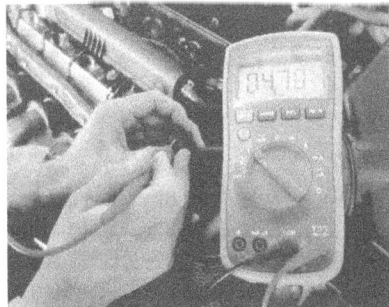

7. 检查空气流量计或进气压力传感器

拔下空气流量计插头,使用万用表检测传感器电压及标准电阻。

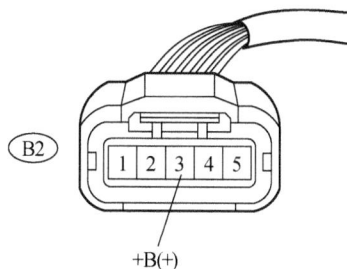

标准电压		
B2 – 3(+ B) – 车身搭铁	点火开关"ON"	11 ~ 14 V
标准电阻(断路检查)		
B2 – 5(VG) – B31 – 69	始终	小于 1 Ω
B2 – 4(E2G) – B31 – 92	始终	小于 1 Ω
标准电阻(短路检查)		
B2 – 5 或 B31 – 69 (VG) – 车身搭铁	始终	10 kΩ 或更大

8. 检查燃油泵工作情况

打开点火开关时,燃油泵应转动。如果没有反应,则检查燃油泵线束电压是否为 12 V,搭铁线与车身搭铁电阻是否不大于 1 Ω。

若不符合要求,检查燃油泵保险丝、燃油泵继电器总成及工作线路。

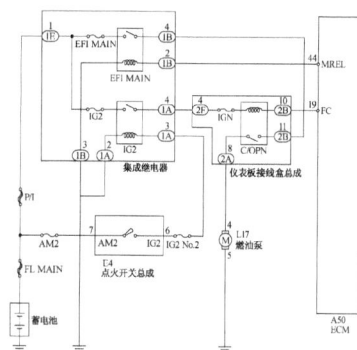

9. 检查点火系统及工作电路

(1) 检查点火线圈工作线路,电源线电压是否有 12 V,正时信号线 IGT、反馈信号线 IGF 有没有发生短路或断路,搭铁是否良好。若有问题,应更换线束。

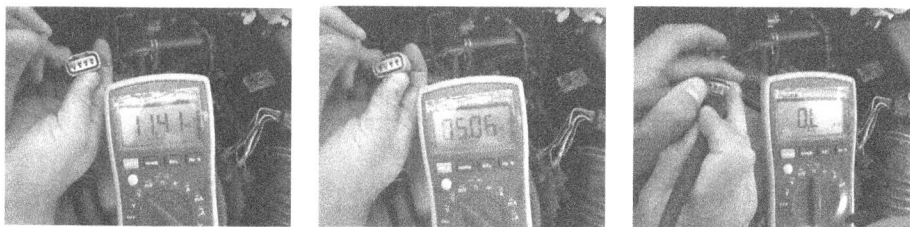

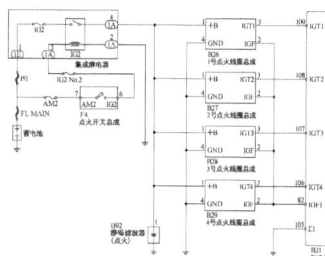

（2）将点火线圈拆下，连接火花塞，将火花塞搭铁，启动发动机，观察火花塞工作情况。若没有高压火或火花很弱（呈现黄色），说明点火系统有故障；若高压火正常，则检查喷油系统。

10. 检查喷油系统工作情况

检查喷油器工作情况，电源电压应为 12 V，控制线电压应为 3.8 V，若不符合要求，则检查电源线保险丝及控制线与 ECU 针脚之间的电阻，应不大于 1 Ω。若喷油器正常，则检查燃油泵工作情况。

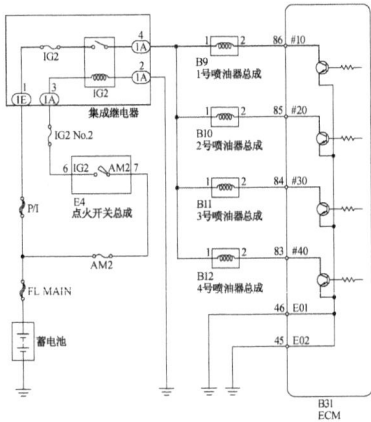

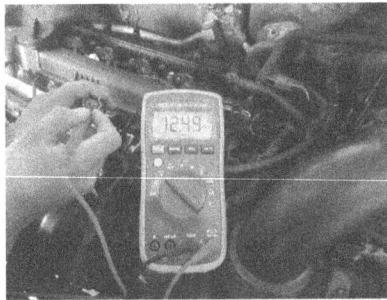

11. 检查机油控制阀

（1）拆下机油控制阀总成。
（2）使用万用表测量电阻。

检测仪连接	条件	锁定状态
B23 - 1 至 B23 - 2	20 ℃	6.9 ~ 7.9 Ω

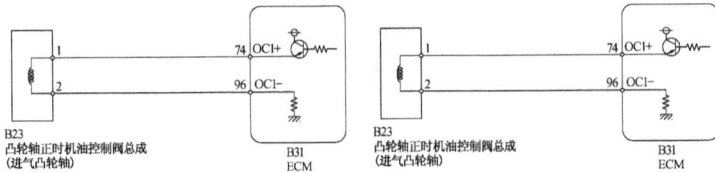

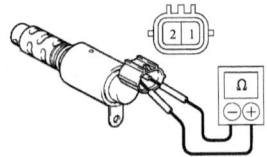

没有线束连接的零部件：
凸轮轴正时机油控制阀总成(进气凸轮轴)

（3）将蓄电池正极（＋）端子连接到 B23－1,蓄电池负极（－）端子连接到 B23－2,检查机油控制阀的工作情况。

正常情况下,机油控制阀应能迅速移动。

阀移动

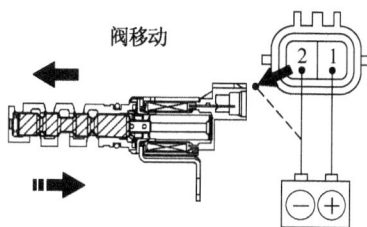

12. 检查水温传感器

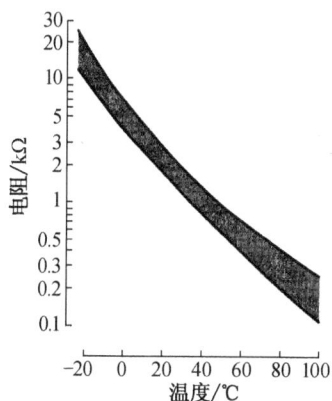

标准电阻(断路检查)		
B3－1(ETHW)－B31－65	始终	小于 1 Ω
B3－2(THW)－B31－64	始终	小于 1 Ω
标准电阻(短路检查)		
B3－2 或 B31－64(THW)－车身搭铁	始终	10 kΩ 或更大

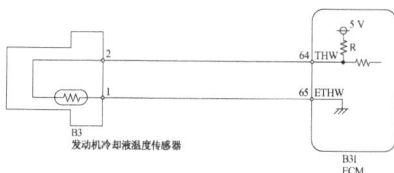

13. 5S 工作

故障诊断流程

发动机启动困难故障诊断流程如图 1.8-1 所示。

```
                         ┌──────────────┐
                         │  发动机启动困难  │
                         └──────┬───────┘
                                ↓
                          ╱──────────╲              ┌──────────────┐
                  否     ╱  检查启动    ╲    是      │ 检查各元件连接 │
         ┌───────────── ╱  电路是否     ╲ ───────→ │ 处或线束是否有 │
         │             ╲  接触不良      ╱           │ 连接不好的现象 │
         │              ╲──────────╱               └──────────────┘
         ↓
    ╱──────────╲       是      ┌──────────────┐
   ╱  是否有     ╲ ───────────→ │  按故障码排除  │
   ╲  故障码     ╱             └──────────────┘
    ╲──────────╱
         │否
         ↓
    ╱──────────────╲   是      ┌──────────────┐
   ╱ 检查凸轮轴位置传感器 ╲ ──────→ │  检修或更换   │
    ╲──────────────╱          └──────────────┘
         │否
         ↓
    ╱──────────────╲   是      ┌──────────────┐
   ╱ 检查空气流量计或进气 ╲ ─────→ │  检修或更换   │
   ╲   压力传感器     ╱          └──────────────┘
    ╲──────────────╱
         │否
         ↓
    ╱──────────────╲   是      ┌──────────────┐
   ╱ 检查点火系统工作情况 ╲ ─────→ │ 检查点火线圈总 │
    ╲──────────────╱          │ 成、火花塞及火花│
         │否                   │ 颜色、积炭等情况│
         ↓                     └──────────────┘
    ╱──────────────╲   是      ┌──────────────┐
   ╱ 检查喷油系统工作情况 ╲ ─────→ │ 检查电动燃油泵、燃│
    ╲──────────────╱          │ 油滤清器、油压调节│
         │否                   │ 器、喷油器等    │
         ↓                     └──────────────┘
    ╱──────────────╲   是      ┌──────────────┐
   ╱  检查机油控制阀   ╲ ──────→ │  检修或更换   │
    ╲──────────────╱          └──────────────┘
         │否
         ↓
    ╱──────────────╲   是      ┌──────────────┐
   ╱ 检查冷却液温度传感器 ╲ ─────→ │  检修或更换   │
    ╲──────────────╱          └──────────────┘
         │否
         ↓
              ┌──────────────┐
              │   更换ECU    │
              └──────────────┘
```

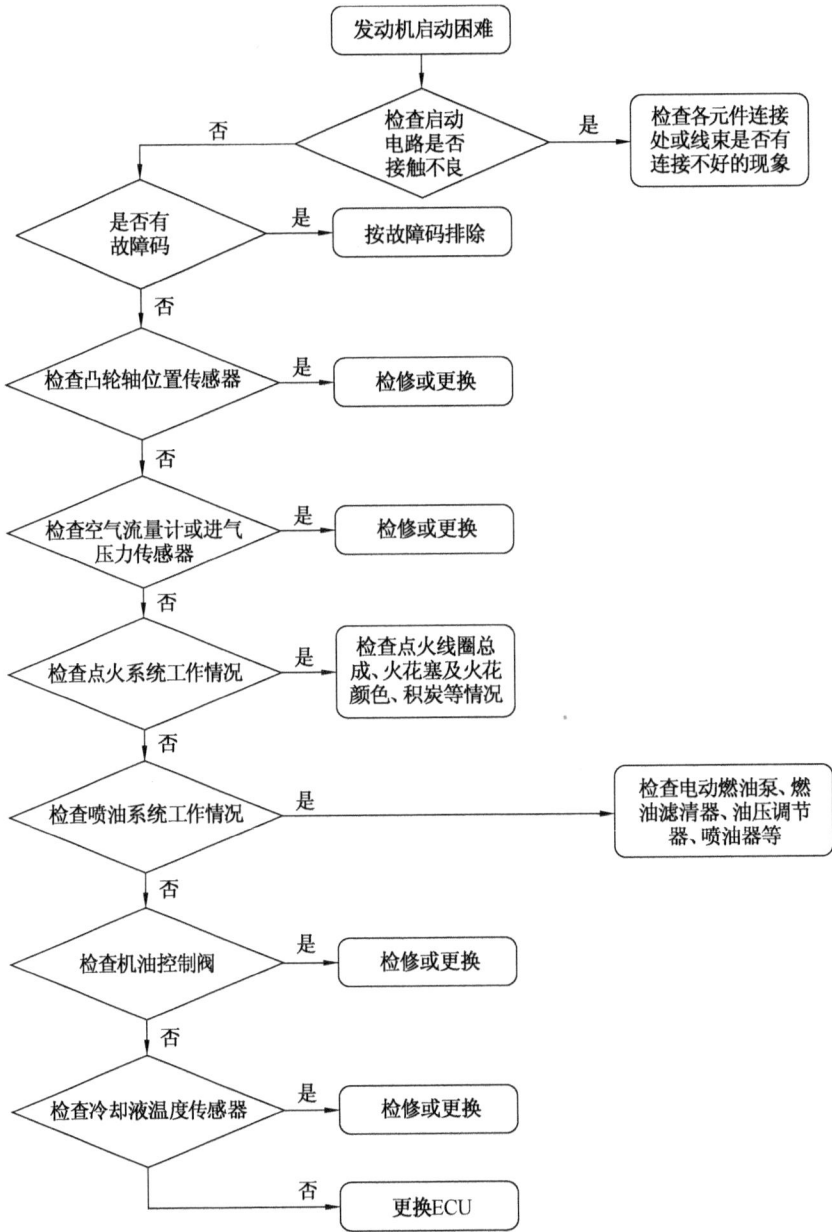

图 1.8-1　发动机启动困难故障诊断流程

考核项目九

发动机怠速不稳故障诊断与排除

9

考场准备

整车一辆、常用拆装工具、汽车故障诊断仪、发动机综合分析仪、数字万用表、试灯、备用保险丝、继电器、跨接线、汽车维修手册、电路图。

考核要求

1. 正确使用故障诊断仪检测故障代码,读取数据流;
2. 正确判断发动机故障原因,并规范操作检查故障;
3. 排除发动机怠速不稳故障。

考点链接

导致发动机怠速不稳故障的部位有:

1. 进气系统

(1) 进气歧管或各种阀泄漏

当不受系统控制的空气、汽油蒸汽、燃烧废气进入进气歧管,造成混合气过浓或过稀,使发动机燃烧不正常。当漏气位置只影响个别气缸时,发动机会出现较剧烈的抖动,对冷车怠速的影响更大。常见原因有进气总管卡子松动或胶管破裂;进气歧管衬垫漏气;进气歧管破损或其他机件将进气歧管磨出孔洞;喷油器"O"形密封圈漏气;真空管插头脱落、破裂;曲轴箱强制通风(PCV)阀开度大;活性炭罐阀常开;废气再循环(EGR)阀关闭不严等。

(2) 节气门和进气道积垢过多

气门和周围进气道的积炭、污垢过多,空气通道截面积发生变化,使得控制单元无法精确控制怠速进气量,造成混合气过浓或过稀,使燃烧不正常。常见原因有:节气门有油污或积炭;节气门周围的进气道有油污、积炭;怠速步进电机、占空比电磁阀、旋转电磁阀有油污、积炭。

(3) 怠速空气执行元件故障

怠速空气执行元件故障导致怠速空气控制不准确。常见原因有:节气门电机损坏或发卡;怠速步进电机、占空比电磁阀、旋转电磁阀损坏或发卡等。

（4）进气量失准

控制单元接收错误信号而发出错误的指令,引起发动机怠速,进气量控制失准,使发动机燃烧不正常,属于怠速不稳的间接原因。常见原因有:空气流量计或其线路故障;进气压力传感器或其线路故障;发动机控制单元插头因进水接触不良或电脑内部故障。

2. 燃油系统

（1）喷油器故障

喷油器的喷油量不均、雾状不好,造成各气缸发出的功率不平衡。常见原因有喷油器堵塞、密封不良、喷出的燃油成线状等。

（2）燃油压力故障

油压过低,从喷油器喷出的燃油雾化状态不良或者喷出的燃油成线状,严重时只喷出油滴,喷油量减少使混合气过稀;油压过高,实际喷油量增加,使混合气过浓。常见原因有燃油滤清器堵塞;燃油泵滤网堵塞;燃油泵的泵油能力不足;燃油泵安全阀弹簧弹力过小;进油管变形;燃油压力调节器有故障;回油管压瘪堵塞。

（3）喷油量失准

各传感器或线路故障,导致控制单元发出错误指令,使喷油量不正确,造成混合气过浓或过稀,属于怠速不稳的间接原因。具体原因有:空气流量计（或进气歧管压力传感器）故障;节气门位置传感器故障;节气门怠速开关故障;冷却液温度传感器故障;进气温度传感器故障;氧传感器失效;以上传感器的线路有断路、短路、接地故障;发动机控制单元插头因进水接触不良或电脑内部故障。

3. 点火系统

（1）点火模块与点火线圈

近些年各车型多将点火模块与点火线圈制成一体,点火模块或点火线圈有故障主要表现为高压火花弱或火花塞不点火。常见原因有:点火触发信号缺失;点火模块有故障;点火模块供电或接地线的连接松动、接触不良;初级线圈或次级线圈有故障等。

（2）火花塞与高压线

火花塞、高压线故障导致火花能量下降或失火。常见原因有:火花塞间隙不正确;火花塞电极烧蚀或损坏;火花塞电极有积炭;火花塞磁绝缘体有裂纹;高压线电阻过大;高压线绝缘外皮或插头漏电;分火头电极烧蚀或绝缘不良。

（3）点火提前角失准

传感器及线路故障属于引起怠速不稳的间接原因,控制单元发出错误指令,使点火提前角不正确,或造成点火提前角大范围波动。常见原因有:空气流量计或进气压力信号故障;转速传感器故障;冷却液温度传感器故障;进气温度传感器故障;爆震传感器故障;以上传感器的线路有断路、短路、接地故障;发动机控制单元因进水引起插头接触不良或内部电路损坏。

（4）其他原因

三元净化催化器堵塞引起怠速不稳,这种故障在高速行驶时最易发现。自动变速器、空调、转向助力器有故障会增加怠速负荷,引起怠速不稳。发动机控制单元与空调、自动变速器控制单元之间的怠速提升信号中断,在安装 CAN – BUS 的车辆存在总线系统故障。值得注意的是,随着新技术、新结构的增加,引起怠速不稳的因素会更多,诊断者必须全面考虑问题。

4．机械结构

（1）配气机构

配气机构故障导致个别气缸的功率下降过多,导致气缸功率不平衡。常见原因有:正时皮带安装位置错误,使各缸气门的开闭时间发生变化,导致配气相位失准,各气缸燃烧不正常;气门工作面与气门座圈积炭过多,气门密封不严,使各气缸压缩压力不一致;凸轮轴的凸轮磨损,各缸凸轮的磨损不一致导致各气缸进入空气量不一致;气门相关部件出现故障,如气门推杆磨损或弯曲、摇臂磨损、气门卡住或漏气、气门弹簧折断等。

（2）发动机体、活塞连杆机构

这些故障都会使个别气缸功率下降过多,从而使各气缸功率不平衡。常见原因有:气缸衬垫烧蚀或损坏,造成单缸漏气或两缸之间漏气;活塞环端隙过大、对口或断裂,活塞环失去弹性;活塞环槽内积炭过多;活塞与气缸磨损,气缸圆度、圆柱度超差;因气缸进水后导致的连杆弯曲,改变压缩比;燃烧室积炭会改变压缩比,积炭严重导致怠速不稳。

（3）其他原因

曲轴、飞轮、曲轴皮带轮等转动部件动平衡不合格,发动机支脚垫断裂损坏,发动机底护板因变形与油底壳相撞击等,这些原因只会造成发动机震动而不影响转速。

操作步骤

发动机怠速不稳故障诊断与排除步骤见表1.9-1。

表1.9-1　发动机怠速不稳故障诊断与排除

1．前期准备与安全检查
2．连接解码仪
3．确认故障

启动发动机,观察发动机的运行情况、加速情况,查看故障灯是否点亮等。	

续表

4. 读取故障代码和数据流

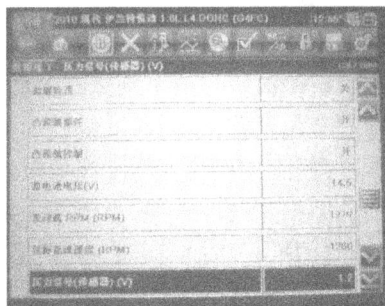

进入系统,检查是否有故障代码。若提示有喷油器故障,则在读完数据流中喷油时间之后,直接检查喷油器及工作电路;如无故障码,先检查发动机转速、喷油时间及相关数据流,然后进入下一步测试。

5. 断缸测试(功率平衡测试)

操作解码仪,进入"功能检测"界面,找到"断开 X 缸燃油喷射"项目,依次断开一、二、三、四缸的燃油喷射,观察断缸后发动机转速的变化情况,其中,转速变化最小的便是有问题的气缸。

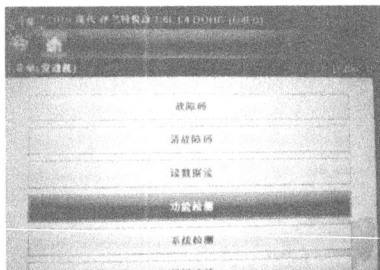

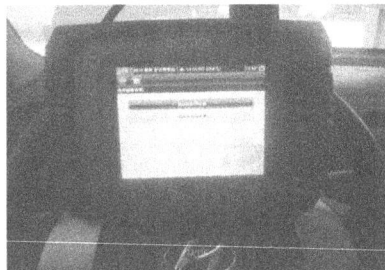

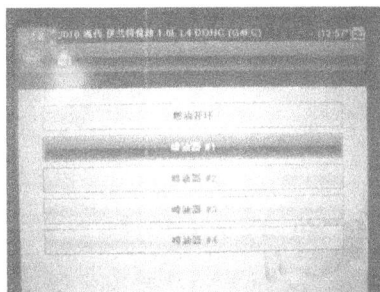

6. 检查问题气缸的喷油器及控制线路

(1) 将发动机熄火。

（2）拔下问题气缸的喷油器插头。
（3）打开点火开关。

（4）使用万用表检测喷油器插头上的电源线的电压是否有 12 V，控制线是否有 3.2 V 左右的反馈电压。若未达到标准电压，则检查相关工作电路线束电阻，进入下一步；若电压正常，说明喷油器出现问题，喷油器电阻应在 12～17 Ω。

7. 检查喷油器工作电路

（1）检查喷油器至供电保险丝之间线路的导通性。
（2）检查喷油器控制线与 ECU 针脚之间的电阻（应不大于 1 Ω）。

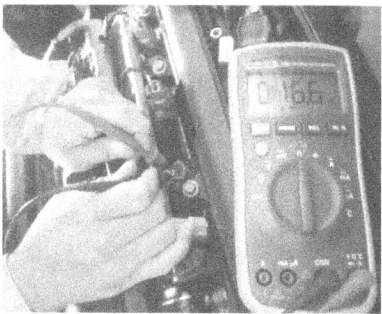

8. 检查问题气缸的点火情况

（1）将问题气缸点火线圈取出，接上火花塞，将火花塞搭铁。

（2）启动发动机，观察火花塞的点火情况。若不能点火，或火花较弱（呈现黄色），则检查点火线圈总成及工作电路；若火花正常，则检查气缸火花塞及气缸压缩压力。

9. 检查点火线圈总成及工作电路

（1）关闭点火开关。

（2）检查点火线圈插头上电源线电压是否有 12 V，检查正时信号线 IGT 和反馈信号线 IGF 及搭铁线与 ECU 针脚的导通性；检查线束间及线束与搭铁间是否有短路情况。如果电源线电压没有 12 V，检查点火线圈至供电保险之间线束的导通性。

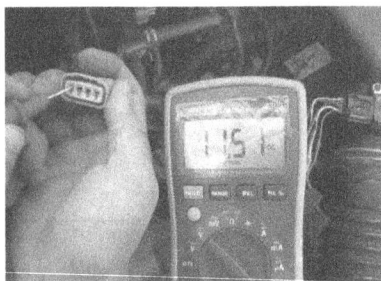

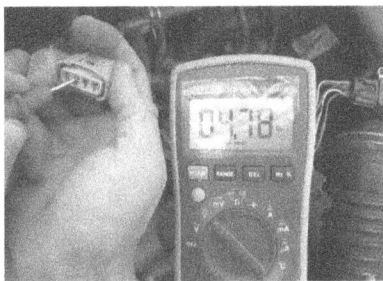

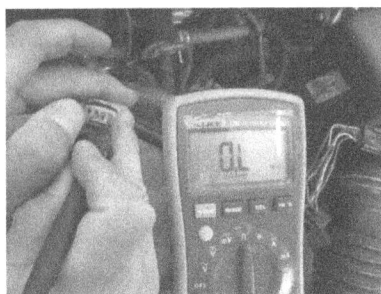

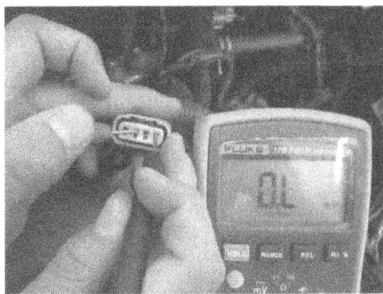

10. 检测火花塞

拆下点火线圈总成，检查火花塞的工作情况、火花塞间隙等。

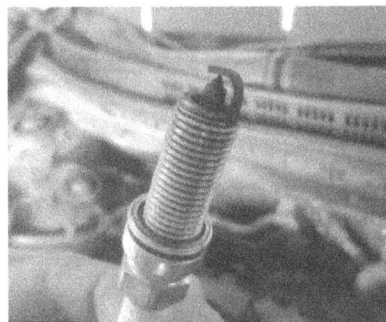

11. 检测气缸压力

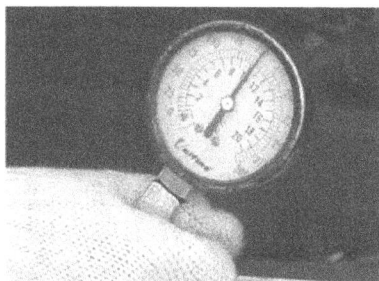

　　使用气缸压力表检测问题气缸的压缩压力。

12. 5S 工作

故障诊断流程

发动机怠速不稳故障诊断流程如图 1.9-1 所示。

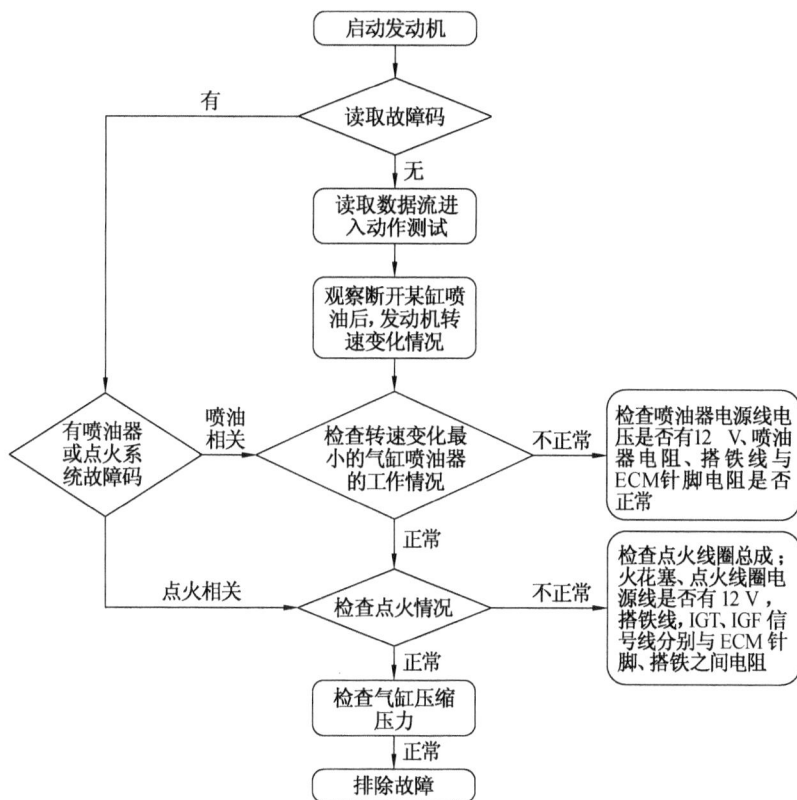

图 1.9-1　发动机怠速不稳故障诊断流程

考核项目十

发动机加速不良故障诊断与排除

10

考场准备

整车一辆、常用拆装工具、汽车故障诊断仪、发动机综合分析仪、数字万用表、试灯、备用保险丝、继电器、跨接线、汽车维修手册、电路图。

考核要求

1. 正确使用故障诊断仪检测故障代码，读取数据流；
2. 正确判断发动机故障原因，并规范操作检查故障；
3. 排除发动机加速不良故障。

考点链接

1. ETC(智能电子节气门控制系统)

丰田 ETC 的结构包括加速器踏板位置传感器、发动机 ECU 和节气门体。节气门体是由节气门、节气门控制电动机、节气门位置传感器和其他部件构成，如图 1.10-1 所示。

2. ETC 的控制功能

根据加速踏板被踩下的程度和发动机及汽车的状态，ETC 将控制节气门的开启角度达到最佳位置，从而实现怠速控制、巡行控制、加速、雪地模式和牵引力控制等综合性控制。

（1）正常模式控制、雪地模式控制和强动力模式控制（见图 1.10-2）

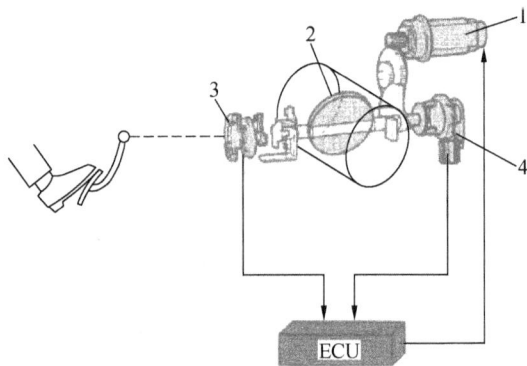

1—节气门控制器电动机；2—节气门；
3—加速踏板位置传感器；4—节气门位置传感器

图 1.10-1 电子节气门控制原理示意

通常情况下使用正常模式控制,但是控制开关可切换到雪地模式控制或强动力模式控制。

① 正常模式控制。这是一种基本的控制模式,用于容易保持平衡的操作和平稳驾驶。

② 雪地模式控制。与正常模式控制相比,这种控制模式使节气门维持在一个较小的开启角度,以防止在较滑的路面上(例如下雪天的路面上)行驶时,车辆打滑。

③ 强动力模式控制。在这种模式控制中,节气门的开启角度要比正常模式大得多。因此,这种模式可提供增强与加速踏板的直接反应性,以及正常模式不能相比的强劲动力。强动力模式控制只限于某些车型。

(2)转矩激活传动系统控制

这种控制能使节气门开启角度小于或者大于加速器踏板的踩压角度,以达到平稳的加速。

如图 1.10-3 所示,当加速踏板保持在一定的踩压位置时,对于未配有转矩激活传动系控制系统的车辆,节气门的开启度变化和加速踏板的踩压度接近同步,在较短的期间内,车辆得到的纵向力 G 会迅速地升高而后又逐渐下降。

与这种情况相比较,配有转矩激活传动系控制系统的车辆,节气门逐渐开启,以便于车辆纵向力 G 的逐渐上升,从而得到平稳加速。

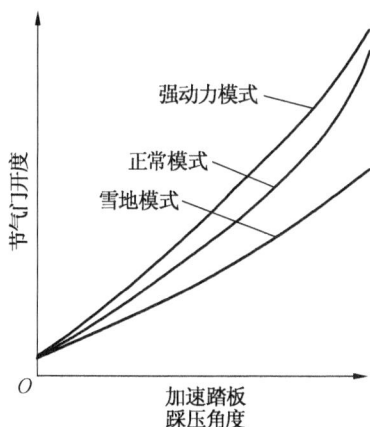

图 1.10-2　正常模式控制、雪地模式控制和强动力模式控制

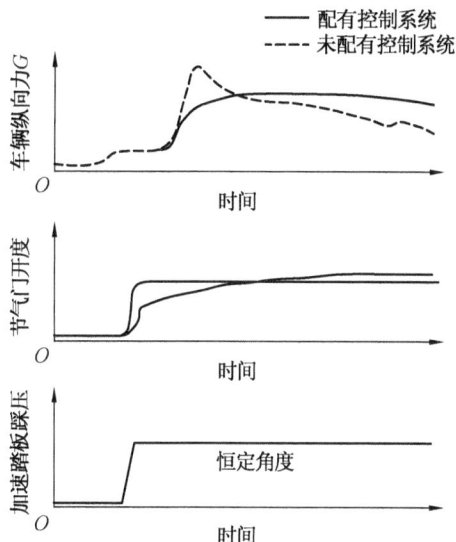

图 1.10-3　转矩激活传动系统控制

(3)其他控制

① 怠速控制。这种控制使节气门处于关闭一端时也能以保持在理想的怠速。

② 换挡减震控制。这种控制是为了减少自动变速器变速换挡时的振动,它借助于ECT(电子控制传动装置)的控制,减小了节气门开启角度的同时也减小了发动机的转矩。

③ TRAC(引牵力控制)的节气门控制。如果车轮出现过度打滑现象,作为 TRAC 系统的一部分,来自防滑控制 ECU 的请求信号将会关闭节气门,以至于减小功率来提高车

辆平稳性和获得驱动力。

④ VSC(车辆稳定性控制)的协调控制。这种控制是利用防滑控制 ECU 的综合控制来控制节气门的开启角度,以达到最大效率地利用 VSC 系统控制效果。

⑤ 巡航控制。在常规的巡航控制中,巡航控制 ECU 是通过巡航控制执行器和拉索来实施节气门的开启和关闭,但是在配有 ETCS 发动机 ECU 内含巡航控制,ECU 可通过节气门控制电动机来直接控制节气门的开启角度,执行巡航控制运作。

(4)失效保护

如果发动机 ECU 检测到 ETCS 出现故障,它将打开组合仪表中的故障指示灯以警示驾驶员。

ETCS 具有专用电源电路(见图 1.10-4)。电压(+ BM)一直被监控,当电压低(小于 4 V)时,ECU 判定 ETCS 存在故障并切断节气门控制电动机的电流。电压变得不稳定时,ETCS 自身也变得不稳定。因此,电压低时,节气门控制电动机的电流被切断。如果完成了修理并且系统恢复到正常状态,则将点火开关转到"OFF"。然后,ECU 允许节气门控制电动机电流接通以便重新启动。

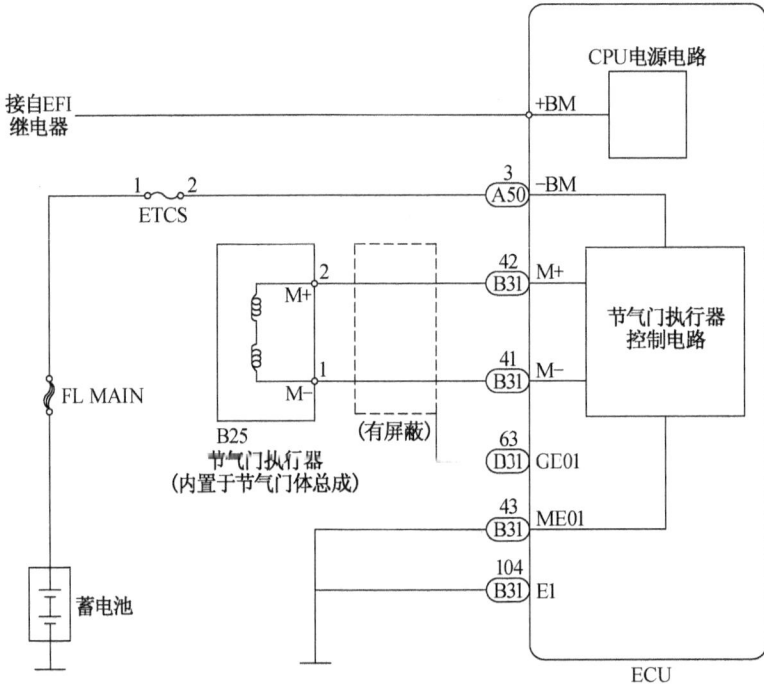

图 1.10-4 节气门控制电机工作电路

加速踏板位置(APP)传感器安装在加速踏板支架上,如图 1.10-5 所示。

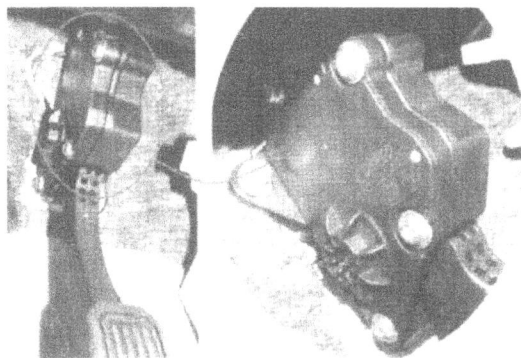

图 1.10-5 加速踏板位置传感器的安装位置

加速踏板位置传感器将加速踏板踩下的量(角度)转换成电压信号,并将信号送给 ECU,控制节气门的开度。加速踏板位置传感器共有线性和非接触式两种类型。非接触式传感器使用霍尔效应元件,结构如图 1.10-6 所示。

霍尔IC

磁铁

图 1.10-6 加速踏板位置传感器结构

ECU 通过来自 VPA 的信号监视实际加速踏板开度(节气门开度),并根据这些信号控制节气门控制电动机。加速踏板位置传感器的输出特性如图 1.10-7 所示。值得注意的是,传感器不能拆下。因在安装传感器时,需极精密的位置调整,所以当传感器出现故障时,须更换加速踏板总成。

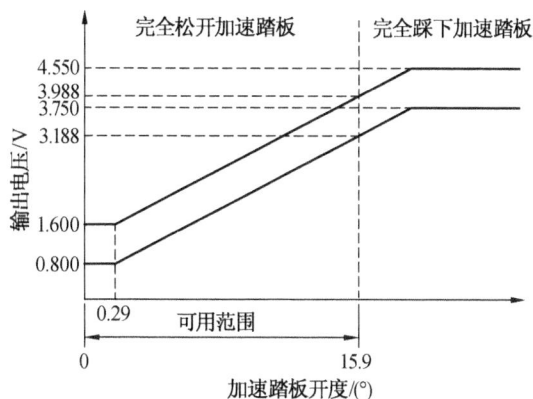

完全松开加速踏板　完全踩下加速踏板

4.550
3.988
3.750
3.188

1.600

0.800

输出电压/V

0.29　可用范围

0　　　15.9

加速踏板开度/(°)

图 1.10-7 加速踏板位置传感器的输出特性

89

为了确保可靠性,加速踏板位置传感器具有不同输出特性的两个系统输出信号:VPA1(主)和 VPA2(副),两个系统中每一个都有独立的电路。施加到 ECU 端子 VPA1 和 VPA2 的电压在 0~5 V 之间变化,并与加速踏板(节气门)开度成比例。来自 VPA1 的信号指示了实际加速踏板开度(节气门开度),用于发动机控制。来自 VPA2 的信号发送 VPA 电路的状态,并用来检查加速踏板位置传感器自身的情况。

加速踏板位置传感器有 2 个传感器电路(主和副)。如果存储了 DTC P2120,P2121,P2122,P2123,P2125,P2127,P2128 和 P2138 中的任何一个时,ECU 进入失效保护模式。如果其中一个传感器有电路故障,ECU 检测到两个传感器之间异常的电压差信号,并切换到跛行模式。在跛行模式中,正常工作的电路被用来计算加速踏板开度,保持车辆持续行驶;如果两个电路都出现故障,ECU 认为加速踏板开度为全关。这种情况下,节气门保持关闭如同发动机正在怠速。如果检测到合格条件,将点火开关转到"OFF"位置时,失效保护状态停止,系统回到正常模式。1 个加速踏板位置传感器的电路出现故障,限制节气门打开;两个加速踏板位置传感器的电路都出现故障,节气门被控制在怠速位置。

操作步骤

发动机加速不良故障诊断与排除步骤见表 1.10-1。

表 1.10-1　发动机加速不良故障诊断与排除步骤

1. 安全检查与前期准备
2. 连接解码仪
3. 确认故障现象
启动发动机,观察发动机的运行和加速情况,检查故障灯是否点亮等。
4. 读取故障代码及相关数据流
与发动机加速不良的数据流有发动机转速、发动机节气门开度、发动机进气量、机油控制阀。

5. 检查节气门位置传感器及工作电路

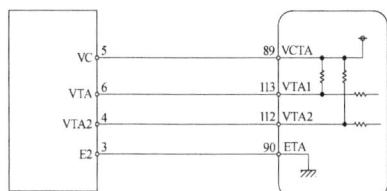

B25
节气门位置传感器(内置于节气门体总成)

B31
ECM

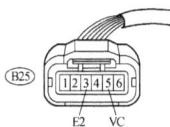

标准电阻(断路检查)	
B25 – 5(VC) – B31 – 89(VCTA)	小于 1 Ω
B25 – 6(VTA) – B31 – 113(VTA1)	小于 1 Ω
B25 – 4(VTA2) – B31 – 112(VTA2)	小于 1 Ω
B25 – 3(E2) – B31 – 90(ETA)	小于 1 Ω
标准电阻(短路检查)	
B25 – 5(VC) 或 B31 – 89(VCTA) 至车身搭铁	10 kΩ 或更大
B25 – 6(VTA) 或 B31 – 113(VTA1) 至车身搭铁	10 kΩ 或更大
B25 – 4(VTA2) 或 B31 – 112 至车身搭铁	10 kΩ 或更大

6. 检查加速踏板位置传感器及工作电路

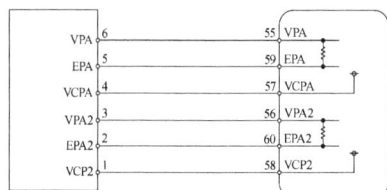

A3
油门踏板传感器总成
(油门踏板位置传感器)

A50
ECM

标准电阻(断路检查)	
A3 – 6(VPA) – A50 – 55(VPA)	小于 1 Ω
A3 – 5(EPA) – A50 – 59(EPA)	小于 1 Ω
A3 – 4(VCPA) – A50 – 57(VCPA)	小于 1 Ω
A3 – 3(VPA2) – A50 – 56(VPA2)	小于 1 Ω
A3 – 2(EPA2) – A50 – 60(EPA2)	小于 1 Ω
A3 – 1(VCP2) – A50 – 58(VCP2)	小于 1 Ω
标准电阻(短路检查)	
A3 – 6(VPA) 或 A50 – 55(VPA) 至车身搭铁	10 kΩ 或更大
A3 – 5(EPA) 或 A50 – 59(EPA) 至车身搭铁	10 kΩ 或更大
A3 – 4(VCPA) 或 A50 – 57(VCPA) 至车身搭铁	10 kΩ 或更大
A3 – 3(VPA2) 或 A50 – 56(VPA2) 至车身搭铁	10 kΩ 或更大
A3 – 2(EPA2) 或 A50 – 60(EPA2) 至车身搭铁	10 kΩ 或更大
A3 – 1(VCP2) 或 A50 – 58(VCP2) 至车身搭铁	10 kΩ 或更大

7. 检查燃油泵的工作情况

打开点火开关时,燃油泵应转动,如果没有反应,检查燃油泵线束电压是否为 12 V,搭铁线与车身搭铁电阻是否不大于 1 Ω。

若不符合要求,检查燃油泵保险丝、燃油泵继电器总成及工作线路。

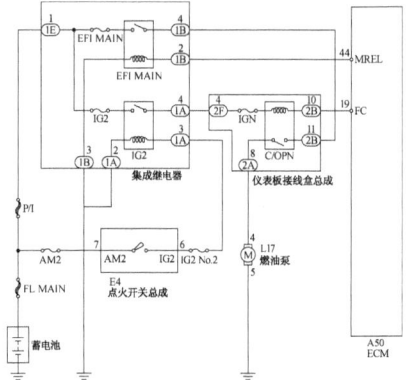

8. 检查空气流量计或进气压力传感器

拔下空气流量计插头,使用万用表检查传感器电压及标准电阻。

标准电压		
B2 - 3(+ B) - 车身搭铁	点火开关 ON	11 ~ 14 V
标准电阻(断路检查)		
B2 - 5 (VG) - B31 - 69	始终	小于 1 Ω
B2 - 4 (E2G) - B31 - 92	始终	小于 1 Ω
标准电阻(短路检查)		
B2 - 5 或 B31 - 69 (VG) - 车身搭铁	始终	10 kΩ 或更大

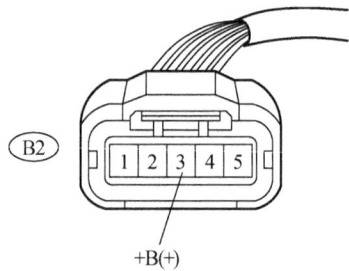

9. 检查节气门体总成

从发动机上拆卸节气门体,检查接头处电阻。

检测仪连接	条件	规定值
1(M -)至 2(M +)	20 ℃	0.3 ~ 100 Ω

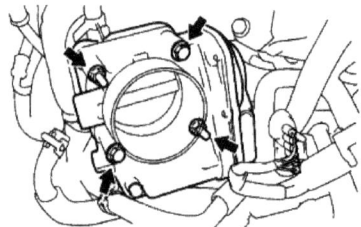

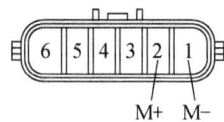

10. 检查加速踏板总成

如果结果不符合规定,则检查油门踏板、线束或ECM。

油门踏板1号位置标准电压

条件	规定状态
松开油门踏板	0.5～1.1 V
踩下油门踏板	2.6～4.5 V

油门踏板2号位置标准电压

条件	规定状态
松开油门踏板	1.2～2.0 V
踩下油门踏板	3.4～5.0 V

A16979

11. 检查机油控制阀

(1) 拆下机油控制阀总成。
(2) 使用万用表测量电阻。

检测仪连接	条件	规定值
B23－1 至 B23－2	20 ℃	6.9～7.9 Ω

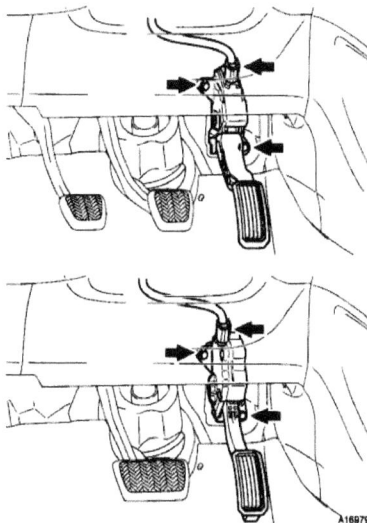

B23
凸轮轴正时机油控制阀总成
(进气凸轮轴)

B31
ECM

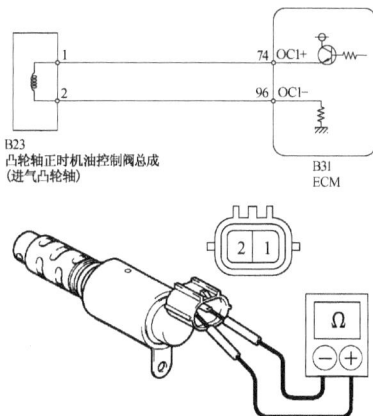

没有线束连接的零部件:
凸轮轴正时机油控制阀总成(进气凸轮轴)

(3) 将蓄电池正极(＋)端子连接到B23－1,蓄电池负极(－)端子连接到B23－2,检查机油控制阀,在正常情况下,机油控制阀应能迅速移动。

阀移动

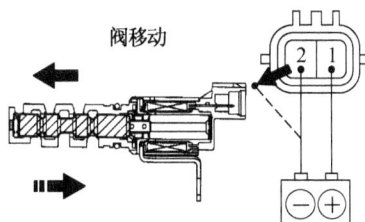

12. 5S工作

故障诊断流程

故障诊断流程如图 1.10-8 所示。

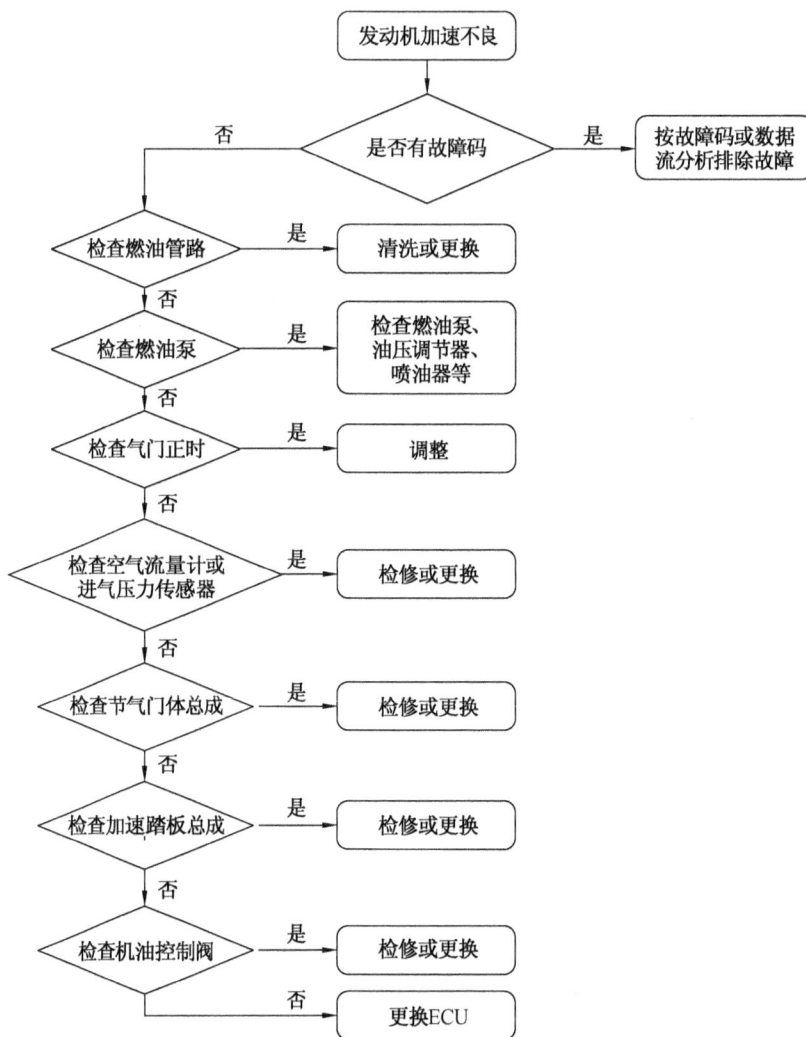

图 1.10-8　发动机加速不良故障诊断流程

考核项目十一

发动机排放异常故障诊断与排除

考场准备

整车一辆、常用拆装工具、汽车故障诊断仪、发动机综合分析仪、尾气分析仪、数字万用表、试灯、备用保险丝、继电器、跨接线、汽车维修手册、电路图。

考核要求

1. 正确使用尾气分析仪测量尾气成分;
2. 正确分析造成尾气的原因;
3. 正确使用故障诊断仪检测故障代码,读取数据流;
4. 正确判断发动机故障原因,并规范操作检查故障;
5. 排除导致排放异常的故障。

考点链接

汽车发动机尾气各主要成分变化如图 1.11-1 所示。

CO:是燃烧不完全导致,且随空燃比(A/F)的增大,其值逐渐变小,除非装有催化转化器(CAT)且其工作性能良好,一般不会为 0。凡是影响 A/F 的因素均会导致 CO 值的增大,如配气相位、燃油压力、流量信号(或 MAP 信号)、氧传感器调控(或 CO 电位计)、发动机冷却液和进气温度、点火正时、CAT 等。

HC:是未燃烧的燃油气体,一般当 A/F 过小或过大均会导致 HC 浓度的增加,这是由混合气浓度超出着火界限所致。影响 HC 浓度的因素一般有点火系统工作不良、混合气过浓或过稀(影响 A/F 的因素)、点火时间不正确、压缩比、积炭、配气相位、进气系统漏气、CAT 等因素。

NO_x:在高温、富氧和在较大负荷下长时间工作中产生。影响因素有 A/F、发动机燃烧温度、点火时间、CAT、积炭等。

O_2:尾气中的氧气浓度主要与 A/F 有关,失火也会导致其浓度增加,这是没有燃烧,参与燃烧的氧气减少的缘故,所以用 O_2 判断混合气是否偏稀更可靠一些。

CO_2：反映燃烧效率，因为完全燃烧，使燃料中的 C（碳原子）与氧结合形成 CO_2，所以燃烧越完全，其值应越高。

λ：它是一个计算值，即过量空气系数，反映 A/F 的状态，它与 A/F 之间的换算如下：

$$\lambda = \frac{实际\ A/F}{理论\ A/F(14.7)}$$

对于没装 CAT 的控制系统，一般标定注重经济性，λ 值大于 1，但对装有 CAT 的控制系统，为保证 CAT 的转化效率，一般使 λ 值控制在 0.99～1.01。

在测量和分析时应注意：

① 一般是在 CAT 下游测量，此时所有的测量结果均为经过 CAT 转化后的，它与 CAT 上游的测量值不一样，但趋势相同，特别是 CO_2 值会较高。

② 基于上述，在必要时应测量上游，一般来讲，前点的氧传感器响应尾气的状态，电脑响应氧传感器的信号，对 A/F 进行调控，所以在前点测量更能反映燃烧的结果。

③ 在进行数据分析时，不仅关注前点氧传感器的信号变化（短时修正），更要关注系统的调控（长时修正），它反映发动机的实际运行状态。

④ FSA560 有一个"ΔHC"功能，即在断缸的情况下测量 HC 的增量变化，以判断各缸混合气的状态，但 FSA740 取消了此功能，主要是考虑到这样可能导致 CAT 的损坏，但可采用分别断喷油器，观察 HC 减量的变化来分析故障。

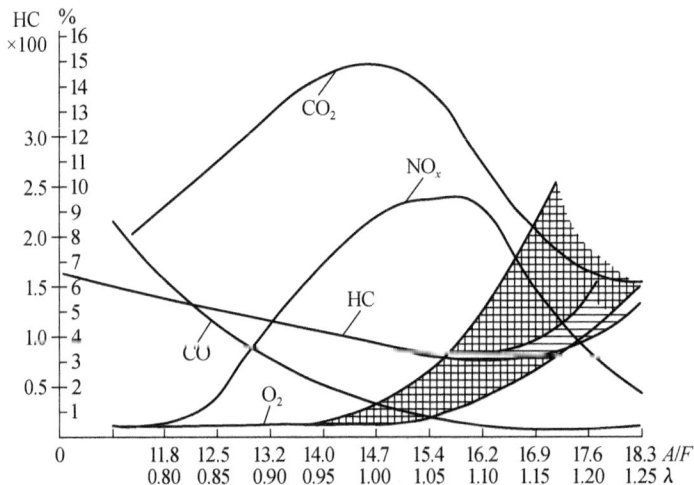

图 1.11-1　尾气各主要成分变化

发动机尾气排放标准见表 1.11-1。

表 1.11-1　发动机尾气排放标准规定

项目	无 CAT	有 CAT
CO	1%±0.5%	<0.5%（国Ⅲ的一般只有 0.05% 以下）
HC	200×10^{-6}	$<100 \times 10^{-6}$（国Ⅲ的一般小于 50×10^{-6}）
CO_2	13%～15%	13%～16%

项目	无 CAT	有 CAT
NO_x	怠速时很低，有负荷时$1\,000 \times 10^{-6}$	怠速时$< 100 \times 10^{-6}$,有负荷时$< 500 \times 10^{-6}$,国Ⅲ的一般只有50×10^{-6}以下
O_2	1% ~3%	1% ~3%

操作步骤

发动机排放异常故障诊断与排除步骤见表 1.11-2。

表 1.11-2 发动机排放异常故障诊断与排除步骤

1. 安全检查与前期准备

（1）准备工具:拆装工具、卡罗拉轿车、故障诊断仪、数字万用表、跨接线、灭火器。

（2）铺好车轮挡块、室内三件套、翼子板布、前格栅布,安装尾气烟套;检查变速器挡位;检查汽车油、水、电;检查发动机舱线路、管路连接情况。

2. 进入仪器的示波窗口

单击 FSA720/740/750 菜单;显示操作界面。

3. 测量准备

（1）依次单击"排气/汽油""F12",进入"排气/汽油"系统窗口。

（2）窗口提示进行"泄漏试验"。

（3）将尾气探头用专用塞堵住,单击"F12",进入"泄漏测试"倒计时。

（4）完成泄漏试验后,按照窗口提示,取下专业塞,单击"F12";系统进入"零点调整"倒计时;系统显示"对 HC 残留物的测试"。

（5）将测量模块上的感应式钳式脉冲信号检测器夹在通向一缸的点火电缆上。

续表

注意事项：

检测器上的箭头应朝向火花塞；拔出机油标尺，根据机油深度调节机油温度测量头的深度，将测量模块上的机油温度测量头插入机油尺座孔中。

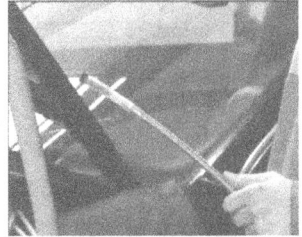

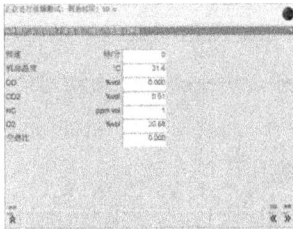

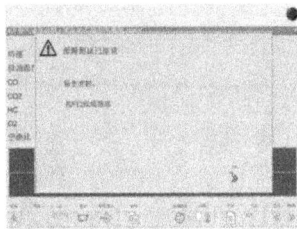

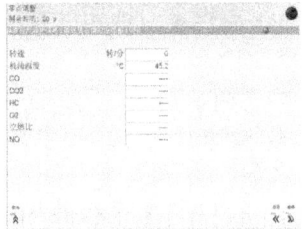

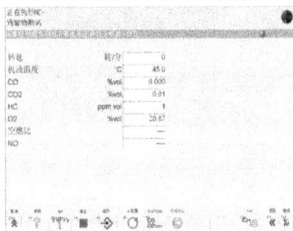

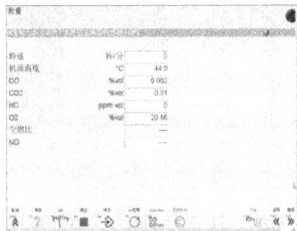

4. 测试怠速尾气

（1）启动发动机，将发动机在中速运转几分钟后降至怠速运转。

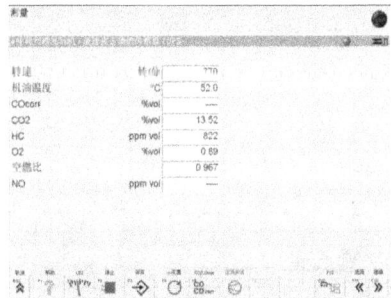

（2）将尾气探测器的探头插入尾气管中；等待几秒，观察屏幕窗口数值；当数值相对稳定时，单击"F3"，结束测量。

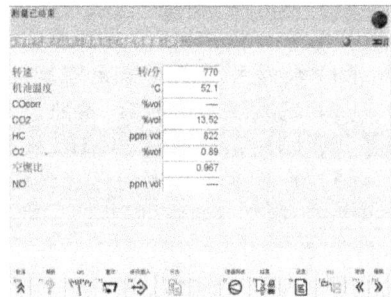

（3）单击"F4"，保存和载入检测内容。

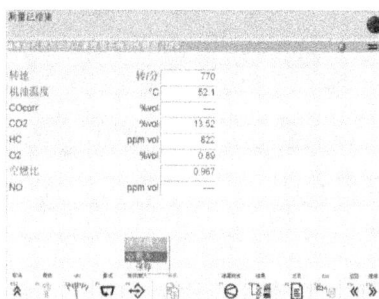

5. 测量不同转速尾气

（1）单击"F3"，重新测量汽车尾气。

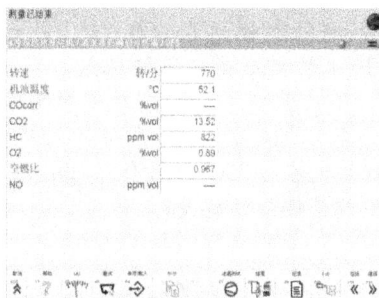

（2）单击"F5"，在各种转速下检测汽车尾气。

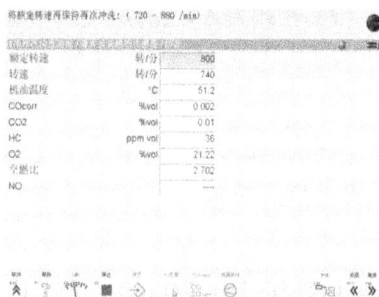

（3）根据窗口提示，将发动机转速稳定在 720~880 r/min，维持 20 s。

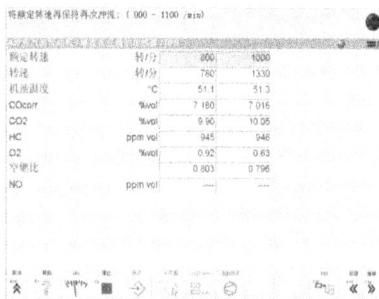

99

（4）测量完成后，将尾气探头从尾气管中拔出，10 s 后冲洗探头。	
（5）冲洗完成后，重新将探头插入尾气管，将转速稳定在 900～1 100 r/min，维持 20 s，检测此条件下的尾气。 （6）检测完成后，将尾气探头拔出，10 s 后冲洗。冲洗完成后，重新插入尾气管，将转速稳定在 1 350～1 650 r/min，维持 20 s，检测此条件下的尾气。	
（7）检测完成后，将尾气探头拔出，10 s 后冲洗。冲洗完成后，将转速稳定在 1 800～2 200 r/min，维持 20 s，检测此条件下的尾气。 （8）检测完成后，将尾气探头拔出，10 s 后冲洗。单击"F3"，结束测量。	

6. 测试结果记录

（1）将发动机熄火。 （2）将尾气探测器探头从排气管中取出，放到规定位置。	

（3）单击"F4"，保存和载入检测内容。	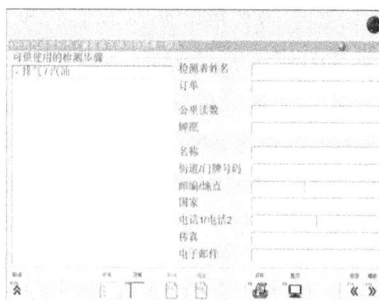
（4）单击"F8"，进入记录界面，填好相关内容。	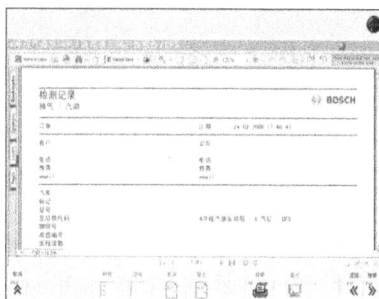
（5）单击"F9"，打印预览。	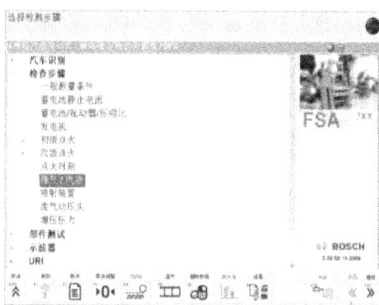
7. 5S 工作	

结果分析

尾气分析是发动机故障中最为复杂的项目，但通过五尾气分析可以知道发动机的燃烧情况、压缩情况、进排气系统密封情况及废气再循环系统工作的情况等。如果排气系统泄漏，氧气（O_2）和一氧化碳（CO）的含量高了，二氧化碳（CO_2）的含量就会低。

尾气测试中的五尾气包括一氧化碳（CO）、碳氢化合物（HC）、氮氧化合物（NO_x）、二氧化碳（CO_2）和氧气（O_2）。

在理想的燃烧中，碳氢化合物与空气燃烧后，尾气中的主要成分为二氧化碳（CO_2）、水（H_2O）和氮气（N_2）。如果燃料未能完全燃烧，混合气过浓（或过稀）或气缸温度过高则会生成一氧化碳（CO）、碳氢（HC）和氮氧化合物（NO_x）。这些燃烧的副产品在大气中经过一系列复杂的化学反应会形成光化学烟雾，造成污染。

1. 尾气测试中 CO 的分析

(1) CO 的含量的高低和燃烧室温度及混合气浓度有关

怠速时尾气测试中 $w_{CO} \leqslant 1\%$（质量分数）。CO 含量的高低和燃烧室温度及 O_2 的含量有关系。在保证燃烧的前提下,混合气越稀,CO 的含量就越低。CO_2 的含量越高,说明 CO 的转化率越好,混合气越接近理论空燃比,混合气在燃烧室和 TWC 内燃烧的效果越好。但 CO 是借助 O_2 转化为 CO_2 的,CO_2 的含量越高,O_2 的含量就越低。如果 O_2 和 CO_2 含量都高,就可能是氧传感器前端的排气系统发生泄漏,或二次空气喷射的电磁阀关闭不严。

如果混合气浓度超过理论空燃比,即使混合气稍微有些浓,尾气中 CO 含量也会明显增加。

(2) 导致混合气过浓的原因

造成混合气过浓的因素有以下几方面:

① 传感器方面最常见的是用于修正喷油脉宽的氧传感器的加热器损坏,或氧传感器对地短路,导致氧传感器输出的信号电压过低,控制单元将喷油脉宽增大,造成混合气过稀。

② 发动机工作温度过高,发动机冷却液温度传感器输出的信号电压越低。发动机冷却液温度已经达到正常的工作温度,但冷却液温度传感器信号却偏高,使控制单元误认为发动机工作温度过低,从而加大喷油脉宽,使混合气过浓。

③ 进气温度传感器信号偏高,造成混合气过浓。

④ 进气系统方面,空气滤清器堵塞,导致充气系数降低,会使混合气过浓。

⑤ 使用进气歧管绝对压力传感器的发动机,进气系统密封不良,会造成混合气过浓。

⑥ 燃油箱加得过满,行驶中一部分燃油就会进入 EVAP 内。急加速时,混合气本身就较浓,再加上 EVAP 内的部分燃油,未经喷油器就直接进入燃烧室,导致急加速时排气管冒黑烟,严重时急加速就熄火。待燃油箱内油面高度正常后,燃油就不会进入 EVAP 内,故障也就自然排除。

⑦ 燃油压力调节器真空软管堵塞,在怠速和中小负荷时燃油压力调节器无法感受到进气系统的真空吸力,没有回油,所以在怠速和中小负荷时混合气过浓。

⑧ 喷油器滴漏,属于额外供油,会造成混合气过浓。

⑨ 曲轴箱强制通风装置堵塞在一定程度上也会使混合气变浓。

⑩ 氧传感器前端的排气管泄漏,使氧传感器输出的信号电压持续走低,导致控制单元逐步将喷油脉宽调到最大,造成混合气过浓。

2. 尾气测试中 HC 的分析

(1) HC 含量的高低和燃烧状况的关系

怠速时尾气测试中 HC 含量应 $\leqslant 2 \times 10^{-4}$。HC 含量和燃烧状况有关,燃烧得越彻底,HC 含量就越小。没有增压的发动机在进气行程结束后,气缸内的空气总量只占容积的 $60\% \sim 80\%$（体积分数）。燃烧彻底的前提条件是混合气的浓度比理论空燃比略稀,燃烧温度高。适当增大 O_2 的含量,可以明显降低 HC 的含量;如尾气中的 HC 和 CO 含量过高,可以拆下空气滤清器,使充气系数增大,尾气中的 HC 和 CO 含量就会明显降低;使用空气流量计的发动机,拔下进气系统上的真空管,可使混合气浓度明显变稀,尾气中的 HC

和 CO 含量就会再次大幅度减小。

（2）影响燃烧彻底的因素

在燃烧过程中,燃气温度高达 2 000 ℃以上,而气缸壁面温度在 300 ℃以下,因而靠近壁面的气体,受低温壁面的影响,温度远低于燃气温度,并且气体流动也较弱。所谓壁面淬熄效应就是指温度较低的燃烧室壁面对火焰的迅速冷却,在壁面形成厚约 0.1 ~ 0.2 mm 的不燃烧或不完全燃烧火焰淬熄层,产生大量的 HC。除此之外,下列各项因素也是导致大量 HC 产生的原因。

① 混合气过稀,燃烧不完全,导致进气道回火,排气管放炮,间断断火,使排气中 HC 含量明显上升。

② 发动机冷却液温度过低,发动机工作温度越低,混合气燃烧质量越差。

③ 火花塞接线不良,导致高压火花弱。

④ 点火提前角过大,导致发动机功率下降,燃烧不彻底。

⑤ 由于个别气缸的气门关闭不严或点火线圈、高压线故障,造成缺缸,导致这个缸的混合气进入 TWC(三元催化转换器)内燃烧。

各种原因造成的压缩比减小都会造成 HC 增多。混合气略微偏稀,提高燃烧室工作温度和提高点火能量可使 HC 明显减小,但 NO_x 的含量会明显增加。目前能让 CO、HC 都大幅度减少的最有效方法是稀薄燃烧,但稀薄燃烧会造成 NO_x 排放量过高。

氧传感器和 TWC 在闭环控制时可以有效地降低 CO、HC、NO_x 的含量,EGR 在发动机冷却液温度 50 ℃以上,转速 1 500 ~ 4 500 r/min 时能有效降低 NO_x;但冷启动和暖机时都无法进行控制,要达到排放标准,必须解决冷启动和暖机时的尾气排放控制,AIR 是在冷启动和暖机时降低 CO 和 HC 的最有效方法。

3. 尾气测试中 NO_x、CO_2 和 O_2 的分析

（1）尾气测试中氮氧化合物(NO_x)含量的分析

正常的 NO_x 排放在怠速时不应超过 10^{-4}(质量分数),在稳定的道路工况下不应超过 10^{-3}(质量分数)。在五尾气中唯一需要在测功机上进行检测的是 NO_x。混合气稀,O_2 含量大,空气中的氮气在高温条件下与氧气发生化学反应就会形成 NO_x。富氧(可燃混合气越稀,氧气越多,燃烧时温度就越高)、高温、高压、点火提前角过大,都会使尾气中 NO_x 含量明显增加。通过 EGR 系统,将燃烧后的废气按进气总量的 6% ~ 13% 送入气缸,可降低燃烧的温度,从而减少 NO_x 的生成。在尾气中如 CO、HC 和 NO_x 含量都高,可能是 TWC 失效;如只是 NO_x 单项高则可能是 EGR 系统失效(无法开启),维修时不是简单地更换 EGR 阀,而是要对 EGR 所有相关的控制阀均进行一次检测。EGR 系统失效还会造成发动机爆燃。

（2）尾气测试中二氧化碳(CO_2)含量的分析

CO_2 并非有毒气体,其主要危害是造成地球温室效应。五尾气分析仪对其进行专项测试的目的是从侧面了解混合气的成分和燃烧状况,以及排气系统的密封性。

CO_2 是 CO 在氧气和热量作用下转化成的,所以它只产生于燃烧室和 TWC 内。它的含量反映燃油的燃烧效果,其含量越高说明燃烧得越彻底。CO_2 的含量还反映混合气的成分。混合气为理论空燃比 14.7∶1 时,CO_2 的含量应当为 13.8% ~ 15.0%(质量分数)。混合气过浓或过稀都会影响燃烧效果,所以 CO_2 的含量都会下降。

如果尾气测试中显示 CO 和 HC 正常,那么 CO_2 的含量就应偏高。如果 CO 和 HC 含量低时,测试仪上显示的 CO_2 也低时,那么最大的可能是排气系统发生泄漏。

(3)尾气测试中氧(O_2)含量的分析

废气中 CO 和 HC 都可以通过 TWC 转换,只有氧气(O_2)的含量不能转换。在尾气分析中 O_2 含量是最重要的数值,通过它可以分析混合气的浓度。而空燃比是否正常是达到良好燃烧的关键因素。O_2 的含量和混合气浓度有关系:

① 混合气稀时 O_2 含量高。CO 转化为 CO_2 时要消耗 O_2,O_2 和 CO_2 的含量若其中一种上升,则另一种就会下降;混合气稀时 O_2 和 CO_2 的含量都高。

② 混合气浓时 O_2 含量低。混合气过浓,CO 含量过高,TWC 燃烧转化过程中 O_2 有可能被用尽,使分析仪所测得 O_2 为 0。

③ 排气系统泄漏,O_2 含量会明显增加。CO 转化为 CO_2 时要消耗 O_2,转化效果越好,消耗 O_2 越多。所以在尾气测试中,O_2 和 CO_2 其中一种气体含量上升,另一种就会下降;而排气系统泄漏,会导致 O_2 和 CO_2 的含量都高。

模块二

底盘系统性能检测及故障诊断

知识要点

　　本模块主要介绍ABS结构与检修、自动变速器的检测、自动变速器电控系统的检测及故障诊断、四轮定位检测、车轮平衡度检测、电动助力转向系统的检测与维修、转向力和转向盘自由转动量的检测等知识。

考核项目一

电子控制防抱死制动系统(ABS)
结构与检修

1

考场准备

主流车型整车一辆、数字万用表、常用拆装工具、故障诊断仪、试灯、备用保险丝、继电器、跨接线、手电筒、汽车维修手册、电路图等。

考核要求

1. 正确使用解码仪,读取 ABS 的故障码和数据流;
2. 根据故障码和数据流正确判断故障的可能部位;
3. 使用恰当的方法检测故障部位元器件和线路。

考点链接

一、ABS 的组成

电子控制防抱死制动系统(ABS)由传感器(各轮速传感器、车速传感器等)、电子控制单元(ECU)和执行器器(ABS 执行器、电磁阀、ABS 警示灯等)三部分组成,如图 2.1-1 所示。各组件的功用见表 2.1-1。

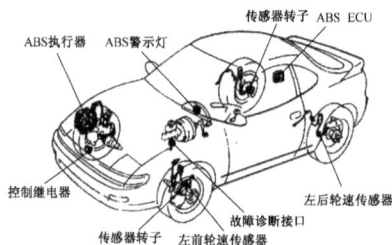

图 2.1-1 ABS 的组成

表 2.1-1　各组件功能

组件		功能
传感器	车速传感器	检测车速,向 ECU 输入车速信号,用于滑移率控制方式
	轮速传感器	检测车轮速度,向 ECU 输入轮速信号,各种控制方式均采用
	汽车减速度传感器	检测制动时汽车的减速度,识别是否是冰雪路等易滑路面,只用于四轮驱动控制系统
执行器	制动压力调节器	接受 ECU 指令,通过电磁阀的动作调节制动油压,实现制动压力"升高"、"保持"和"降低"的控制功能
	液压泵	受 ECU 控制,在可变容积式制动压力调节器的控制油路中建立控制油压
	ABS 警告灯	ABS 系统出现故障时,由 ECU 控制将其点亮,向驾驶员发出警报,并可由 ECU 控制闪烁显示故障码
ECU		接受车速、轮速、减速等传感器的信号,计算出车速、轮速、滑移率和车轮的减速度、加速度,并将这些信号加以分析、判别、放大,由输出级输出控制指令,控制各执行器工作

二、　ABS 的检测与诊断

ABS 的检测与诊断的基本内容一般包括初始检测、传感器及液压调节器和电路的检测、故障诊断等。

1. ABS 的检测诊断和维修的注意事项

正确的检测诊断是建立在掌握 ABS 的工作原理和结构,并具有一定的分析能力的基础上的。检测时注意事项有如下几点:

① ABS 是建立在车轮的常规制动系统上的,但一旦普通制动系统出现问题,ABS 就不能正常工作。因此,首先要将二者视为整体进行维修,不能只把注意力集中于传感器、电脑和液压调节器上。

② ABS 电脑对过电压、静电非常敏感,如有不慎就会损坏电脑中的芯片。因此检查ABS 防抱死制动系统前应先拔去电源,点火开关接通时也不要插入或拔出 ABS 连接器;在车上进行电焊之前,更要做好防静电准备:拔下电脑上的连接器后再进行电焊;给蓄电池进行专门充电时,要摘下蓄电池的正极电缆后再进行充电。

③ 制动管路或液压控制单元中如有空气,则需进行特殊的放气处理。对于维修蓄能式 ABS 液压控制装置时,切记储有高压必须进行泄压,然后再按规定进行检测和修理。因为蓄压器存储了高达 18 000 kPa 的压力,以免高压油喷出伤人。

④ 检测车轮速度传感器时一定要十分小心。拆卸时注意不要碰伤传感器头,不要将传感器齿圈当作撬面以免损坏。

⑤ 制动液要至少每两年更换一次,这是因为 DOT3 乙二醇型制动液的吸湿性很强,含水分的制动液不仅使制动系统内部产生腐蚀,而且会降低沸点,还会造成制动效能衰退。

⑥ 车速传感器、液压调节器和电气系统要清洁,不要让污物、灰尘进入液压控制装置电脑和导线上。

⑦ 在进行 ABS 诊断与检查时,应掌握扫描仪等专业工具的使用方法,按照维修手册

中给出的故障诊断数据做诊断,可以不拘泥于检查形式和步骤,只要能准确地判断出故障点即可。

2．ABS 的初步检测项目

初步检测是指 ABS 在出现明显故障而不能正常工作时首先采取的检查方法。例如,ARS 故障指示灯常亮不熄,系统不能工作。初步检测包括制动系统的一般外围检查和 ABS 故障的初步检测两个内容。具体的检查项目如下:

（1）检查驻车制动手柄是否完全释放;制动液液面是否在规定的范围内。

（2）检查导线间及导线和元器件间的接插件,看其连接或接触是否良好。

① ABS 电脑导线插头、插座的连接是否良好,连接器及导线是否损坏。

② 液压调节器上的电磁阀体及主控制阀的连接器。

③ 电动泵的连接器。

④ 对蓄能式的 ABS 还要检查连接压力警告开关、压力控制开关和制动液液面指示开关连接器。

⑤ 四轮车速传感器的连接器等。

（3）检查所有的继电器、熔断丝是否完好,插接是否牢固;检查蓄电池容量和电压是否在规定的范围内;检查蓄电池线的连接。

（4）检查 ABS 电脑、液压控制装置等的接地（搭铁）端的接触是否良好。

（5）ABS 液压调节器工作噪声的检查。

对于现在常用的常压式 ABS,若可启动发动机并使汽车以大于 6 km/h 的速度行驶,则仔细倾听调节器是否有工作噪音。应当注意的是,发动机开始启动且初始车速超过 6 km/h时,就应进行这项初始检查。检测的是执行器的 3 位电磁阀和泵电机的功能。但是,如果踩下制动踏板初始检测就无法进行了。只有放松制动踏板,初始检测才开始进行。如果能听到 ABS 液压调节器的工作噪声,就可初步确认调节器是正常的,否则表明调节器有故障。

（6）检查车轮胎面纹槽的深度是否符合要求,胎面是否有严重的异常变形和磨损等。

操作步骤

一、 ABS 的故障自诊断

与汽车的其他电控系统一样,ABS 的故障自诊断因车型不同而不同,检测技术人员应根据各种车型的维修手册来进行。故障诊断代码的调取、识读和消除是检测工作的关键,其中所谓"识读"是指读出故障代码的具体含义,以便做出确切的诊断。以下用现代"悦动"车型为例说明 ABS 的检测和诊断的方法,其他车型的检测步骤大多有相似之处,具体细则参阅不同车型的维修说明书。诊断代码需要用专门的检测仪进行调取。解码仪调码步骤见表 2.1-2。

表 2.1-2　解码仪调码步骤

1. 前期准备

（1）安装车轮挡块；安装内饰三件套。

（2）打开引擎盖后安装翼子板布和进气栅格布。

（3）检查冷却液、制动液和机油液位是否正常。

（4）检查蓄电池电压是否为 12 V。

2. 连接诊断仪

插上解码仪插接器,接通发动机点火开关。

3. 基本检查

检查警示灯是否闪亮:接通发动机点火开关,检查 ABS 警示灯是否能持续亮 3 s,若不能,应检查、维修或更换仪表盘熔断丝、指示灯灯泡或电线。

4. 进入系统

根据提示,选择车型等信息后进入 ABS 系统。
① 选择车辆生产商。
② 选择车辆品牌。

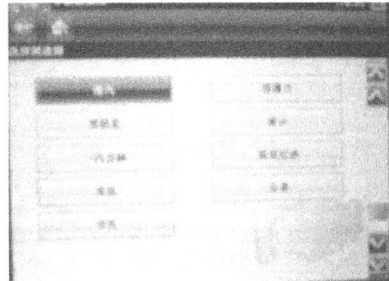

③ 选择车辆排量和生产年份等基本信息。

④ 选择需要进入诊断的系统。

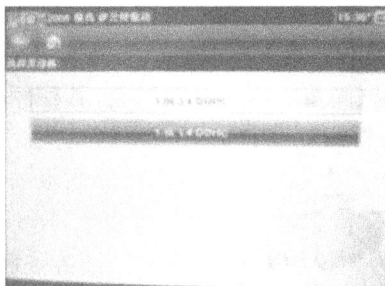

5. 读取故障代码

（1）读取故障代码并记录后将其清除。

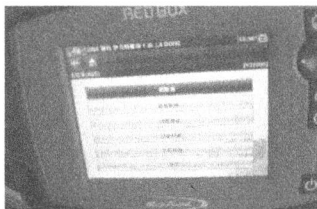

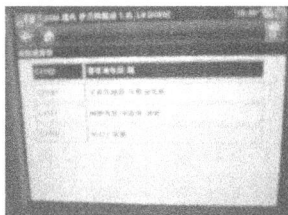

（2）启动发动机后重新读取故障代码并记录。此时读取的故障代码为真实存在的故障码。

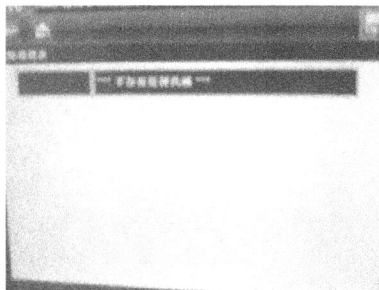

6. 读取数据流

记录完故障码后，进入数据流测试功能读取 ABS 系统数据流。

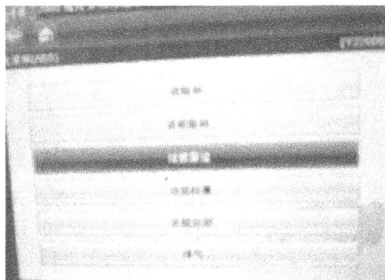

二、ABS 的检修

1. ABS 的检修方法(以现代伊兰特悦动轿车车轮转速传感器为例)

大量实践证明,车轮转速传感器的损坏频率是较高的,线圈可能出现短路、断路或电线接头不良的故障,也可能有传感器转子的齿面磨损、杂物堆积或安装失调等现象。可以通过调取故障码的方法或直接在各车轮处进行电气测量。值得注意的是,若检测显示为"电量值不符合规范"时,不要立即认定为其本身的缺陷,应该查视其电线接头及电线线路是否良好,然后再做出判断。车轮转速传感器大多由螺栓安装在制动器底板圆盘或前轮的转向拉杆连接节上,拧下安装螺栓后就能取下传感器。检测前应注意 ABS 不能运行,制动系统应处在驻车制动状态。以现代车系为例说明 ABS 检修的一般方法和步骤,详见表 2.1-3。

表 2.1-3 ABS 检修的一般方法和步骤

1. 举升车辆
车辆进入工位后,安装举升机托臂,按照规范的操作方法将车辆举升。 **注意事项:** 升到合适的高度后,按下下行键到举升机不能再下降后,关闭图示的电源键将举升机锁止。

2. 打开点火钥匙

　　将车辆举升到合适位置并锁止后,拔下轮速传感器插头,打开点火开关钥匙。

> **注意事项:**
> 　　拔插轮速传感器导线插头时应关闭点火开关,防止损坏电控单元;拔轮速传感器导线插头时严禁使用一字起等类似工具进行撬动,防止损坏插头和电器元件。

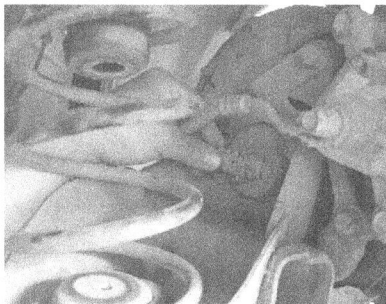

3. 检查轮速传感器线束

　　测量轮速传感器电源端子对地电压,标准值为 5 V;测量轮速传感器信号端子对地电压,标准值应 0.5~1.05 V。

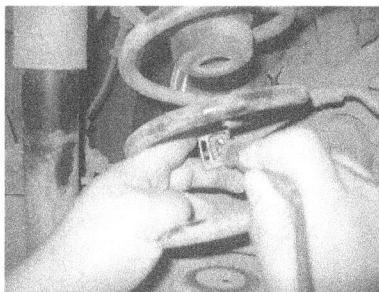

4. 检查轮速传感器

　　用万用表测量轮速传感器感应线圈的电阻值。

> **注意事项:**
> 　　电阻值应为 1.0~1.3 kΩ,如测量值不在规定范围内,更换轮速传感器。

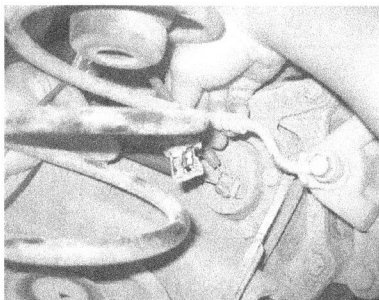

5. 恢复并进行5S工作

将轮速传感器的插头插好,汽车降回地面,收起翼子板布和栅格布后盖好引擎盖。

> **注意事项:**
>
> 在插传感器插头前将点火开关钥匙关掉;将车辆降下来前应先将举升机解锁,即先打开黄色电源开关,然后按上升键稍微上升,拉起机械锁后即可下降。

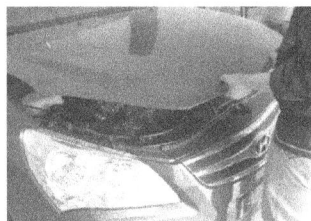

2. ABS 的检修流程

(1) 故障现象和故障可能原因(见表 2.1-4)

表 2.1-4　ABS 故障现象及检测

现象	故障检测
ABS 不工作	① 检查 DTC,以便再次确认是否输出故障代码 ② 电源电路 ③ 轮速传感器电路 ④ 检查液压油路是否泄漏 仅当①~④都正常并且仍出现故障时更换 HECU
ABS 间歇不工作	① 检查 DTC,再次确认系统工作的规定值 ② 轮速传感器电路 ③ 制动灯开关电路 ④ 检查液压油路是否泄漏 仅当①~④都正常并且仍出现故障时更换 ABS 执行器总成
用诊断仪通信不可能 (不能与系统通信)	① 电源电路 ② 诊断线束
用诊断仪通信不可能 (仅与 ABS 通信不可能)	① 电源电路 ② 诊断线束 ③ HECU
点火开关转至"ON"(发动机转至"OFF")时 ABS 警告灯不亮	① ABS 警告灯电路 ② HECU
在发动机启动后,ABS 警告灯保持亮	① ABS 警告灯电路 ② HECU

(2) 故障检修标准流程

ABS 故障检修标准流程如图 2.1-2 所示。

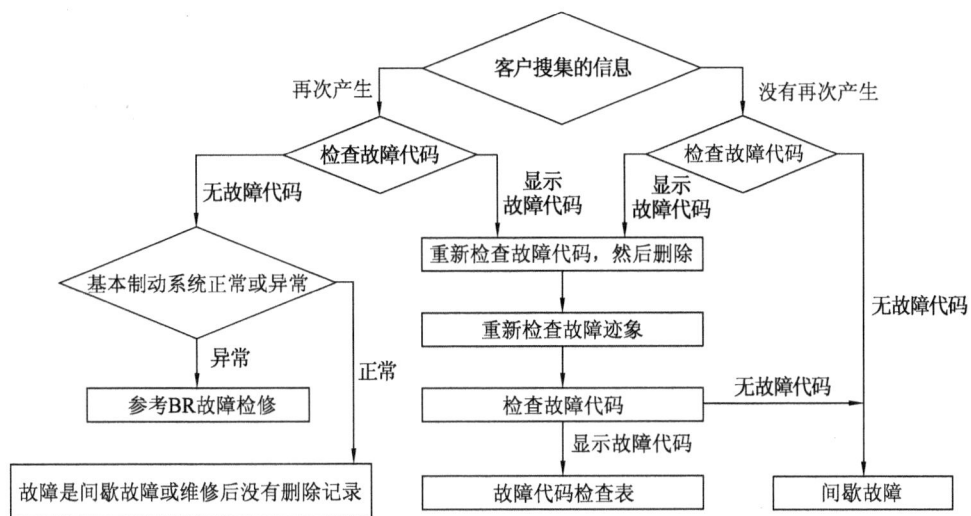

图 2.1-2　ABS 故障检修标准流程

考核项目二

自动变速器的检测

2

考场准备

主流车型整车一辆、数字万用表、常用拆装工具、故障诊断仪、试灯、油压表、秒表、手电筒、汽车维修手册、电路图等。

考核要求

1. 正确使用解码仪,读取自动变速器系统数据流;
2. 正确进行发动机和自动变速器的基础检测;
3. 正确进行失速试验;
4. 正确进行时滞试验;
5. 正确进行油压试验。

考点链接

对于有故障的自动变速器应先进行性能检测,确认其故障范围,为进一步分解修理提供依据。维修前检测是从诊断故障和确定修理部位出发,在车上做必要的检查或测试。自动变速器在修理完毕后,也应进行全面的性能检查,修后检查是为了鉴定修理质量,检测自动变速器的各项性能指标是否达到标准要求。

一、自动变速器油

变速器油在正常工作温度下一般能行驶约 4 万 km 或 24 个月,影响油液和变速器使用寿命的最重要因素之一是油液的温度,而影响油液温度的主要因素是液力变矩器有故障,离合器、制动器滑转或分离不彻底,单向离合器滑转和油冷却器堵塞等,所以油液温度过高或急剧上升是十分重要和危险的信号,它说明自动变速器内部有故障或油量不够。若发现温度过高,应当立即停止检查。

延长自动变速器使用寿命的关键在于经常检查油面、检查油液的温度和状态。油液温度过高,将会使油液黏度下降、性能变差(产生油膏沉淀和积炭)、堵塞细小量孔、卡滞控制阀门、降低润滑效果、破坏橡胶密封部件,从而导致变速器损坏。检查变速器油的气味和状态也十分重要,油液的气味和状态可以表明自动变速器的工作状态。

检查油液时,从油尺上嗅一嗅油液的气味,在手指上点少许油液,用手指互相摩擦看是否有渣粒,或将油尺上的液压油滴在干净的白纸上,检查液压油的颜色及气味。正常液压油的颜色一般为粉红色,且无气味。如液压油呈棕色或有焦味,说明已变质(变质原因详见表2.2-1),应立即换油。

表 2.2-1　油液分析

油液状态	原因
液清洁,带红色	正常
油液变为极度深暗红色或褐色	没有及时更换油液;长期重载荷运转,或某些部件打滑、损坏引起自动变速器过热
油液中有金属屑	离合器盘、制动器盘或单向离合器严重磨损
油尺上黏附胶质油膏	自动变速器油过热
油液有焦味	油面太高,油面太低;油冷却器或管路堵塞
油液从加油管溢出	油面过高;通气孔阻塞

二、自动变速器系统的检测

1. 基本检查

(1)发动机的基本检查

发动机是自动变速器的动力源,同时其部分传感器信号又要传给自动变速器共同使用,因此维修自动变速器故障前应首先检查发动机:① 发动机各传感器工作是否正常,有异常应维修或更换。② 检查发动机机油冷却液液面是否正常,若异常应维修。③ 检查发动机与变速器工作是否正常,各相关警告灯是否有异常,如有异常应进行维修。④ 发动机怠速运转是否正常,通常标准怠速为(750±50)r/min。

(2)自动变速器油面的检查

绝大多数自动变速器油面检查应在正常工作温度下进行,变速器油温应保持在60~80 ℃。将车辆停放在平坦的地面上,各挡位工作一遍后置于P挡,以怠速运转检查自动变速器液面是否正常,如不正常,应调整其油面高度,如图2.2-1所示。

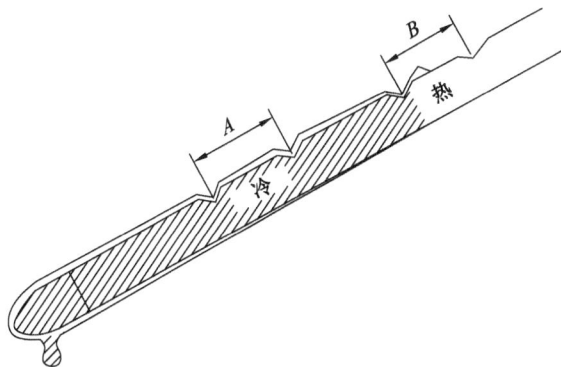

A—冷态时油面高度范围;*B*—热态时油面高度范围

图 2.2-1　自动变速器油面检查

（3）PN挡启动开关的检查

PN挡启动开关的主要作用是自动变速器操纵杆只有放在P挡或N挡时发动机才可启动,以防止在行驶挡上启动造成危险。另外有些电控自动变速器,PN挡启动开关还担负着变速器电脑的挡位识别信号功能。

① 首先启动车辆,检查操纵杆是否只能在PN挡位上启动,如果异常,调整或更换,如图2.2-2所示。

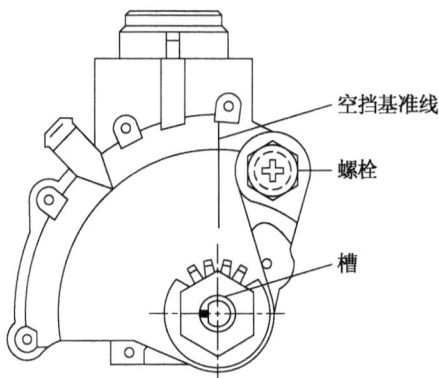

图2.2-2 挡位开关

② 自动变速器,挂挡冲击明显或有故障码显示PN挡开关故障,需进一步进行检查修理。拆下自动变速器挡位开关线束插头,将自动变速器操纵手柄从P,N,D,3,2挡挂一遍,同时用万用表检测其线束插孔内各孔之间的导通情况,如图2.2-3所示。各种车系的插头内部排列组合各不相同,但基本原理相同。

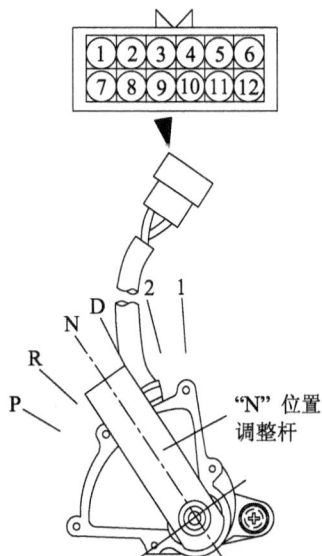

端子	导线颜色	P	R	N	D	2	L
1	RW					○	
2	RB						○
3	RG				○		
4	RY				○		
5	RL			○			
6	R		○				
7	BW	○			○		
9	L	○	○	○	○	○	○
12	BY	○			○		

备注: ○——○表示端子之间导通

图2.2-3 挡位开关的检测

2. 油路测量孔位置

找出自动变速器各个油路测压孔的位置。通常在自动变速器外壳上有几个用螺塞堵住的用于测量不同油路油压的测压孔。《自动变速器维修手册》上标有该自动变速器各个油路测压孔的位置。如果没有《自动变速器维修手册》作参考，可以用举升器将汽车升起，在发动机运转时分别将各个测压孔螺塞松开少许，观察各测压孔在操纵手柄位于不同挡位时是否有压力油流出，以判断该测压孔是与哪一个油路相通，从而找出各个油路侧压孔的位置。

判断方法如下：

① 若不论操纵手柄位于前进挡或倒挡时都有压力油流出，则为主油路测压孔。

② 若只有在操纵手柄位于前进挡时才有压力油流出，则为前进挡油路测压孔。

③ 若只有在操纵手柄位于倒挡时才有压力油流出，则为倒挡油路测压孔。

④ 若只有在操纵手柄位于前进挡，并且在驱动轮转动后才有压力油流出，则为调速器油路测压孔。

⑤ 若只有当强制驱动节气门时，油压值变化为节气门油压。

操作步骤

自动变速器的检验步骤见表 2.2-2。

表 2.2-2　自动变速器检测步骤

1. 前期准备
（1）将汽车停放在水平宽阔的地面上，前后车轮用车轮挡块塞住。
（2）打开引擎盖，安装翼子板布和前栅格布。

续表

（3）检查冷却液液位、制动液液位、机油液位和自动变速器油位是否正常；检查蓄电池电压。

（4）蓄电池电压应为 12 V。

注意事项：

检查蓄电池电压前万用表要校零。

2. 连接解码仪

（1）连接解码仪，进入自动变速器系统。

（2）读取油温数据，启动发动机，将变速器挂入各挡位 3 s 以上，使自动变速器油温上升到 60～80 ℃。

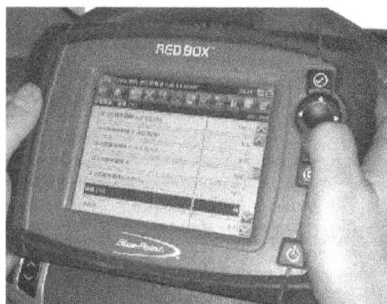

3. 失速试验

它是检查发动机、变矩器及自动变速器执行元件是否正常的一种常用方法。

（1）拉紧驻车制动。	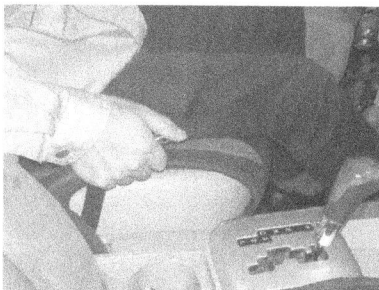
（2）关闭空调 A/C 开关。	
（3）用左脚踩住制动踏板，将自动变速器换挡杆挂入 D 挡。	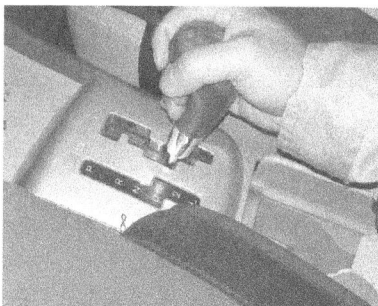

（4）用右脚迅速将油门踏板踩到底，直到发动机转速不再上升时记录发动机转速，松开加速踏板。此操作每次持续时间不应超过 5 s。

4. 时滞试验

当发动机怠速运转时,用换挡杆换挡,在感到振动前会有一定的时差或时滞,称为自动变速器迟滞时间。时滞试验就是测出自动变速器换挡时滞时间,并根据其长短来判断主油路油压及换挡执行元件工作是否正常。

基本条件:

① 在正常工作油温(60~80 ℃)及油面高度下进行。

② 确保试验过程中换挡杆在 N 挡的时间有 1 min。

③ 进行 3 次测量取其平均值。

(1) 拉紧驻车制动,踏下制动踏板。

(2) 检查发动机怠速,如不正常,按修理手册标准调整。调整时应关闭空调,挡位置于 N 挡。

(3) 换挡杆由 N 挡置于 D 挡,用秒表测量自换挡开始至感觉到振动的时间,测量 3 次之后取平均值。

（4）将换挡杆置于 N 挡,停留至少 1 s 后,将换挡杆置于 R 挡,用秒表测量自换挡开始感觉到振动的时间,测量 3 次之后取平均值。

> **注意事项:**
>
> 　　绝大部分自动变速器换挡杆置于 D 挡时,时滞小于 1.2 s,R 挡时小于 1.5 s。D 挡延时过长,可能是主油路油压过低,前进离合器摩擦片过度磨损,或前进单向离合器工作不良;R 挡延时过长,可能是油路油压过低,倒挡离合器或倒挡制动器过度磨损或工作不良造成的。

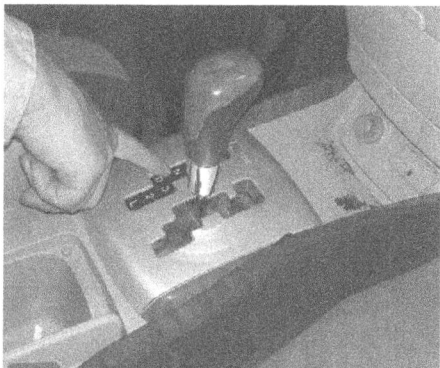

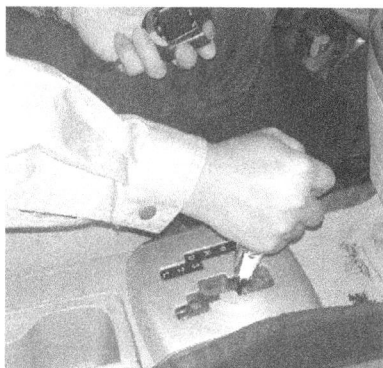

5. 油压试验

　　油压试验是在自动变速器工作时,对控制系统各个油路进行检测,便于分析自动变速器故障,为有针对性地修复提供依据。油压过高,变速器换挡时严重冲击,严重时损坏整个系统;油压过低,换挡执行元件打滑,摩擦片加剧磨损,严重时换挡执行元件烧毁。因此,检修自动变速器摩擦材料严重磨损的变速器时,应在维修前及维修后测量自动变速器油压,找出故障原因,提高维修成功率。油压测试前期准备工作和失速试验相同,操作方法及要求与失速试验一样,只是要观察各个油路油压表并做记录。

（1）拆下测量油孔堵塞螺栓。

（2）安装油压表。	
（3）启动发动机,当自动变速器和发动机油温达到规定值后,将变速器挡位杆置于 D 挡,在怠速和达到失速转速时测量油压并记录。 在怠速时油压应达到 372 ~ 412 kPa;失速转速时油压应达到 1 120 ~ 1 230 kPa,否则自动变速器故障。	
（4）采用同样的方法在 R 挡位置进行测试。 在怠速时,油压应达到 553 ~ 623 kPa;失速转速时,油压应为 1 660 ~ 1 870 kPa,否则自动变速器故障。	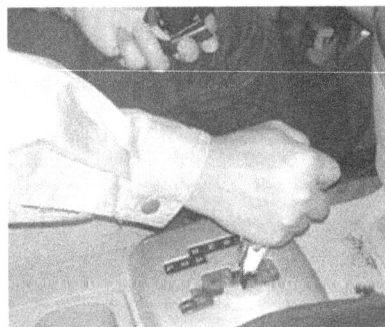

6. 整理工具,5S 工作

⭐ 结果分析

因做失速试验时,发动机处于最大转矩工况,但自动变速器输出轴及输入轴静止不动,变矩器涡轮也静止不动,只有变矩器壳及泵轮随发动机一起转动,发动机动力全部消耗在变矩器内,液压油的内部摩擦损失上升,油温急剧上升,故该试验中,从加速踏板踩到底到松开整个过程,不宜时间过长,以 5 s 为极限。

将操纵手柄置于 P 或 N 挡位置,让发动机怠速运转至油温正常,防止液压油温度过高而润滑传动能力下降。

试验过程中如发现制动力不足或车辆摆动,须立即松开加速踏板,停止试验直至故障及问题解决后,方可进行新的试验。将试验结果和维修手册比较。

大部分车辆的失速转速标准为 2 300 r/min 左右,但不同车型自动变速器都有其厂家规定的标准。若失速转速与标准值相符,说明该变速路油泵主油路油压及各换挡执行元件工作基本正常,若试验数据低于标准值,说明主油压过低或换挡执行元件打滑,发动机动力不足或液力变矩器故障。如果变矩器在液力耦合器工况下工作,变矩器导轮单向离合器打滑、变转比下降,致使发动机负荷增大,转速下降。失速转速不正常的原因,见表 2.2-3。

表 2.2-3　失速转速不正常原因

操纵手柄位置	失速转速	故障原因
所有位置	过高	主油路油压过低;前进挡和倒挡的换挡执行元件打滑;低挡及倒挡制动器打滑
	过低	发动机动力不足;变矩器导轮的单向超越离合器打滑
仅在 D 挡	过高	前进挡油路油压过低;前进离合器打滑
仅在 R 挡	过低	倒挡油路油压过低;倒挡及高挡离合器打滑

伊兰特悦动规定的管路油压和油压不正常时可能存在的故障见表 2.2-4 和表 2.2-5。

表 2.2-4　规定管路压力

条件	D 挡	R 挡
怠速运转	372～412 kPa	553～623 kPa
失速测试	1 120～1 230 kPa	1 660～1 870 kPa

表 2.2-5　故障及可能原因

故障	可能原因
在所有挡位测量值都偏高	换挡电磁阀 SLT 故障、调压阀故障
在所有挡位测量值都偏低	换挡电磁阀 SLT 故障、调压阀故障、油泵故障
仅在 D 挡压力偏低	D 挡油路漏油、前进挡离合器故障
仅在 R 挡压力偏低	R 挡油路漏油、倒挡离合器故障、一挡和倒挡制动器故障

考核项目三

自动变速器电控系统的检测及故障诊断

考场准备

主流车型整车一辆、数字万用表、常用拆装工具、故障诊断仪、试灯、油压表、秒表、手电筒、汽车维修手册、电路图等。

考核要求

1. 正确使用解码仪,读取自动变速器系统的故障码和数据流;
2. 根据故障码和数据流正确判断出现故障的可能部位;
3. 使用恰当的方法测量故障部位元器件;
4. 正确检测自动变速器的电路。

考点链接

自动变速器产生故障的主要表现是不能正常自动变速或产生异响。产生上述故障的主要来源有两个:一个来自自动变速器本身,即机械传动和油路;另一个则来自电控系统。来自机械部分和油路部分的主要故障是调整不当、元件磨损、卡滞、油路不畅或油压不足等;来自电控系统的故障主要是传感器、电磁阀或电脑不良及线路接触不良、搭铁、断路、短路等故障。

电控自动变速器的电子控制系统内部有一个自诊断电路,能在汽车行驶过程中实时记录各种传感器、执行器交流的数据参数,同时通过运算,监测自动变速器控制系统的故障,并将故障以故障代码的形式记录在电脑的存储器中。故障代码可通过电脑检测仪读取。

汽车电脑检测仪分为通用型和专用型两种。通用型汽车电脑检测仪可以检测不同车型电子控制系统;专用型汽车电脑检测仪只能用于指定车型电子控制系统的检测。下面以红盒子故障检测仪和丰田卡罗拉 AT 型轿车的自动变速器为例,对自动变速器电控系统的检测诊断过程进行介绍。

操作步骤

自动变速器电控系统的检测及故障诊断步骤见表2.3-1。

表2.3-1 自动变速器电控系统的检测及故障诊断步骤

一、自动变速器自诊断

　　自诊断检测的条件:① 将换挡杆拨至P挡位上,拉紧驻车制动器。② 汽车供电电压正常。③ 熔断器完好。④ 自动变速器接地点接触良好。

1. 选择红盒子故障检测仪功能

　　(1)前期准备:安装车轮挡块,打开引擎盖后安装翼子板布和进气栅格布;检查机油液位、自动变速器液位、冷却液和制动液是否正常。

　　(2) 检查蓄电池电压:蓄电池电压应为12 V。

> **注意事项:**
> 　　检查蓄电池电压前万用表要校零。

　　(3)关闭点火开关,将红盒子故障诊断仪和诊断插座相连。

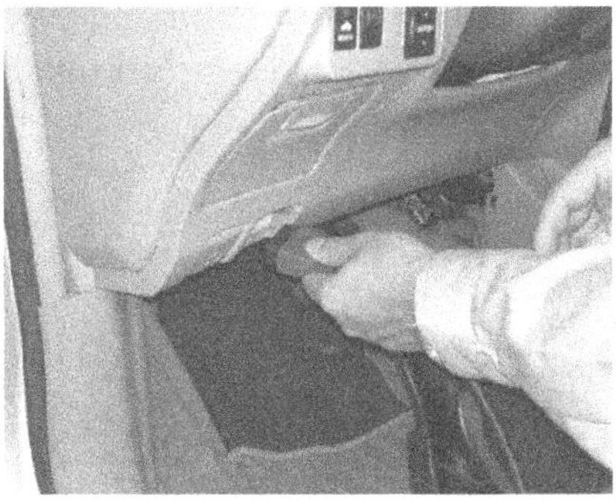

续表

（4）接通点火开关，选择车辆制造商选项。

（5）根据提示，选择车辆信息，进入自动变速器系统。

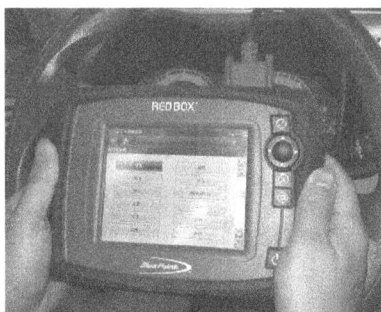

2. 查询故障代码

（1）进入自动变速器系统，选择故障码查询按钮，读取故障代码。

（2）按返回键返回，选择清除故障代码。

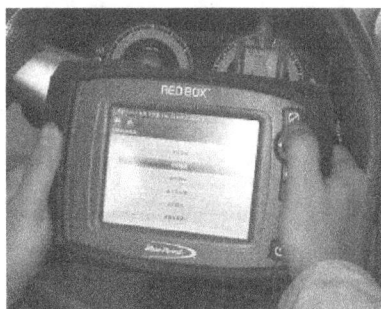
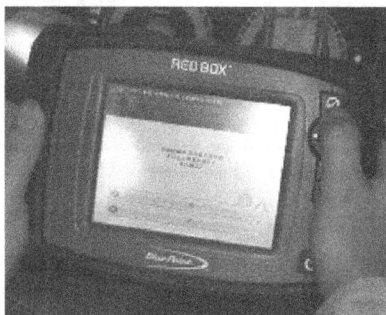

（3）当显示故障码已清除后，按返回键返回，启动发动机，将自动变速器在每个挡位上停留 3 s 后，挂入 P 挡，重新读取故障码。

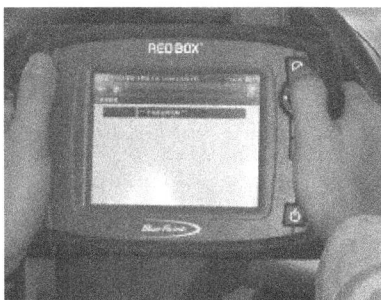

（4）读取数据流，根据自动变速器数据流分析自动变速器的工作情况。

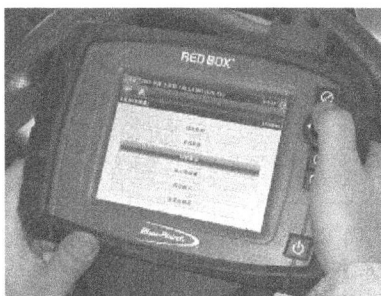

（5）记录所有故障码及其含义，记录主要数据数值，根据故障代码和数据流查询故障原因。

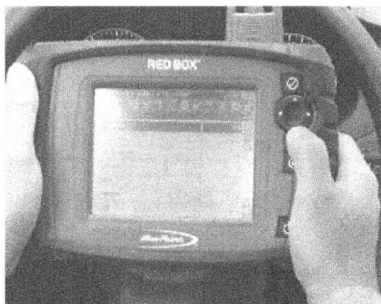

二、自动变速器电控元器件的检测

1. 电控单元的检测

一般来说，由于电子控制单元（如电脑）均布置在汽车上比较安全可靠的地方，而且在工作过程，各元件之间没有相对位移，因此很少出现故障，是自动变速器电控系统中故障率最低的元件，与其他电子元件相似，过大的电流强度也会造成控制单元损坏，因此需要检查发动机和自动变速器电子控制单元检测接头端子间的电压。

不同型号电控自动变速器电子控制单元接头的位置端子间的电压是不相同的,应与车辆的维修手册对应检查,图2.3-1和表2.3-2是丰田卡罗拉自动变速器件电脑接插头各端子的电压值表,可作为检测这种车型时的依据。

表2.3-2   ECM 端子电压值

检测端子	换挡杆位置	规定状态
B31 – 77(P)– 车身搭铁	P	11 ~ 14 V
	除 P 外	低于 1 V
B31 – 99(N)– 车身搭铁	N	11 ~ 14 V
	除 N 外	低于 1 V
B31 – 76(R)– 车身搭铁	R	11 ~ 14 V
	除 R 外	低于 1 V
A50 – 47(D)– 车身搭铁	D 和 3	11 ~ 14 V
	除 D 和 3 外	低于 1 V
B31 – 78(2)– 车身搭铁	2	11 ~ 14 V
	除 2 外	低于 1 V
B31 – 39(L)– 车身搭铁	L	11 ~ 14 V
	除 L 外	低于 1 V

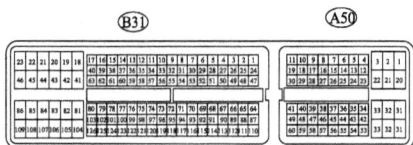

图 2.3-1   自动变速器件电脑接插头端子

2. 挡位开关的检测

(1) 挡位开关的电压检测:断开挡位开关连接器,将点火开关置于"ON"位置,测量挡位开关 B88 –2(RB)对地电压,标准值为 11 ~ 14 V;测量挡位开关 B88 –4(B)对地电压,标准值为 11 ~ 14 V。

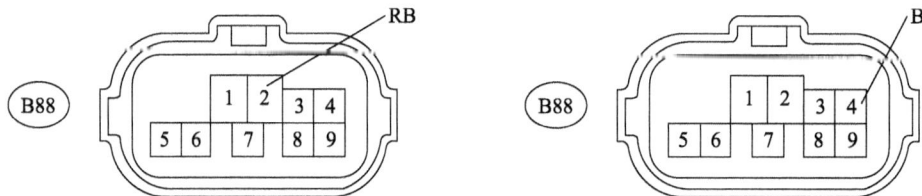

表 2.3-3　各挡位标准电阻

检测端子	换挡杆位置	规定状态
4 – 5	P 和 N	小于 1 Ω
	除 P 和 N 外	10 kΩ 或更大
2 – 6	P	小于 1 Ω
	除 P 外	10 kΩ 或更大
2 – 1	R	小于 1 Ω
	除 R 外	10 kΩ 或更大
2 – 9	N	小于 1 Ω
	除 N 外	10 kΩ 或更大
2 – 7	D 和 3	小于 1 Ω
	除 D 和 3 外	10 kΩ 或更大
2 – 3	2	小于 1 Ω
	除 2 外	10 kΩ 或更大
2 – 8	L	小于 1 Ω
	除 L 外	10 kΩ 或更大

（2）挡位开关的电阻检测：断开挡位开关连接器，将点火开关置于"ON"位置，将挡位开关移至各位置时，测得的各端子间电阻值应符合表2.3-3规定。

3. ATF 油温传感器检测

断开 ECM 插头，插头端子如图 2.3-1 所示，用万用表测量 B31 – 71 与 B31 – 70 之间的电阻，标准值应为 79 ~ 156 kΩ；B31 – 71，B31 – 70 对地电阻应为 10 kΩ 或更大。

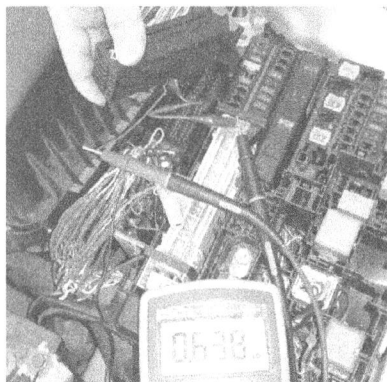

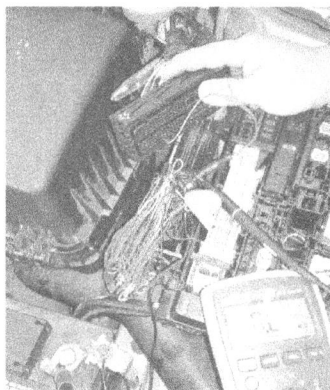

4. 涡轮转速传感器检测

涡轮转速传感器检测：断开 ECM 插头，用万用表测量 B31 - 124(NT +)与 B31 - 123(NT -)之间的电阻，标准值应为 560 ~ 680 Ω；B31 - 124(NT +)、B31 - 123(NT -)对地电阻阻应为 10 kΩ 或更大。

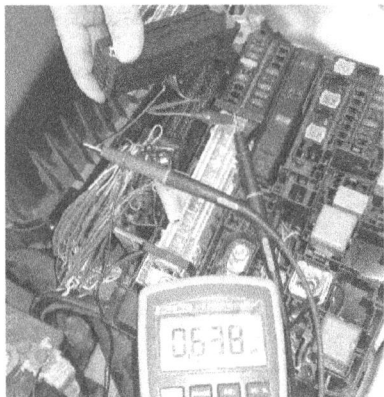

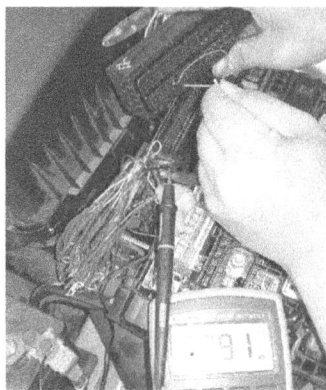

5. 车速传感器的检测

(1) 使用欧姆表和电压表进行检测，检测时将两表笔与传感器的两接头相连，构成一个完整回路。在使用电压表检测时，可以观察到电压值随输出轴的旋转而波动；使用欧姆表检测时，若测得该回路的电阻值过大或过小，都说明回路有断路或短路。

(2) 将欧姆表的一只表笔与传感器外壳相连，如果电阻值不能增至无穷大，说明传感器接地。

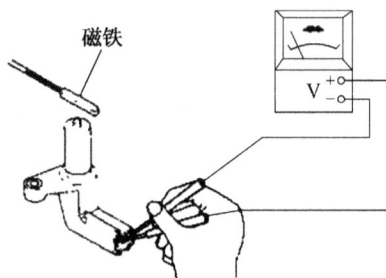

磁铁

6. 换挡电磁阀 S1 检测

(1) 将换挡电磁阀 S1 拆卸后检查：拆下换挡电磁阀 S1 后测量阀体到连接器间的电阻，标准值为 11 ~ 15 Ω；将正负极分别接到插接器和阀体上时，换挡电磁阀应发出工作噪声。

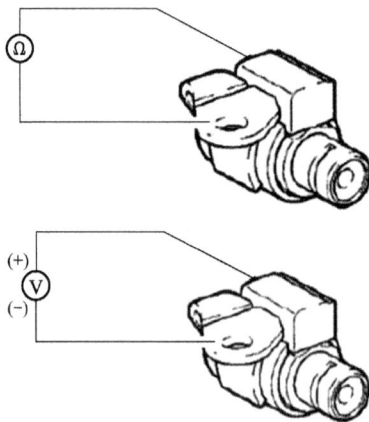

续表

（2）不拆卸换挡电磁阀 S1 检测：断开 ECM 插头，插头端子参考图 2.3-5，测量 B31 – 56（S1）与车身搭铁之间的电阻，标准值为 11 ~ 15 Ω。

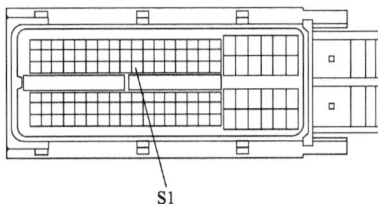

（3）其他换挡电磁阀的检测与 S1 的检测方法相同，可对照电路原理图参照 S1 的检测方法进行。

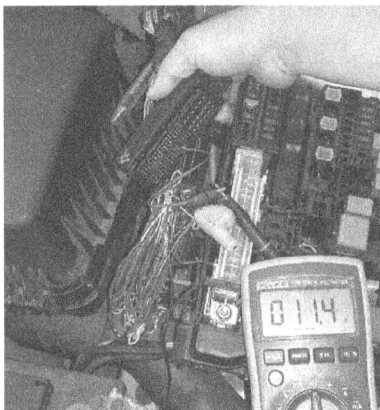

三、整理工具，5S 工作

结果分析

1. ATF 变色或有焦味

ATF 在正常情况下，应为粉红色（宝马、大众等专用油例外），无异味，并且有良好的流动性，若油呈棕色、黑色、乳白色或有焦味，说明油已变质。

① 油呈棕色、黑色，原因有 3 点：一是缺少维护；二是变速器损坏；三是油温过高。如果是缺少维护，及时更换 ATF 及滤清器，如有必要也可用专用仪器进行变速器内部彻底清洗。若变速器损坏，则需对变速器进行解体维修。油温过高，首先检查冷却系统的油压是否在标准范围内，如果低于标准范围，则需对变速器解体检查；其次检测冷却器的流量是否在 20 s 内达到 1 L 以上，如果不在这个范围内，则需更换冷却器；最后，测试变矩器是否能够锁止，如变矩器不能锁止，应检查电路是否断路、短路，TCC 电磁阀是否损坏，变矩器是否损坏。

② 油呈乳白色，通常是进水造成的，多数是冷却器损坏和使用不当（涉水过深或冲洗发动机的方法不当等）造成。进水后的变速器，原则上应对变速器做大修处理，需更换所有带摩擦材质的元件如摩擦片、制动带等。

③ 油有焦味，大多是变速器内带有摩擦材质元件烧损造成，这种现象则需对变速器进行解体维修。

2. 换挡位置错误(升降挡频繁)故障现象

汽车行驶时,节气门保持不动,负荷不变,变速器会出现频繁升降挡。该故障原因及排除方法见表2.3-4。

表 2.3-4　升降挡频繁故障原因及排除方法

故障原因	排除方法
节气门信号错误	调整或更换
挡位显示开关故障	调整或更换
电磁阀搭铁不良	检查各个电磁阀插头的连接情况,若有松动,予以修复
输入输出速度传感器连线接错	检修线路
控制系统搭铁不良	修复
电脑故障	电脑学习或更换
阀体故障	维修或更换

3. 换挡啮合冲击故障现象

挂入前进挡或倒挡时车有明显震动,在行驶升降挡过程中冲击震动明显。该故障原因及排除方法见表2.3-5。

表 2.3-5　换挡啮合冲击故障原因及排除方法

故障原因	排除方法
传动系统综合间隙大	检修或更换
阀体或主调压阀故障	检修测试阀体,如有必要,更换新阀体
EPC 电磁阀故障	检修电路,电磁阀损坏则更换
蓄压器故障	检修或更换
电脑故障	电脑学习或更换

4. 换挡时间滞后故障现象

挂入前进挡或倒挡后,汽车在2.5 s以上开始蠕动;升挡车速高于标准值。该故障原因及排除方法,见表2.3-6。

表 2.3-6　换挡时间滞后故障原因及排除方法

故障原因	排除方法
缺油	补充
滤清器堵塞	更换
油泵磨损	解体变速器,更换油泵
节气门信号	调整解气门位置,若有必要,则更换
阀体故障	检修或更换
蓄压器故障	检修或更换

5．怠速时挂前进挡或倒挡发动机熄火

怠速时挂前进挡或倒挡发动机熄火故障原因及排除方法见表2.3-7所示。

表 2.3-7　怠速时挂前进挡或倒挡发动机熄火故障原因及排除方法

故障原因	排除方法
变矩器损坏	检修或更换
电控系统故障	检修线路，必要时更换电脑
TCC 电磁阀卡滞	清洗或更换

考核项目四

四轮定位检测

4

考场准备

主流车型整车一辆、数字万用表、常用拆装工具、四轮定位仪、手电筒、汽车维修手册、电路图等。

考核要求

1. 掌握车轮定位的相关知识;
2. 掌握车辆四轮定位仪的操作方法;
3. 掌握一般车辆定位参数的调整方法。

考点链接

当汽车行驶一定的里程后,各部位零件都有所磨损变形,特别是悬架机构,由于长时间受来自地面和零件之间的摩擦,并在各种不同的路况下行驶,甚至受来自外力的撞击,很容易对部件造成磨损变形,从而改变了原厂的设计角度,降低了汽车性能。为了将其恢复到标准角度,必须对其进行四轮定位。本项目以百斯巴特 E8 系列定位仪为例介绍四轮定位仪的操作方法及相应定位参数的调整方法。

一、 四轮定位的功能

四轮定位是通过专用四轮定位仪对车辆进行精确测量后,技术人员根据测量数据及综合原厂设计标准,对车辆的各种角度和零部件进行更换、修复、整形、调整,使车辆的技术指标达到原厂要求。

二、 四轮定位的一般情况

(1) 长期行驶后定位参数发生变化,超出正常值,出现以下故障现象时,需对车辆进行四轮定位检测:

① 直行时须紧握方向盘,否则出现行驶跑偏。

② 轮胎出现异常磨损,如轮胎单侧磨损或出现凹凸状、羽毛状磨损。

③ 转向时方向盘太重、太轻及快速行驶时方向盘发抖。

(2) 新车在驾驶 3 个月后做一次四轮定位,以后每行驶 10 000 km 做一次四轮定位。

(3) 更换轮胎或减震器及发生碰撞后应进行四轮定位检测和调整。

三、 车轮定位参数

汽车车轮定位主要是前轮定位,对于后轮采用独立悬架的,后轮也有定位,即四轮定位。前轮定位包括前轮外倾、前轮前束、主销后倾和主销内倾,是前轴技术状况的重要诊断参数。

后轮定位主要有后轮外倾、后轮前束等。同时四轮定位的各附加测量如轴距、轮距、转向角等也是重要诊断参数。

1. 主销后倾

主销安装在前轴上,其上端略向后倾斜,这种现象称为主销后倾。在纵向垂直平面内,主销轴线与汽车支承平面垂线之间的夹角 γ,称为主销后倾角,如图 2.4-1 所示。

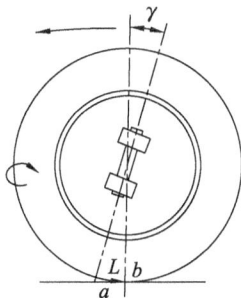

图 2.4-1　主销后倾示意

主销后倾的作用是保证汽车直线行驶的稳定性,形成回正力矩,使车轮转向后能自动回正。

主销后倾角愈大,车速愈高,回正力矩愈大,车轮偏转后自动回正的能力也愈强。但后倾角也不宜过大,一般 $\gamma < 3°$,否则在转向时为了克服此力矩,驾驶员需在转向盘上施加较大的力,使转向沉重。

2. 主销内倾

主销安装在前轴上,其上端略向内侧倾斜,这种现象称为主销内倾。在横向垂直平面内,主销轴线与汽车支承平面垂线之间的夹角 β 称为主销内倾角,如图 2.4-2 所示。

主销内倾的作用是使转向轮自动回正,转向轻便。一般主销内倾不大于 8°。

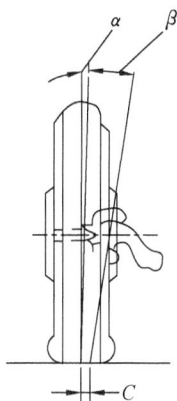

图 2.4-2　主销内倾示意

主销后倾和主销内倾都具有使车轮自动回正及保证汽车直线行驶稳定性的作用,但其区别在于:主销后倾角的回正作用随着车速的增大而增大,而主销内倾的回正作用几乎与车速无关。

3. 前轮外倾

前轮安装在车桥上后,其旋转平面上端向外倾斜,这种现象称为前轮外倾。车轮旋转平面与垂直于车辆支承面的纵向平面之间的夹角 α 称为前轮外倾角,如图 2.4-3 所示。

前轮外倾的作用是使转向轻便和提高前轮工作的安全性。一般前轮外倾角 α 为 1°左右。非独立悬架的前轮外倾和主销内倾角不能调整,但独立悬架的前轮外倾和主销内倾角有的可以调整。

4. 前轮前束

前轮安装后,两前轮的旋转平面不平行,前端略向内束,这种现象称为前束。两轮前端距离 B 小于后端距离 A,其差值 $(A - B)$ 即为前轮前束值,如图 2.4-4 所示。

前轮前束的作用是消除因车轮外倾所造成的不良后果,保证车轮不向外滚动,防止车轮侧滑和减轻轮胎的磨损。前轮前束可通过改变转向横拉杆长度来调整。

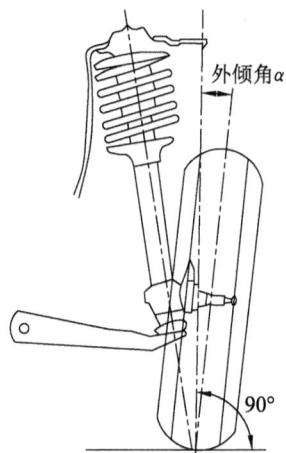

图 2.4-3　前轮外倾角

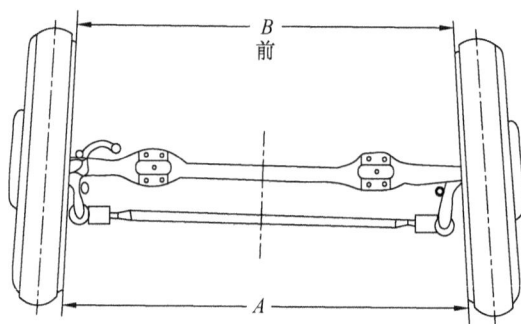

图 2.4-4　前轮前束

5. 后轮外倾角

像前轮外倾角一样,后轮外倾角也对轮胎磨损和操纵性有影响。理想状态是 4 个车轮的运动外倾角均为 0°,这样轮胎和路面接触良好,从而得到最佳的牵引性能和操纵性能。

6. 后轮前束

像前轮前束一样,后轮前束也是后轮定位的一个重要项目。如果前束不当,后轮轮胎会被擦伤,另外还会引起转向不稳定及降低制动效能。

四、四轮定位仪的基本组件

以百斯巴特 E8 系列定位仪为例,其基本组件有定位仪主机、刹车锁、方向盘锁、垫块、有线或无线传感器、快速卡具、机械转角盘、后滑板。

（1）定位仪主机（见图2.4-5）。

（2）刹车锁，固定刹车位置（见图2.4-6）。

图2.4-5　定位仪主机

图2.4-6　刹车锁

（3）方向盘锁：固定方向盘（见图2.4-7）。

（4）垫块：车辆二次举升时使用（见图2.4-8）。

图2.4-7　方向盘锁

图2.4-8　垫块

（5）有线或无线传感器：与主机通信，检测定位参数（见图2.4-9）。

（6）快速卡具：用来安装传感器（见图2.4-10）。

图2.4-9　传感器

图2.4-10　快速卡具

（7）机械转角盘：可自由转动的转角盘，能够消除车轮在转动时所产生的压力（见图 2.4-11）。

（8）长、短后滑板：在调整独立悬挂的后轮时，后轮可以自由转动（见图 2.4-12）。

图 2.4-11　机械转角盘

图 2.4-12　后滑块

操作步骤

四轮定位检测的操作步骤见表 2.4-1。

表 2.4-1　四轮定位检测步骤

一、四轮定位前的准备
1. 停放车辆
车辆驶上检测台时，应保证转角盘和后滑板的销子都销到位，当车辆在转角盘和后滑板上停好之后，才可移去销子。
2. 车辆检查
（1）检查所有车轮和轮胎，查看尺寸是否相同，胎压、胎纹有无异常。

（2）晃动车辆,观察悬挂系统检查是否正确回位,悬挂高度是否在规定值内。

3. 顶起车辆,检查底盘

（1）安装车内内饰三件套,将车辆后轮用车轮挡块垫好后将车辆顶起。

注意事项:
　　此时不需要进行二次举升,故不用安装垫块。

（2）顶起车辆后,检查车辆前后桥、悬架、横拉杆等有无裂纹、变形、过量磨损等异常损坏情况。

4. 安装快速卡具

将车轮装饰盖卸下,清洁轮胎,卡紧衬套。调节两个较低位置的卡爪,将其卡在轮圈边缘,移动顶部的卡爪到轮圈边缘并用星形手柄锁紧,将可调整的夹紧臂放在轮胎上,用力向车轮方向压下两侧夹紧用的杠杆,把夹紧臂移到胎纹中,在松开夹紧臂之前确认两端都已调好。

5. 安装传感器

把4个传感器安装到卡具上。前轴车轮上的传感器小端指向车头前进方向,后轴车轮上的传感器小端指向车尾前进的反方向。

6. 调整传感器

依照水平气泡指示调整传感器水平,并拧紧卡具上的固定螺钉,按下传感器上的"OK"键,依次调整其余传感器水平。

二、电脑检测

1. 系统登录

(1) 连接220 V电源,打开开关,系统自动启动。用鼠标点击"Beissbarth"图标,如果有密码,在密码输入框中输入密码。缺省设置是没有密码的。

(2) Windows启动之后,系统自动引导进入定位程序初始状态。

2. 检测流程

（1）输入用户信息，选择车型数据，填写车辆检查记录、定位准备说明等。

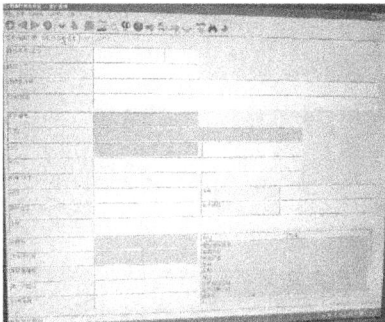

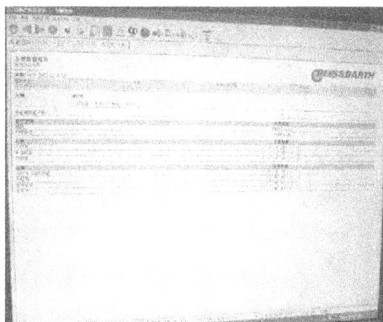

（2）按照提示，依次完成以下操作：

① 偏位补偿。

a. 完成车辆信息录入后，按"下一步"按钮，进入偏量补偿界面。

b. 按下偏量补偿按钮，松开传感器紧固螺栓。

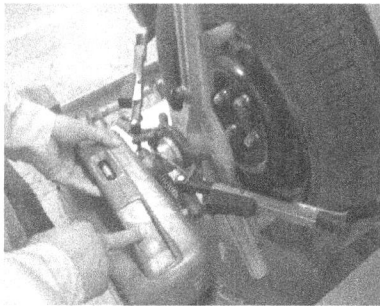

c. 转动车轮，直至电脑上车轮从红色变白即可，此时锁紧传感器定螺母。

注意事项：
操作过程中保持传感器水平。

② 拔下插销。

完成偏位补偿后,拔下机械转角盘和后轮长短滑板的插销。这样在方向盘转向操作时,车轮才能自由移动。

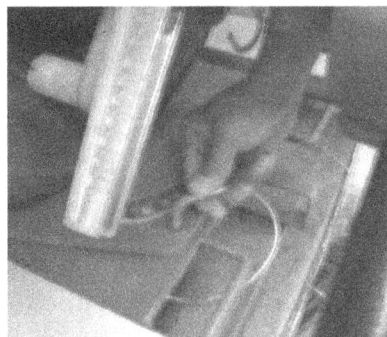

③ 正前打直。

转动方向盘,使白色箭头对准黄区中央绿色扇形处。当白色箭头移动到绿色扇形区域时,保持方向盘不动,直到出现提示下一步操作。

④ 安装制动器锁。

安装制动器锁时,按下弯角顶片上的按钮,将制动器锁的顶部顶在刹车踏板上,并将弯角顶片用力顶在座椅上,然后松开按钮,依靠座椅的弹力就可顶住刹车踏板,然后依次调整各轮胎传感器水平。

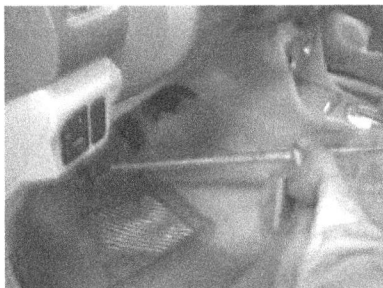

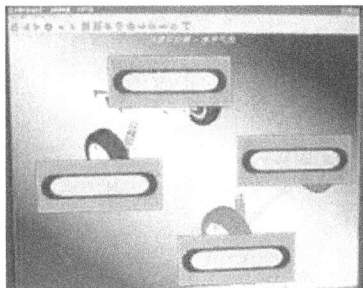

⑤ 20°转向操作。

a. 依照屏幕图标提示,向左侧转动方向盘,直到方向对准中央绿色扇形位置。

b. 依照屏幕白色箭头所示,向右侧转动方向盘,直到方向对准中央绿色扇形位置。

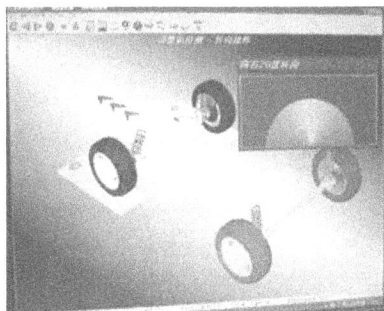

c. 由程序引导进入正前打直操作,方向对准之后,屏幕上就会显示出调整前检测所测量出的前轮前束值。

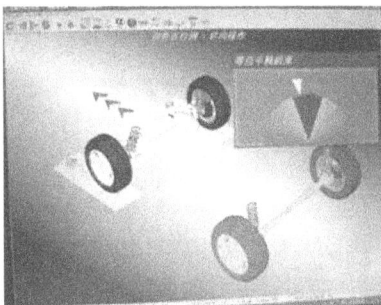

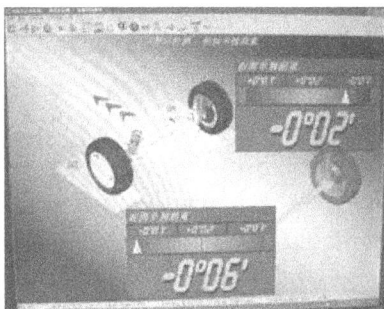

⑥ 调出前轮前束数据。

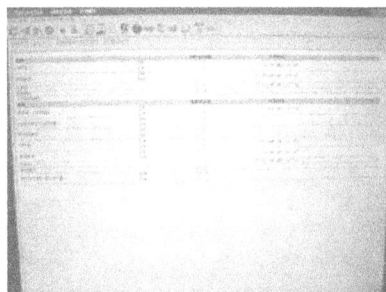

⑦ 调整前后轴数据。

依照白色箭头提示,转动方向盘使车轮处于正前打直位置,按照显示屏提示,调整各传感器水平,依次调出后轴和前轴数据。若车轮定位数据不合格,则需要调整车轮的外倾角和前束。

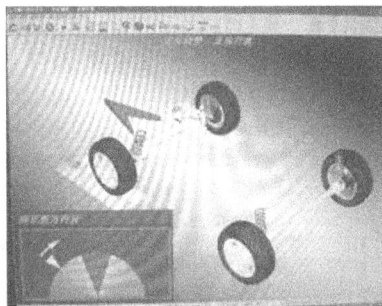

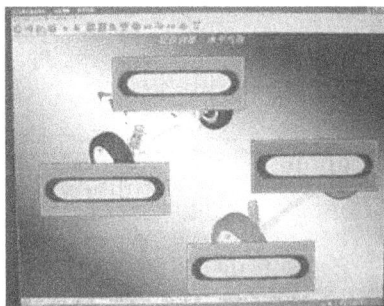

三、车轮调整

调整原则：根据检测结果和分析数据，做出准确的调整方案。具体的调整原则如下：

① 先后轮再前轮；

② 先外倾再前束；

③ 最后调整主销后倾和内倾。

---

1. 前轮前束调整

（1）前束调整。

通过前期的检查结果发现，如果前轮前束值不符合要求，就需要进行调整。前轮前束的调整常通过调整转向横拉杆的长度来改变前束值。如图所示，松开横拉杆锁紧螺母，转动横拉杆调整螺母，直到左右两侧前束达到图示标准值为止。

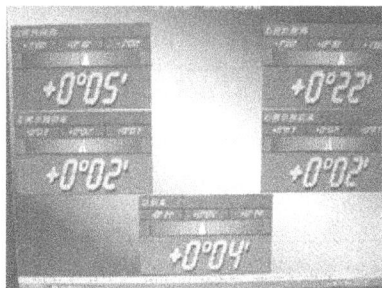

（2）复检。

调整前束到标准值后，根据提示进行调整后的复检。复检方法和调整前的前束检测方法一致，复检合格后，将结果保存并打印提交客户。

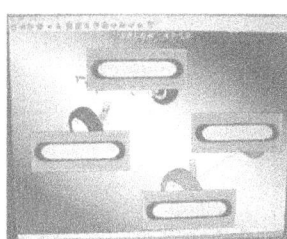

2. 其他调整

　　定位参数的调整方法种类繁多，因车型而异。现列举几种简单的调整方法供参考。

　　（1）后轮前束的调整分两种：一种是通过调节偏心螺栓来改变前束值；另一种是通过改变下摆臂的长度来改变前束值。图示为调整偏心螺栓改变后轮前束。

　　（2）外倾调整。

　　可通过改变下摆臂球头的位置来调整。

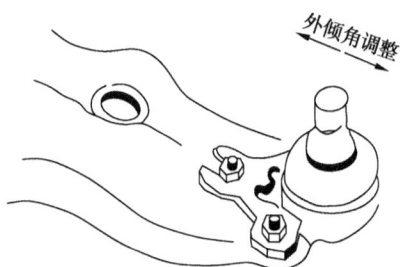

外倾角调整

　　（3）主销内倾角的调整。

　　可通过调整减震支柱顶端的定位销螺栓的位置调整主销内倾角，但不是所有车型都好调整。

　　（4）主销后倾角的调整。

　　可通过调整下肢臂上的调节螺母或加减垫片来改变主销后倾角。

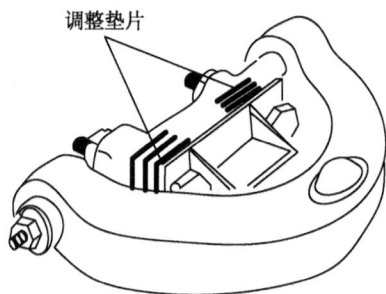

调整垫片

四、整理工位及工具,进行 5S 工作

　　整理工位,收拾好工具和四轮定位机,最后进行 5S 工作。

5

考核项目五
车轮平衡度检测

考场准备

主流车型整车一辆、数字万用表、常用拆装工具、轮胎动平衡机、手电筒、汽车维修手册、电路图等。

考核要求

1. 掌握车轮动平衡的相关知识;
2. 熟练掌握车轮动平衡机的操作方法;
3. 能正确规范地进行车轮动平衡检测。

考点链接

随着道路质量的提高和高等级公路及高速公路的出现,汽车的行驶速度愈来愈快。因此对车轮平衡度的要求也越来越严格。如果车轮不平衡,不仅使车轮跳动、摆振,影响行驶的平顺性和乘坐舒适性,而且车辆难以控制,影响行驶的安全性。除此之外,还因加剧了轮胎及有关机件的磨损和冲击,缩短汽车的使用寿命,增加运输成本。因此,车轮平衡已成为汽车检测项目之一。

一、 车轮的动不平衡

汽车车轮是高速旋转元件,如果质心与旋转中心不重合,则会产生静不平衡。静不平衡时,不平衡质量会在车轮旋转时产生离心力。离心力的大小与不平衡质量、不平衡点与车轮旋转中心之间的距离及车轮转速有关。

由于车轮具有一定的宽度,因此当车轮质量分布相对于车轮纵向中心面不对称时,会造成车轮的动不平衡。车轮动不平衡时,虽然不平衡质量产生的离心力可以互相抵消,但力矩却不为0。

二、 车轮动不平衡的原因

(1) 质量分布不均匀,轮胎产品质量欠佳,如翻新胎、补胎、胎面磨损不匀及在外胎与内胎之间垫带等。

（2）轮辋、制动鼓变形。

（3）轮毂和轮辋加工质量不佳,如中心不准、轮胎螺栓孔分布不均、螺性质量不佳等。

（4）安装位置不正确,如内胎充气嘴位置不符合安装要求。

三、 车轮动平衡机的功能

车轮动平衡机可对车轮进行精确的动平衡测量,技术人员根据测量数据和原厂设计标准,对车轮进行重新平衡,使车轮的技术指标达到原厂要求。

以百斯巴特 E8 系列定位仪为例,车轮动平衡机的基本组件有轮胎动平衡主机、标准卡具、电子尺、钢圈宽度测量尺、车轮护罩。

（1）轮胎动平衡机主机（见图 2.5-1）。

图 2.5-1 轮胎动平衡机主机

（2）标准卡具:用于装夹车轮（见图 2.5-2）。

图 2.5-2 标准卡具

（3）电子尺:自动测量钢圈到动平衡机的距离,安装贴片式的动平衡块(见图2.5-3)。

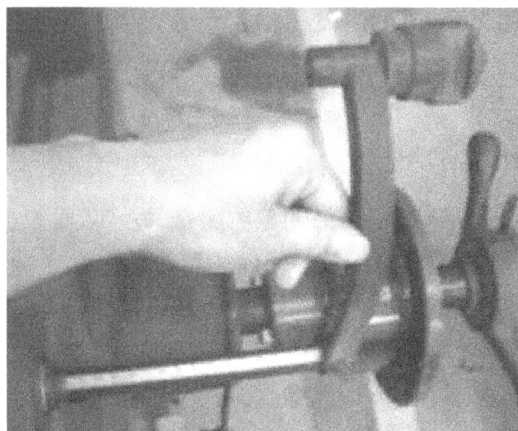

图2.5-3　电子尺

（4）钢圈宽度测量尺:测量钢圈宽度(见图2.5-4)。

（5）车轮护罩:防止车轮转动时发生意外(见图2.5-5)。

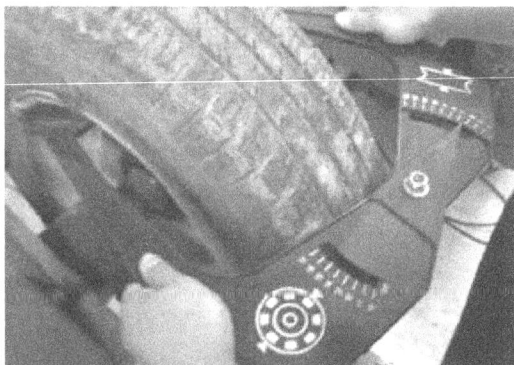

图2.5-4　钢圈宽度测量尺

图2.5-5　车轮护罩

四、车轮动平衡的检测

车轮动不平衡对车辆行驶的危害很大,必须对车轮的动不平衡进行检测,并进行调平衡工作。由于动平衡的车轮一定处于静平衡状态,因此,只要检测了动平衡,就没有必要检测静平衡。

操作步骤

车轮平衡检测的步骤见表2.5-1。

表 2.5-1　车轮平衡检测步骤

1. 前期准备
（1）拆卸车轮上原有的动平衡块。
（2）装夹轮胎。 　　捏住标准夹具上的锁紧螺母手柄,将其取下。将车轮装到转轴上后用选取合适的轮毂垫块卡好,最后旋紧、锁紧螺母并检查车轮是否装夹牢固。
（3）检查轮胎。 　　用胎压表检测轮胎气压,通常该气压的下标准值为 $2.4 \times 10^5\,\mathrm{Pa}$,不符合要求时用胎压表充气到规定值;检查轮胎是否有严重裂纹、胎面是否有异常磨损、轮胎花纹深度是否符合使用要求等,将轮胎花纹中的石子等异物用起子撬出。

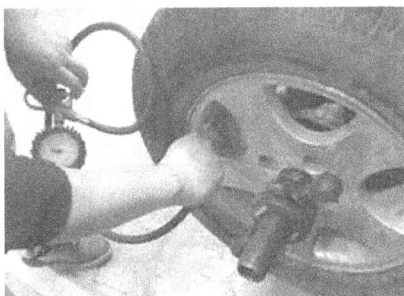

2. 动平衡的检验与调整

（1）打开主电源开关，屏幕上显示初始画面，按下动平衡机到钢圈距离功能键显示出工作画面，拉出电子尺到钢圈内圈位置，测量动平衡机到钢圈距离。

（2）用钢圈宽度测量尺测量钢圈宽度，按下"轮毂宽度"按钮，当默认数值和实测数值不同时，按下方的"加/减"键调整即可。

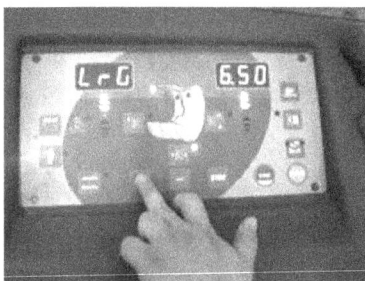

（3）从胎侧读取钢圈直径信息，在主机上按下"钢圈直径"键，当默认数值和实测数值不同时，按下方的"加/减"键调整即可。

（4）盖好车轮护罩，动平衡机自动启动，开始旋转。旋转过程中对车轮动不平衡量进行测量，当动平衡机停止转动时，动不平衡量将在主机上显示出来。

（5）打开车轮护罩,转动车轮,直到动平衡机上的指示灯变成绿色,此时转轴12点钟方向为动不平衡量所在位置。

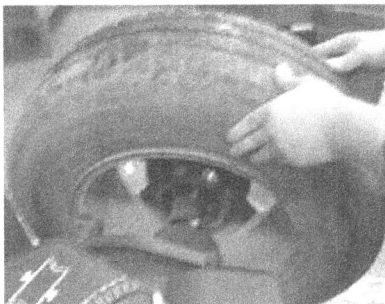

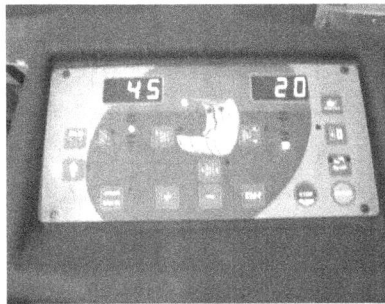

（6）选择合适的平衡块,缓慢地将其敲到钢圈上,内边粘贴合适的平衡块。

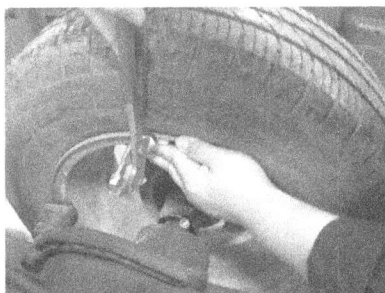

（7）盖好车轮护罩,重新启动动平衡机,进行动平衡复检,直至动不平衡量<5 g,机器显示合格为止。

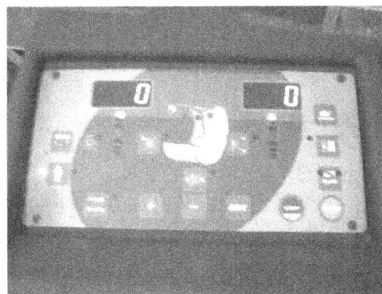

（8）取下车轮,关闭电源,测试结束。

3. 整理工具,5S 工作

考核项目六

电动助力转向系统的检测与维修

6

考场准备

主流车型整车一辆、数字万用表、常用拆装工具、故障诊断仪、解码仪、手电筒、汽车维修手册、电路图等。

考核要求

1. 正确使用解码仪,读取电动助力转向系的故障码和数据流;
2. 根据故障码和数据流正确判断出现故障的可能部位;
3. 正确检测可能存在故障的元器件;
4. 用恰当的方法检测故障线路并修复。

考点链接

为了操纵轻便、转向灵敏和提高行车安全,目前乘用车、豪华客车和重型货车广泛采用了动力转向系。动力转向系一般是在机械转向系的基础上加装转向助力装置;常用的助力装置是液压式和电动助力式。本项目以丰田卡罗拉电动助力转向系统(EPS)为例,介绍电动助力转向系统的检测和维修方法。

一、 概述

电动助力转向(Electric Power Steering,EPS)系统是一种直接依靠电机提供辅助扭矩的动力转向系统,与传统的液压助力转向(Hydraulic Power Steering,HPS)系统相比,EPS系统具有很多优点。EPS系统主要由扭矩传感器、车速传感器、电动机、减速机构和电子控制单元(ECU)等组成,如图2.6-1所示。

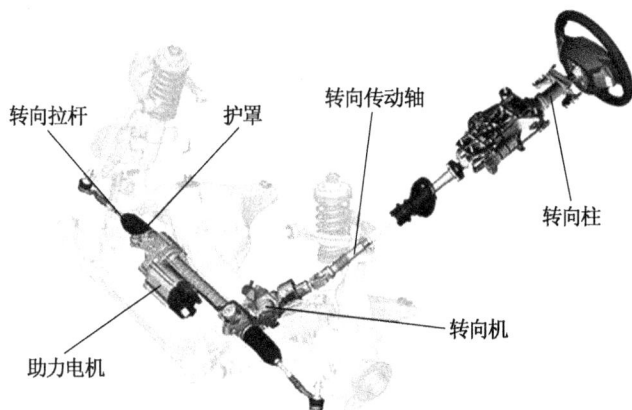

图 2.6-1　电动助力转向系统的结构

　　驾驶员在操纵方向盘进行转向时,转矩传感器检测到转向盘的转向及转矩的大小,将电压信号输送到电子控制单元,电子控制单元根据转矩传感器检测到的转矩电压信号、转动方向和车速信号等,向电机控制器发出指令,使电机输出相应大小和方向的转向助力转矩,从而产生辅助动力。汽车不转向时,电子控制单元不向电机控制器发出指令,电机不工作。

二、　电动式 EPS 的主要元件布置与作用

（1）转向柱

在转向柱上装有 1 个直流电机和转矩传感器,如图 2.6-2 所示。

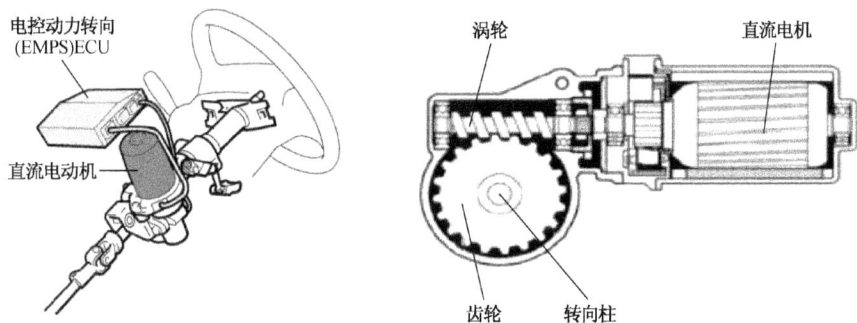

图 2.6-2　直流电机和转矩传感器

　　转矩传感器用于检测扭力杆的扭转,计算出施加于扭力杆上的转矩并将其转化成电信号,输出到 EPS ECU,结构如图 2.6-3 所示。转矩传感器由 3 个检测环、一个扭力杆和检测线圈、修正线圈组成。检测线圈和修正线圈与检测环不接触。

　　当驾驶员向右或向左打方向盘时,转向柱扭力杆上的转矩使检测环 2 和检测环 3 之间产生相对位移,把转向的信号送给 ECU。

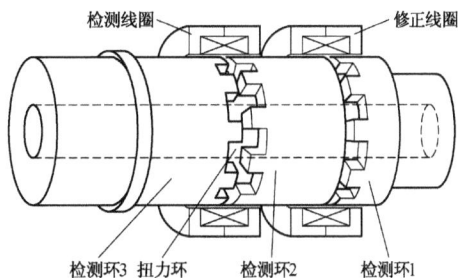

图 2.6-3　转矩传感器的结构

（2）电机

其作用是根据 EPS ECU 信号产生转向助力。其工作控制电路如图 2.6-4 所示。EPS ECU 根据车速信号、发动机转速信号、方向盘扭转信号、温度信号分析判断后，通过控制电路控制电机来实现转向助力。

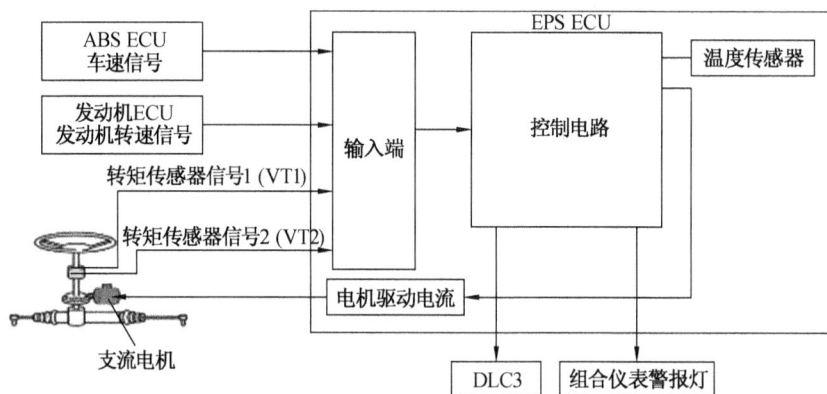

图 2.6-4　电动机控制电路

（3）电磁离合器

电动 EPS 多采用单片干式电磁离合器，其结构和工作原理与空调电磁离合器相似，如图 2.6-5 所示。当电流经滑环至主动轮电磁线圈时，产生电磁力吸动从动轴上的压板压紧在主动轮上，靠摩擦力传递扭矩。

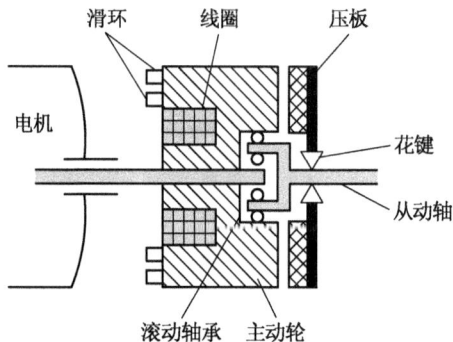

图 2.6-5　电磁离合器的结构

电动式 EPS 电磁离合器线圈的电流和电机电流同时受电脑控制，当车速达到 45 km/h 左右时即不需要转向助力。这时，电脑就停止电动机工作，并断开电磁离合器线圈电流，使离合器处于分离状态，以免电机产生较大的转动惯性影响系统工作。

另外，当系统发生故障致使电机不能工作时，离合器将自动分离，以利于进行人力转向。

（4）电子控制单元及其功能

根据车速信号和发动机转速信号等不同传感器信号，驱动转向柱上的直流电机，提供转向助力。

![books icon] **操作步骤**

通常,当点火开关置于"ON(Ⅱ)"位置时,EPS指示灯会点亮,发动机启动后熄灭,说明EPS指示灯及其电路运行正常。

发动机启动后,如果系统有任何问题,则EPS指示灯会常亮,且动力转向关闭,此时控制装置会记忆故障代码(DTC)。在这种情况下,如果发动机再次启动,控制装置将不会激活EPS系统,但系统会让EPS指示灯常亮,直到点火开关置于"OFF"位置时,系统恢复正常后,指示灯自动熄灭。

EPS系统检修步骤见表2.6-1。

表 2.6-1　EPS系统检修步骤

---

1. 系统自诊断

　　EPS系统具有自诊断功能,当点火开关接通,系统即开始进入初始诊断,直至EPS指示灯熄灭。初始诊断结束后,即开始执行常规诊断,直到点火开关转至"OFF"位置。

　　系统自诊断检测到故障时,EPS控制装置会将EPS指示灯点亮,同时存储DTC,并停止动力助力,开始手动转向操作。

　　诊断代码需要用专门的检测仪进行调取。

---

　　(1)前期准备:安装车轮挡块;安装内饰三件套;打开引擎盖后安装翼子板布和进气栅格布,检查冷却液、制动液和机油液位是否正常。

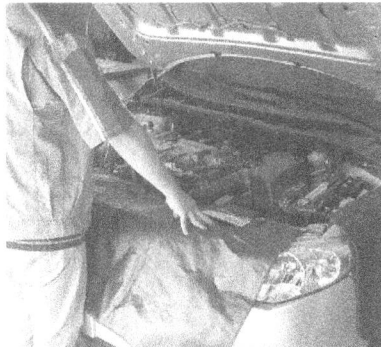

（2）检查蓄电池电压是否为 12 V。

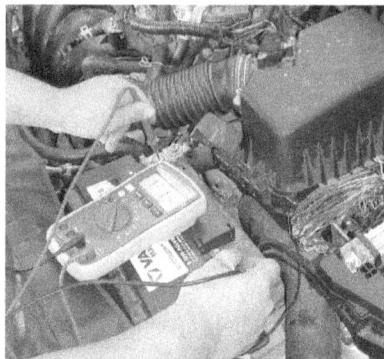

（3）插上解码仪插接器，接通发动机点火开关，根据提示，选择车型等信息后进入 EPS 系统。

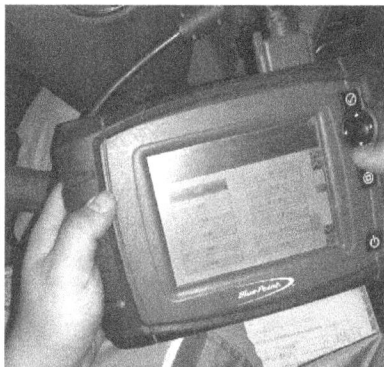

（4）读取故障代码并记录后将故障码清除，启动发动机后重新读取故障代码并记录。此时读取的故障代码为真实存在的故障码。

（5）记录完故障码后，进入数据流测试功能读取 EPS 系统数据流。

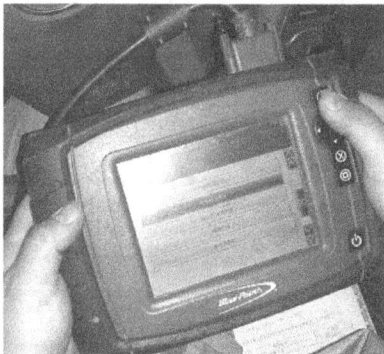

2. EPS 系统的检修

（1）检查动力转向 ECU 供电线路保险丝。

打开点火开关,测量 EPS 和 ECU - IG No.1 保险丝上的电压(均应为 12 V)和保险丝电阻(应小于 1 Ω)。

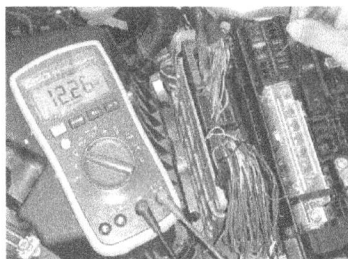

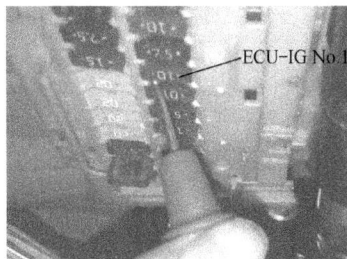

ECU-IG No.1

（2）检查动力转向 ECU。

打开点火开关后,测量 TRQV(+)端子的对地电压,其值应为 7.5 ~ 8.5 V,否则 ECU 故障。

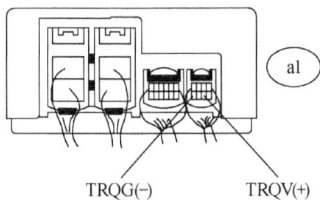

a1

TRQG(-)　　TRQV(+)

（3）检查扭矩传感器。

测量 TRQ1(+)端子的对地电压,其标准值:转向盘在中间位置时,2.3 ~ 2.7 V;向右转向时,2.5 ~ 4.7 V;向左转向时,0.3 ~ 2.5 V。否则,扭矩传感器故障。

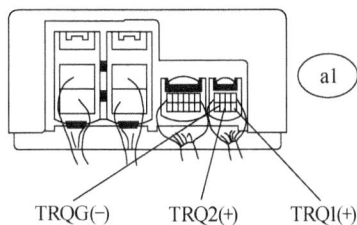

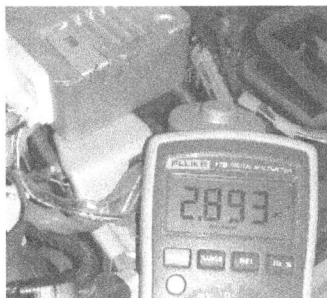

a1

TRQG(-)　　TRQ2(+)　　TRQ1(+)

（4）检查扭矩传感器。

测量 TRQ2（＋）端子的对地电压，其标准值：转向盘在中间位置时，2.3～2.7 V；向右转向时，2.5～4.7 V；向左转向时，0.3～2.5 V。否则，扭矩传感器故障。

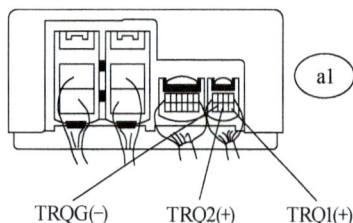

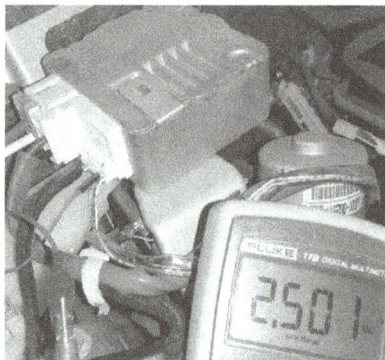

TRQG(-)　　TRQ2(+)　　TRQ1(+)

（5）检查动力转向电动机。

测量 M1 的对地电压，标准值：转向盘向右转向时，小于 1 V；向左转向时，电压为 11～14 V。测量 M2 的对地电压，标准值：转向盘向左转向时小于 1 V；向右转向时为 11～14 V。测量 M1 与 M2 之间的电阻，标准值始终为 0.08～0.15 Ω，M1，M2 对地电阻应大于 1 MΩ，否则转向电动机故障。图示 M1 对地电阻为无穷大，电动机正常。

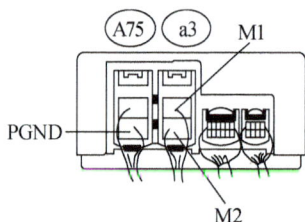

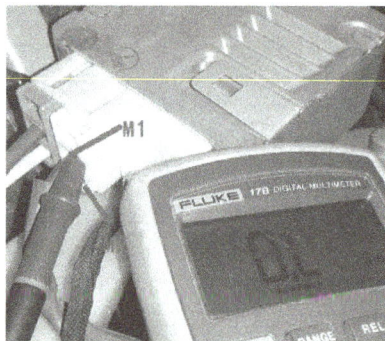

A75　a3　M1

PGND

M2

3. 整理工具、5S 工作

⭐ 结果分析

以丰田卡罗拉 EPS 系统为例，分析 EPS 系统故障原因。丰田卡罗拉 EPS 电路如图 2.6-6所示。

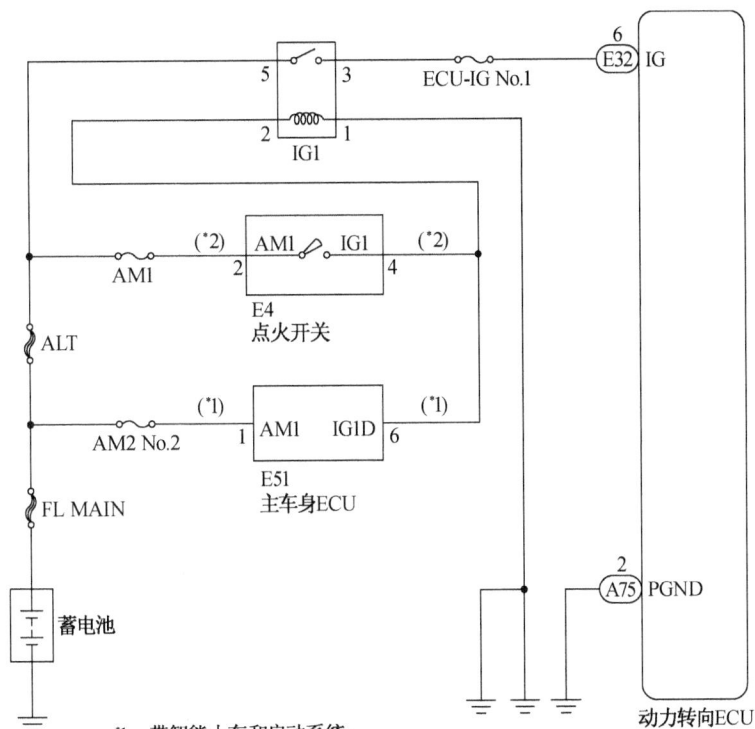

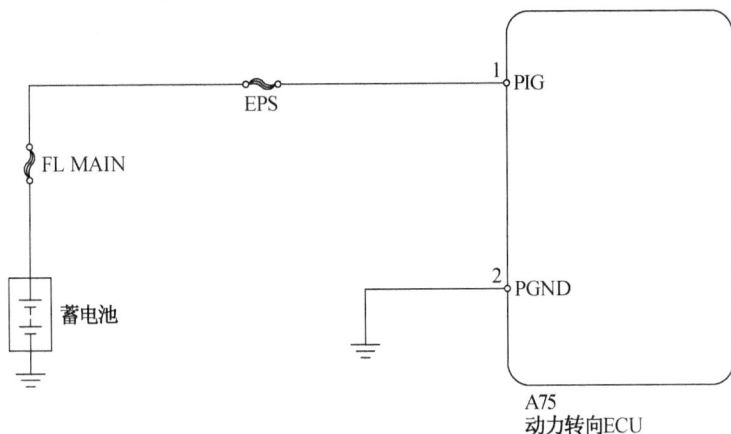

图 2.6-6 丰田卡罗拉电子助力转向系统电路

（1）EPS 系统故障现象和故障可能原因见表 2.6-2。

表 2.6-2 EPS 系统故障现象和故障原因

现象	故障原因
EPS 不工作	（1）ECU－IG No.1 保险丝、EPS 保险丝 （2）动力转向电动机 （3）扭矩传感器 （4）动力转向 ECU （5）电路故障 （6）CAN 系统故障

163

续表

现象	故障原因
EPS 间歇不工作	(1) 动力转向电动机 (2) 扭矩传感器 (3) 动力转向 ECU (4) 电路故障
不能与诊断仪通信	(1) CAN 系统故障 (2) 诊断线束
仅 EPS 系统与诊断仪不能通信	(1) CAN 系统故障 (2) 诊断线束 (3) EPS 系统 ECU
点火开关转至"ON"（发动机"OFF"）时 EPS 警告灯不亮	(1) EPS 警告灯电路 (2) EPS 系统 ECU

（2）EPS 系统故障诊断流程参考"电子控制防抱死制动系统(ABS)结构与检修"中故障诊断流程进行。

考核项目七

转向力和转向盘自由转动量的检测

考场准备

主流车型整车一辆、数字万用表、常用拆装工具、转向参数测试仪、胎压表、手电筒、汽车维修手册、电路图等。

考核要求

1. 正确使用转向参数测试仪测量转向力和转向盘自由转动惯量；
2. 根据转向参数测试仪测得的转向盘自由行程和转向力正确判断系统是否正常；
3. 能识别转向系统存在故障的部位并排除故障。

考点链接

方向盘的自由行程对缓和路面冲击及避免驾驶员过度紧张是有利的,但不宜过大,过大则影响转向灵敏性。所以 GB 7258—87 对方向盘的最大自由转动惯量做了规定,即从中间位置向左右的自由转动惯量不得超过 15°。汽车转向时需要转向力,但是转向力不宜过大,如果转向力过大会影响汽车行驶的安全,增加驾驶员的劳动强度,加快轮胎和机件的不正常磨损,减小汽车的平均速度。因此 GB 7258—87 对方向盘的转向力做了规定:机动车在硬实、干燥、平坦和清洁的水泥或沥青路面上,以 10 km/h 的速度从直线行驶过渡到直径为 24 m 的圆周行驶,其施加在方向盘外缘的转向力不得大于 245 N。

1. 转向盘自由转动量

转向盘自由转动量又可称为转向盘自由行程,是指汽车保持直线行驶位置不动时,左右晃动转向盘时的自由转动量(游动角度)。转向盘自由转动量是一个综合诊断参数,当其超过规定的值时,说明从转向盘至转向轮的传动链中有一处或几处的配合出现松旷。转向盘自由转动量过大时,将造成驾驶员工作紧张,并影响行车安全。转向盘自由转动量可采用转向参数测量仪检测。

2．转向盘转向力

稳定性良好的汽车，必须有适度的转向轻便性。如果转向沉重，不仅增加驾驶员的劳动强度，而且可能会因不能及时正确转向而影响行车安全。如果转向太轻，又可能导致驾驶员路感太弱或汽车"发飘"，同样不利于行车安全。

转向轻便性可用在一定行驶条件下作用在转向盘上的转向力（即作用在转向盘外缘的最大切向力）来表示，采用转向参数测量仪可以测得转向盘转向力。

操作步骤

转向力和转向盘自由转动量的检测步骤见表 1.7-1。

表 1.7-1　转向力和转向盘自由转动量的检测步骤

1. 转向盘自由转动量检测
（1）前期准备。 ① 安装车轮挡块。 ② 安装内饰三件套。 ③ 打开引擎盖后安装翼子板布和进气栅格布，检查冷却液、制动液和机油液位是否正常。
（2）组合安装转向参数测试仪，安装好后打开转向参数测试仪的电源开关。
（3）转向参数测试仪转矩调零。

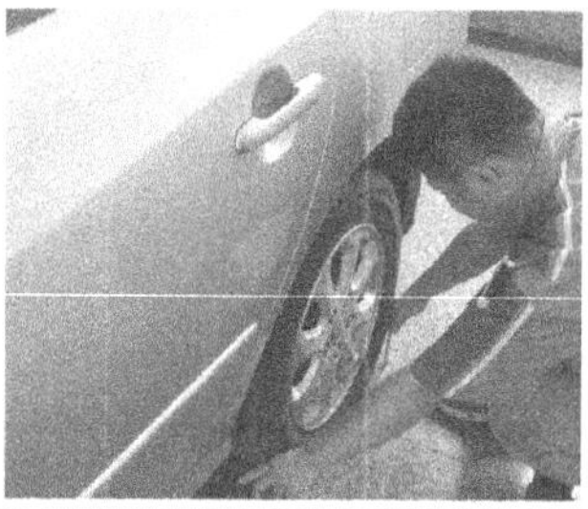

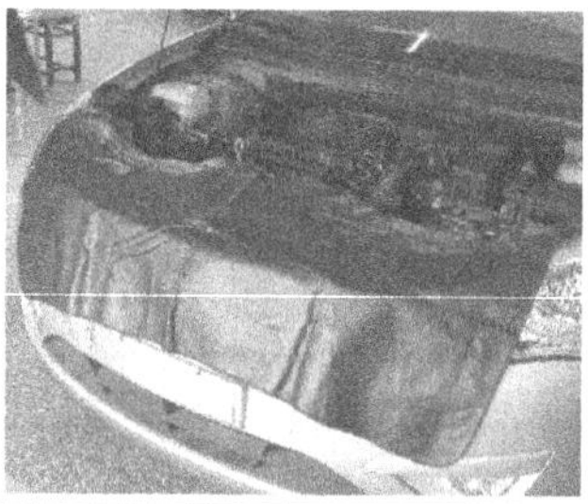

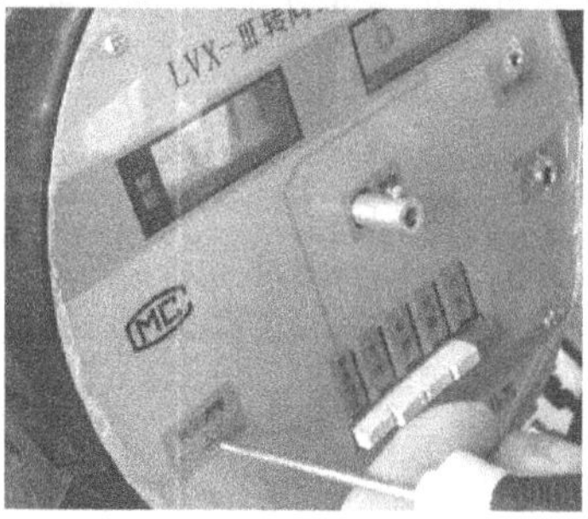

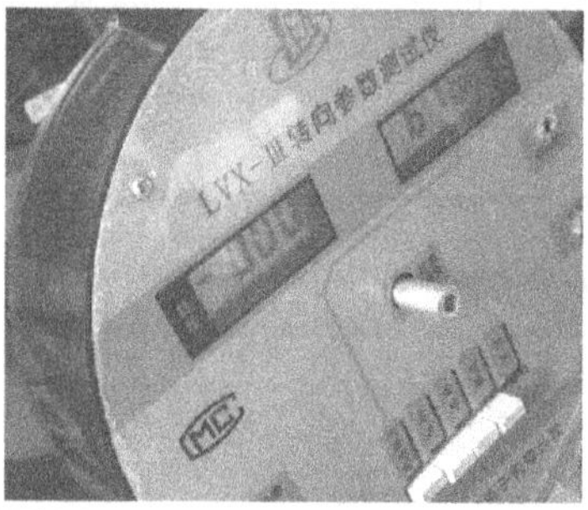

（4）转向参数测试仪转向角度校零。先将吸盘装好，向左转动转向参数测试仪，到转向力刚好开始要变化为止，将转向参数测试仪转向角数值调到 0。

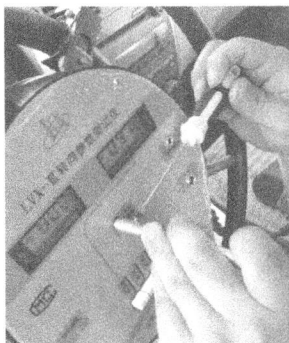

（5）向右转动转向参数测试仪，测量方向盘自由转动量。转动时，在转向测试仪上的转向力将要发生变化时停止转动，此时的转角数值即为转向盘自由转动量。

（6）测量转向盘向左、右的最大转向角。

注意事项：
先将转向盘回到中间位置并校零后，分别向左、右转向直到转不动为止，测量出向左、右最大转向角度。

（7）分别向左右转过一定的角度时,测量转向力矩。

（8）断开转向参数测试仪电源,将其收好后进行5S工作。

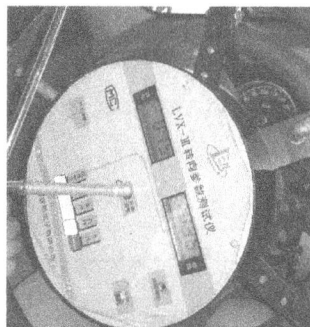

2. 转向沉重故障的检测

（1）左右车轮检查:检查左右两转向车轮的气压是否一致,且达到规定气压;检查左右两车轮的花纹及磨损情况是否一致。

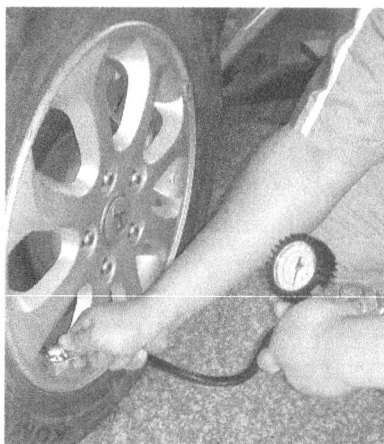

（2）助力转向液检查:检查助力转向液的液位是否正常,助力转向液是否变质,助力转向管道是否有泄漏。

（3）转向助力皮带检查:用手按压助力转向泵皮带,查看是否能下压超过15 mm,超过此值,助力转向皮带过松;用手翻转皮带,查看是否能翻转90°,若能翻过90°,则皮带过松。

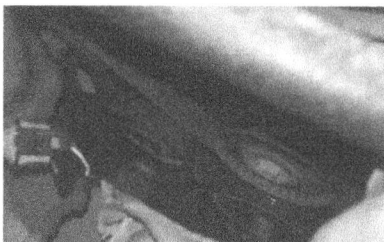

（4）检查助力转向系统传动机构和操纵机构是否有变形和异常磨损等故障；检查方向助力泵和转向控制阀是否损坏。

3. 整理工具,5S 工作

故障诊断流程

转向沉重故障的诊断流程如图 1.7-1 所示。

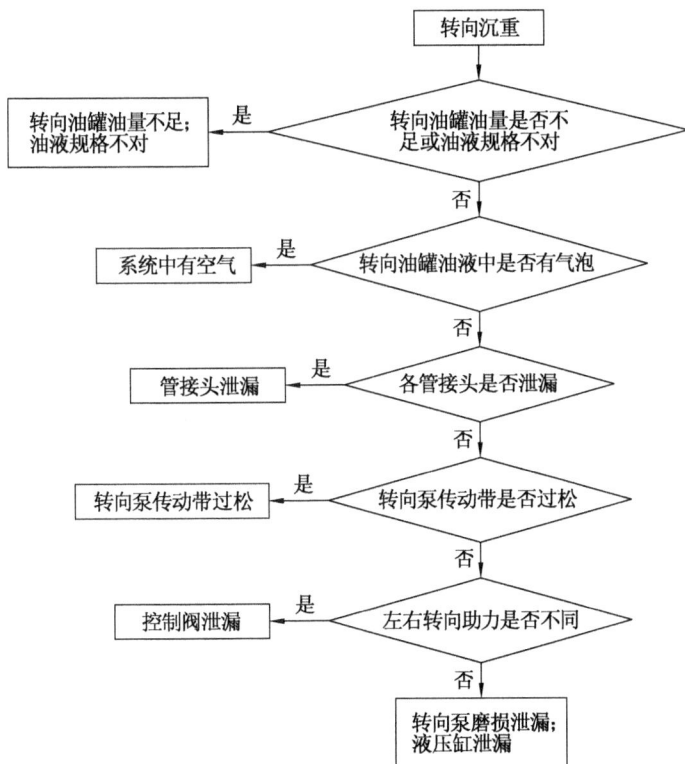

图 1.7-1　转向沉重故障的诊断流程

模块三

车身电器系统性能检测及故障诊断

知识要点

　　本模块主要分为七个考核项目,分别为汽车电路图的分析、汽车空调供暖系统故障排除、汽车空调制冷系统故障排除、汽车空调系统制冷剂的加注与回收、灯光性能检测、喇叭声级检测、驱动 CAN 系统故障排除。

考核项目一

汽车电路的分析

考场准备

主流车型维修手册、铅笔、直尺、电路图等。

考核要求

1. 能够根据总电路图画出系统电路图；
2. 掌握电路系统的工作原理；
3. 根据电路图对汽车进行初步故障诊断。

考点链接

一、汽车电路图简介

汽车电路图是用国家标准规定的线路符号,对汽车电器的组成、工作原理、工作过程及安装要求所作的图解说明,包括图例。电路图表示的是不同电路相互之间的关系及彼此之间的连接,通过对电路图的识读,可以认识并确定电路图上所画电器元件的名称、型号和规格,清楚地掌握汽车电路,便于进行维修、检查、安装、配线等工作。

二、汽车电路的分析

本项目以东风 EQ1090 汽车电路为例说明汽车电路的分析。东风 EQ1090 汽车电路如图 3.1-1 所示。

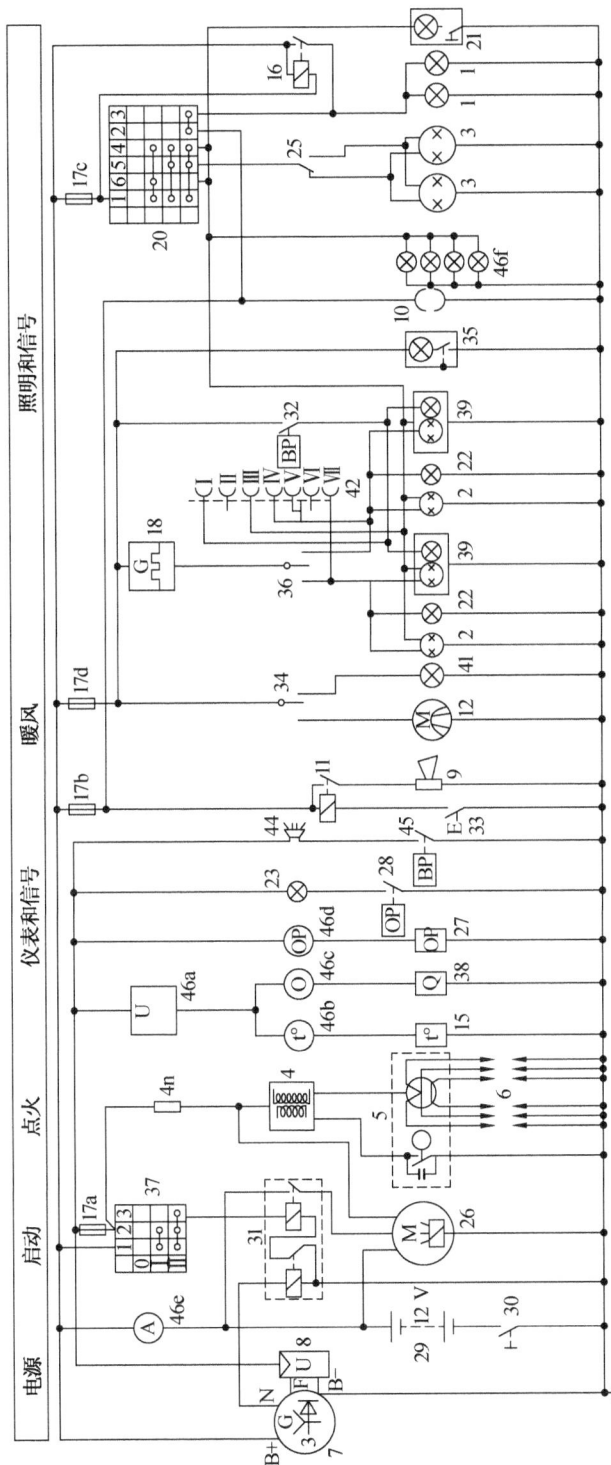

图 3.1-1 东风 EQ1090 汽车电路

1—前照灯；2—组合灯；3—前照灯；4—点火线圈；4n—附加电阻线；5—分电器；6—火花塞；7—交流发电机；8—交流发电机调节器；9—喇叭；10—工作灯；
插座；11—喇叭继电器；12—热风电动机；15—水温传感器；16—灯光继电器；17a～d—熔断丝；18—闪光器；20—车灯开关；21—照明指示灯；22—左右转向
指示灯；23—低油压警告灯；25—变光开关；26—起动机；27—油压表传感器；28—低油压报警开关；29—蓄电池；30—电源总开关；31—启动复合继电器；
32—低油压开关；33—喇叭按钮；34—后照灯和热风电动机开关；35—驾驶室顶灯；36—转向灯；37—点火开关；38—燃油表传感器；39—组合尾灯；
41—后照灯；42—挂车插座；44—低压气报警蜂鸣器；45—低压气报警开关；46a—稳压器；46b—水温表；46c—燃油表；46d—油压表；46e—电流表；46f—仪表灯

1. 东风 EQ1090 传统点火系统电路分析

图 3.1-2 所示为东风 EQ1090 传统点火系统电路。

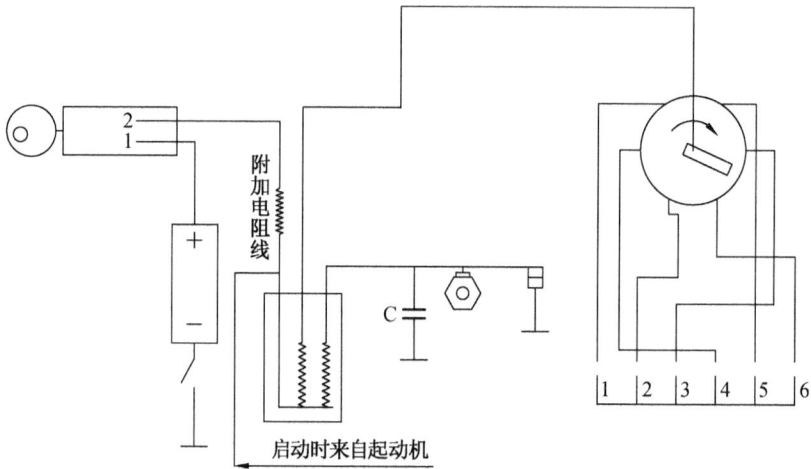

图 3.1-2　EQ1090 传统点火系统电路

传统点火系统的工作原理：

低压电流：蓄电池"＋"极→ 点火开关→附加电阻→初级线圈→分电器触点→搭铁→蓄电池"－"极。

高压电流：次级线圈→附加电阻→点火开关→蓄电池"＋"极→ 蓄电池"－"极→搭铁→火花塞侧电极→火花塞中心电极→分火头→中心碳柱→中央高压线→次级线圈。

2. 东风 EQ1090 电源电路分析

（1）电磁振动式调节器

图 3.1-3 所示为电磁振动式调节器 EQ1090 电源电路。

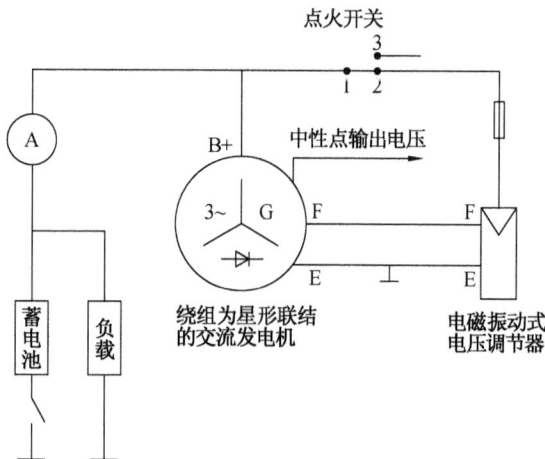

图 3.1-3　EQ1090 电源电路（电磁振动式电压调节器）

EQ1090 电源电路的工作原理（电磁振动式调节器）：

励磁电流：蓄电池"＋"极→电流表→点火开关→熔断丝→调节器→励磁绕组→搭铁。

发电机发出的电流:B + → 电流表→用电设备或蓄电池。

当发电机输出的电压过高时调节器调节励磁电流使输出电压保持在 13.8 ~ 14.8 V。

（2）内搭铁式电子调节器

图 3.1-4 所示为内搭铁式电子调节器 EQ1090 电源电路。

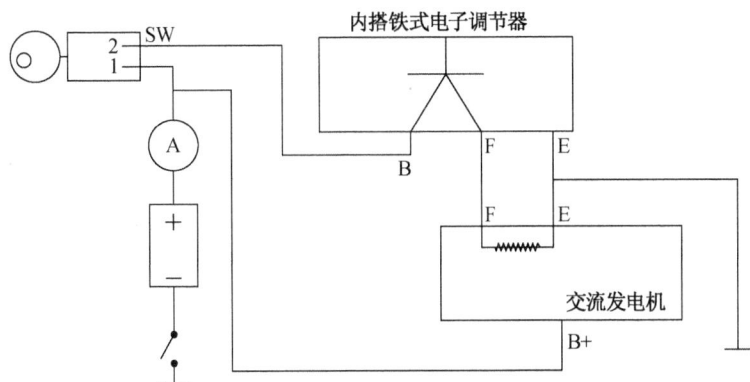

图 3.1-4　EQ1090 电源电路(内搭铁式电子调节器)

EQ1090 电源电路的工作原理(内搭铁式电子调节器):

启动时蓄电池提供励磁电流走向:蓄电池" + "极→ 点火开关 SW→B→F→F→E → 搭铁。

发电机输出电压高于蓄电池电压时,励磁电流由提供电流走向:B + → 点火开关 SW→ B→F→F→E→搭铁。

当发电机输出的电压不在 13.8 ~ 14.8 V 范围内,电子调节器自动切断励磁电流,输出电压减小,电路接通,往复不断。

3. 东风 EQ1090 发动机充电电路分析

图 3.1-5 所示为东风 EQ1090 发动机充电电路。

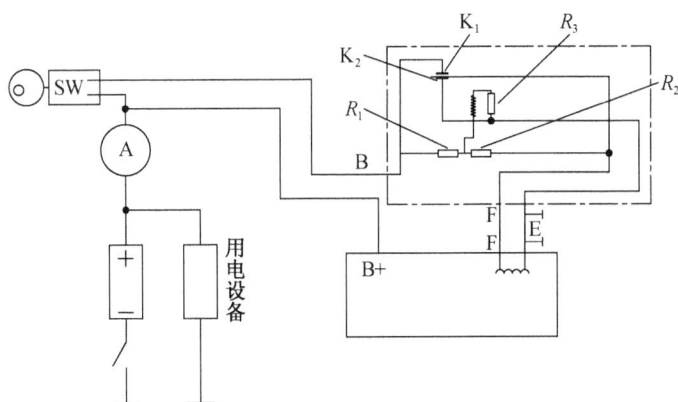

图 3.1-5　EQ1090 发动机充电电路(双触点电磁振动调节器)

EQ1090 发动机充电电路的工作原理:

点火开关闭合,蓄电池电流同时流经调节器的磁化线圈和发电机的励磁绕组。

磁化线圈电流:蓄电池" + " 极→电流表→点火开关 SW→调节器 B 柱→R_1→磁化线

圈→R_3→搭铁。

发电机励磁电流:蓄电池"+"极(或发电机B+)→点火开关SW→调节器B柱→K_1→调节器F→发电机F→励磁绕组→搭铁。

在低速范围内K_1不停地接通和断开(因磁化线圈电流变化吸力变化)以调节发电机的励磁电流。在高速范围内K_2因磁化线圈吸力的变化不停地通断,以调节发电机励磁电流的大小使调整输出电压在13.8~14.8 V范围内。

4. 东风EQ1090起动机控制电路分析

(1)带启动继电器的起动机的控制电路

图3.1-6所示为带启动继电器的起动机的控制电路。

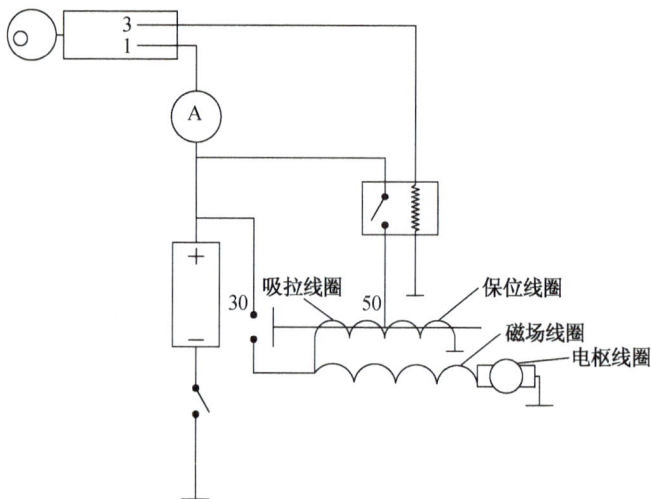

图3.1-6 EQ1090起动机的控制电路(带启动继电器)

EQ1090起动机控制电路的工作原理:

继电器线圈电路走向:蓄电池"+"→电流表→点火开关SW→继电器线圈→搭铁。

吸拉开关电路:

蓄电池"+"→继电器触点→吸拉开关50接线柱
         保位线圈 → 搭铁。
         起动机磁场线圈 → 电枢线圈 → 搭铁。

起动机主电路:蓄电池"+"→起动机30接线柱→起动机磁场接线柱→磁场线圈→电枢线圈→搭铁。

(2)带复合继电器的起动机控制电路

图3.1-7所示为带复合继电器的起动机控制电路。

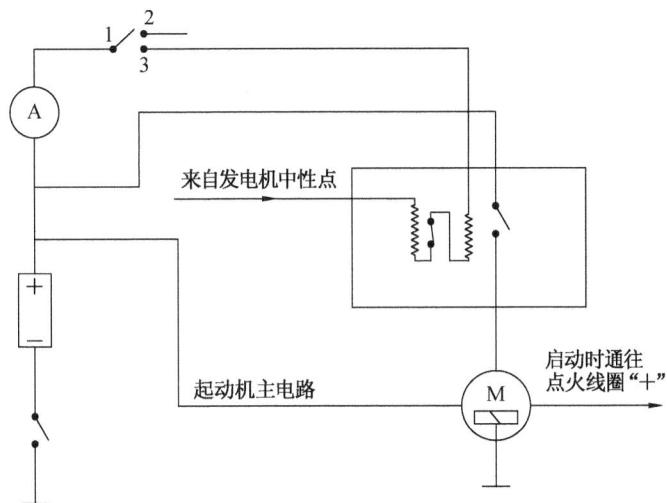

图 3.1-7　EQ1090 起动机控制电路(带复合继电器)

EQ1090 起动机控制电路的工作原理:

当发动机启动时,点火开关置于启动挡,复合继电器中的启动继电器通电工作,接通起动机电磁开关电路,起动机主电路随之接通工作,产生电磁转矩使发动机启动,发动机启动后,发电机中性点电压达到 5 V 时,复合继电器中的安全继电器自动切断电磁开关电路,使起动机停止工作,发动机工作时起动机保持自锁状态。

5. 东风 EQ1090 照明控制电路分析

图 3.1-8 所示为 EQ1090 照明控制电路。

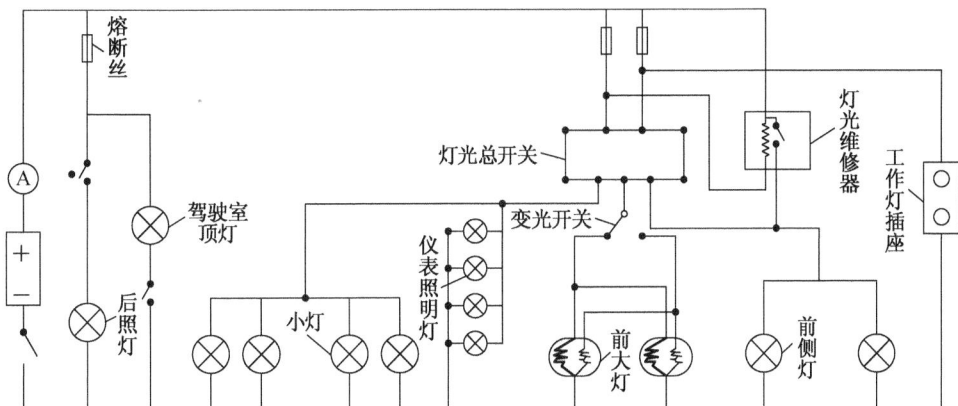

图 3.1-8　EQ1090 照明控制电路

EQ1090 照明控制电路的工作原理:

灯光总开关推至 1,2,3 挡可接通前、后、左、右小灯及仪表盘照明灯,灯光总开关在 2,3 挡时前大灯通电点亮,灯光总开关在 3 挡时电流经总开关流至前侧灯,使前侧灯点亮。

当前照灯、小灯及尾灯线路搭铁时,灯光继电器线圈导通触点闭合电源,经灯光继电器流至前侧灯使之点亮,避免由于短路造成的灯光全部熄灭的危险。

6. 东风 EQ1090 信号系统控制电路分析

图 3.1-9 所示为 EQ1090 信号系统控制电路。

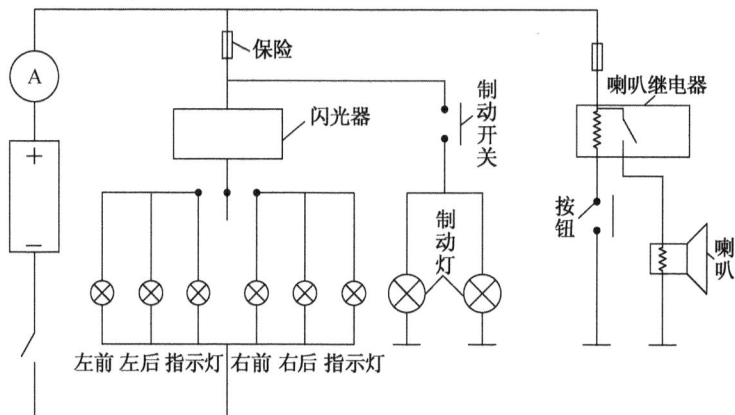

图 3.1-9　EQ1090 信号系统控制电路

EQ1090 信号系统控制电路的工作原理：

当踩下制动踏板时,电流由保险丝 1→制动灯开关→左右制动灯,灯亮。

按下喇叭按钮,电流经保险丝 2 →喇叭继电器→按钮→搭铁。

继电器触点闭合电流经过触点→喇叭→搭铁,喇叭发声。

转向开关打至相应的方向时,电流由保险丝 1→闪光器→转向开关→相应的转向灯（仪表盘转向指示灯、左右转向灯）。

7. 东风 EQ1090 仪表系统控制电路分析

图 3.1-10 所示为 EQ1090 仪表系统控制电路。

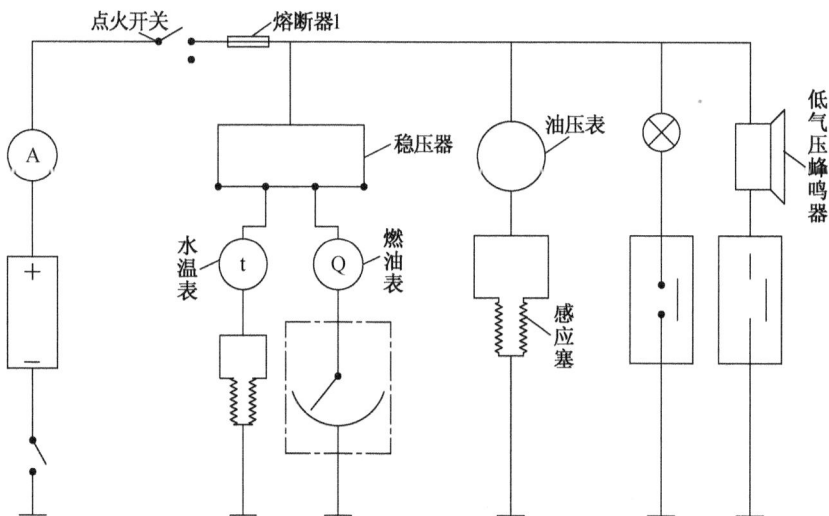

图 3.1-10　EQ1090 仪表系统控制电路

EQ1090 仪表系统控制电路的工作原理：

油压表电路:熔断器 1→油压表→感应塞→搭铁。

油压警告电路:熔断丝→低油压警告表→感应塞→搭铁。

低气压警告电路:熔断丝→低气压峰鸣器→气压报警开关→搭铁。

考核项目二

汽车空调供暖系统故障排除

考场准备

主流车型整车一辆、数字万用表、常用拆装工具、风速仪检测设备、手电筒、汽车维修手册、电路图、抹布、翼子板布和前格栅布、三件套、车轮挡块、手套等。

考核要求

1. 了解汽车供暖系统的作用与类型；
2. 掌握汽车供暖系统各组成部件的功能与工作原理；
3. 会对汽车空调供暖系统进行故障诊断及排除；
4. 会正确拆装和检修加热器管路；
5. 会分析诊断和排除汽车空调暖风系统常见故障。

考点链接

汽车暖风装置是对车内空气或进入车内的外部空气进行加热的装置。现代汽车空调是全年性的冷暖一体化的装置。它通过冷热风的混合，人为设定冷热风量的比例，通过风门的开闭和调节，满足人们对舒适性的要求。因此，暖风是汽车空调的重要组成部分。

一、暖风系统的作用

（1）冬季天气寒冷，汽车空调可以向车内提供暖风，提高车室内的温度，提高乘员的舒适度。

（2）冬季或者初春，室内外温差较大，车窗玻璃会结霜或起雾，影响司机和乘客的视线，不利于安全行车，这时可以用暖风来除霜和除雾。

二、暖风系统的分类

暖风系统按所使用的热源不同可分为水暖式、独立热源式、综合预热式暖风系统。

水暖式暖风系统：利用发动机的冷却液热量，多用于轿车。

独立热源式暖风系统:装有专门的暖风装置,多用于客车和载货车。

综合预热式暖风系统:既装有利用发动机的冷却液热量,又装有燃烧预热的综合加热装置暖风,多用于大客车。

三、 暖风系统的故障诊断与排除

1. 不供暖或暖气不足故障诊断与排除

(1) 送风系统故障及排除

① 鼓风机或其控制电路故障,用万用表检测鼓风机电动机电阻,如鼓风机电阻过大或过小,则应更换。

② 鼓风机继电器、调温器故障,用万用表检测继电器线圈电阻和调温器电阻,若为0或∞,则应更换。

③ 热风管道堵塞故障,应清除堵塞物。

④ 真空驱动器故障,检查真空驱动管路是否漏气,真空驱动器部件是否正常,若正常,则更换真空驱动器。

(2) 加热器系统故障及排除

① 加热器漏风故障,应更换加热器壳。

② 加热器芯内部有空气,应排除其内部空气。

③ 加热器翅片变形造成通风不良故障,校正或更换翅片。

④ 温度门加热器管道积垢堵塞故障,应除垢使管道疏通。

(3) 冷却液管路故障及排除

① 冷却液流通不畅,应维修或更换。

② 热水开关或真空驱动器失效故障,应维修或更换。

③ 发动机冷却液石蜡节温器失效,应更换节温器。

④ 冷却液不足,应先补足冷却液,并检查散热器盖是否漏气。

2. 不送风故障诊断与排除

① 鼓风机电路或其控制电路熔丝熔断或开关接触不良,更换熔丝或开关。

② 鼓风机电动机绕组短路或断路,维修或更换鼓风机电动机。

③ 鼓风机调速电阻短路、鼓风机继电器故障、鼓风机电路导线连接故障等,应维修或更换。

3. 管路泄漏故障诊断

① 管路老化故障,更换软管。

② 接头不牢、密封不严故障,检修紧固接头。

③ 热水开关不能闭合故障,修复热水开关。

4. 供暖过热故障诊断

① 调风门调节不当,应重新调整。

② 发动机节温器损坏,应更换节温器。

③ 风扇调速电阻损坏,应更换调速电阻。

5. 除霜热风不足故障诊断

① 除霜门调整不当,应重新调整。

② 出风口堵塞,应清堵。

6. 操作不灵敏故障诊断

① 操作机构卡死故障,应重新调定。

② 风门过紧,应修理。

③ 真空器失灵,应检查真空系统是否正常,若异常,则更换真空驱动器。

汽车空调暖风系统故障原因及排除见表3.2-1。

表 3.2-1　汽车空调暖风系统故障原因及排除

故障现象	故障原因	排除方法
不供暖或暖气不足	(1)空调器风机损坏	(1)用万用表检查排除
	(2)风机继电器、调温电阻器损坏	(2)用万用表检查排除
	(3)温度真空驱动器损坏	(3)更换真空驱动器
	(4)热风管道堵塞或漏风	(4)清理管路
	(5)冷却水管阻塞	(5)清理水管
	(6)加热器积垢堵塞	(6)清理积垢
	(7)热水开关或真空驱动器失效	(7)检修或更换
	(8)发动机节温器失效	(8)更换节温器
调节控制失效	(1)熔断器断路或开关接触不良	(1)检查熔断器和开关
	(2)鼓风机调速电路失效	(2)更换调速模块或调速电阻
	(3)操纵开关不灵活	(3)调整或修理
	(4)真空泄漏	(4)检修真空系统管路和驱动器

操作步骤

汽车空调供暖系统故障排除步骤见表3.2-2。

表 3.2-2　汽车空调供暖系统故障排除步骤

1. 前期准备工作

① 安装三件套及车轮挡块。
② 安装方向盘套、座椅套、脚垫。
③ 检查机油液位、冷却液、刹车液及线束连接情况。
④ 变速箱置于空挡,拉起手制动。

2. 空调暖风系统故障诊断

（1）空调 10 A 保险丝检测。

① 将室内保险丝盒的空调 10 A 保险丝拆下。

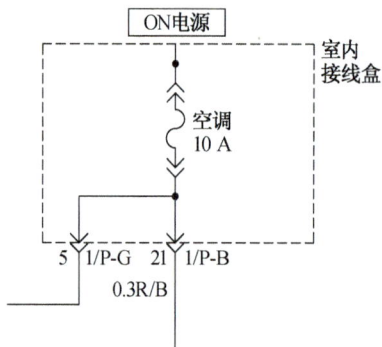

② 将万用表打开到电阻挡,测量空调 10 A 保险丝的电阻值。若电阻值为无穷大,则需更换保险丛。（正常保险丝的电阻值较小）

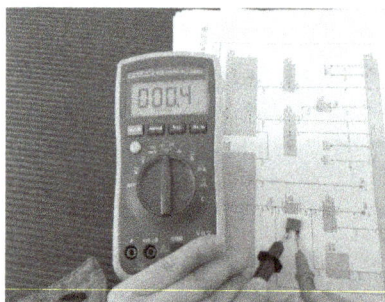

（2）鼓风机 40 A 保险丝检测。

① 打开室外保险丝盒,找出鼓风机 40 A 保险丝。

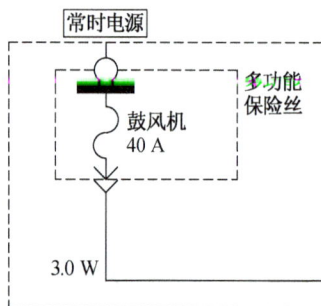

② 将万用表打开到电压挡,测量鼓风机 40A 保险丝两端的电压。若测得的电压值接近蓄电池电压,则说明保险丝工作良好。反之,更换保险丝。

（3）空调鼓风机继电器检测。

① 根据保险丝盒，找出空调鼓风机继电器。

② 检测鼓风机继电器底座的电压。

③ 取下鼓风机继电器。

 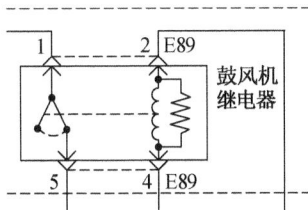 

④ 用万用表检测鼓风机继电器底座 1,2 号端子的电压。若测得电压接近蓄电池的电压 12 V，则线路良好。反之，则需检测蓄电池、鼓风机 40 A、保险丝及相关线路的通断情况。

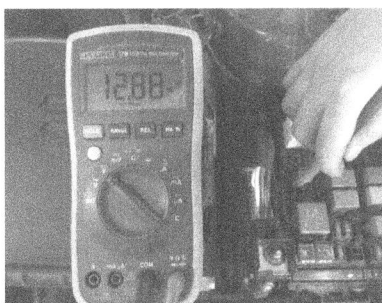

⑤ 用万用表测量鼓风机继电器 2 号端子和 4 号端子之间的电阻。若测得继电器电阻值约为 80 Ω，说明 2 号端子和 4 号端子线圈良好。反之，需更换。

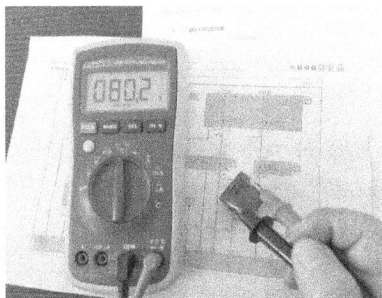

⑥ 给鼓风机继电器 2 号端子和 4 号端子接上 12 V 电压，用万用表测量鼓风机继电器 1 号端子和 5 号端子之间的电阻。若测得电阻无穷大，则说明断路，需更换。

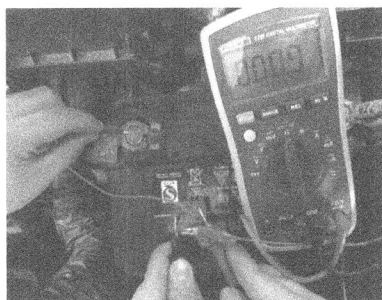

（4）鼓风机检测。

① 拆下副驾驶储物箱，找到鼓风机的位置。

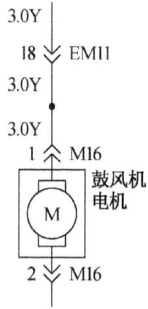

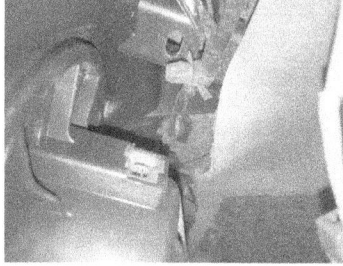

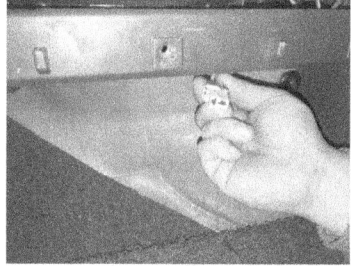

3.0Y

18 ⋎ EM11

3.0Y

3.0Y

1 ⋏ M16

鼓风机
电机

(M)

2 ⋎ M16

② 利用万用表检测鼓风机供电电源电压。

③ 检测鼓风机的好坏：测量鼓风机的电阻或利用外接电源通电检测鼓风机。

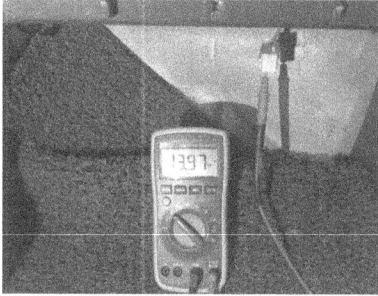

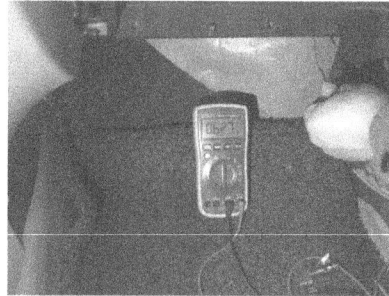

（5）控制开关检测。

① 拆下空调控制开关。

② 检查控制开关电源电路。

③ 检查控制开关本身。

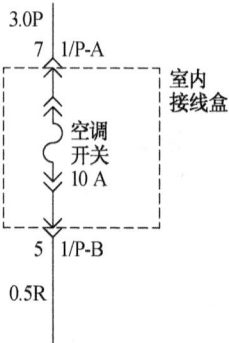

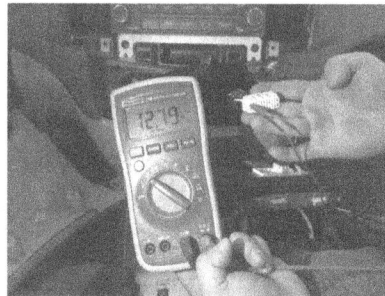

3.0P

7 ⎮ 1/P-A

室内
接线盒

空调
开关
10 A

5 ⎮ 1/P-B

0.5R

（6）鼓风机继电器座与搭铁线的通断检测。

利用万用表检查鼓风机继电器座4号端子与搭铁线的通断。若电阻无穷大，则说明线路出现断路。

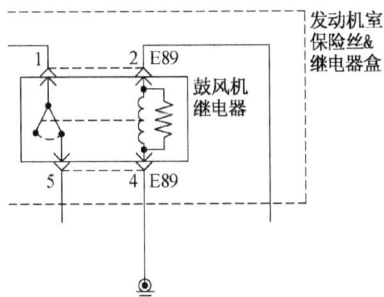

发动机室
保险丝&
继电器盒

鼓风机
继电器

3. 5S 工作

① 清洁工具设备并放回原位。

② 整理场地。

③ 清扫场地。

注意事项：

不要用潮湿的抹布清洁电器开关、按钮等。

电路图

鼓风机控制系统电路如图 3.2-1 所示。

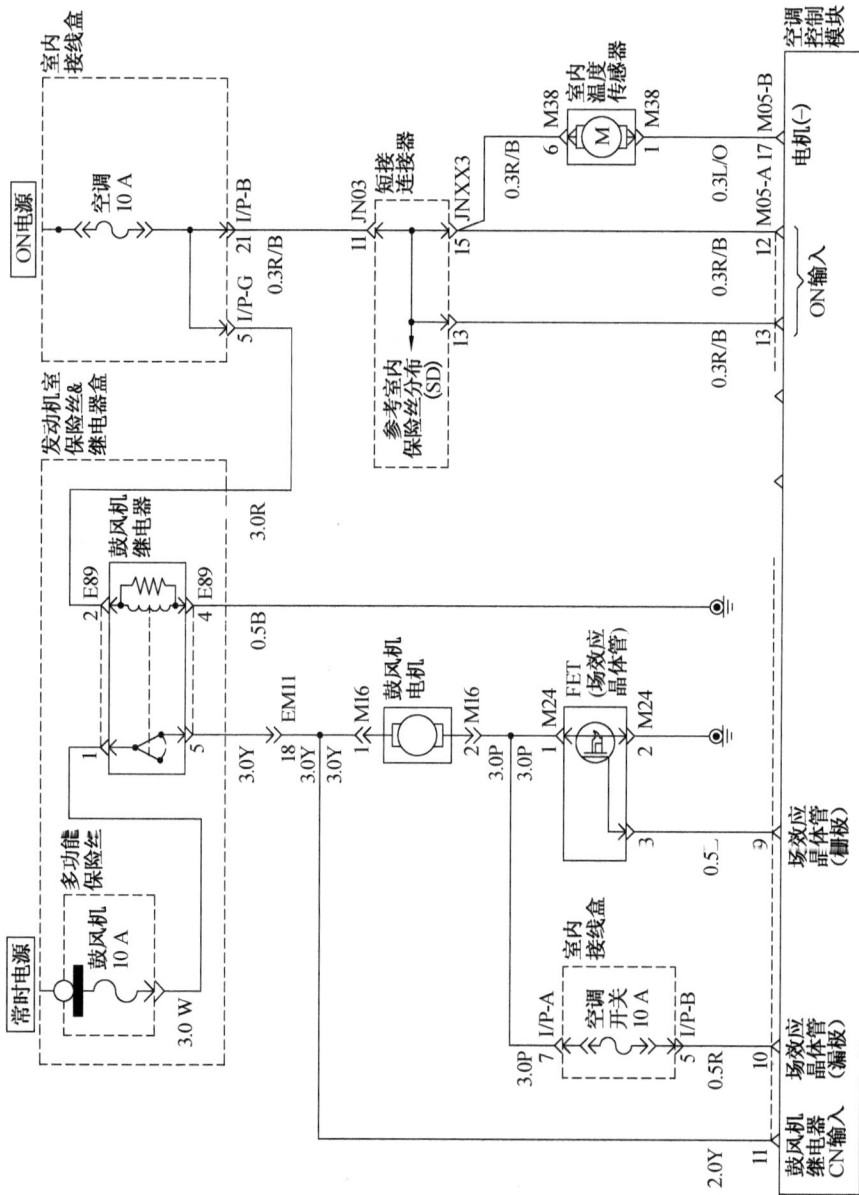

图 3.2-1　鼓风机控制系统电路

考核项目三

3

汽车空调制冷系统故障排除

考场准备

主流车型整车一辆、数字万用表、常用拆装工具、汽车空调诊断仪（RA007PLUS）、手电筒、汽车维修手册、电路图等。

考核要求

1. 了解汽车制冷系统的作用与类型；
2. 掌握汽车制冷系统各组成部件的功用与工作原理；
3. 学会对汽车空调制冷系统进行故障诊断及排除；
4. 会正确使用仪器对汽车空调制冷系统进行诊断；
5. 会排除汽车空调制冷系统常见故障。

考点链接

一、汽车空调制冷系统简介

1. 基本结构

汽车空调制冷系统由压缩机、冷凝器、储液干燥器（或积累器）、膨胀阀（或节流孔管）、蒸发器、风机及制冷管道等组成。

2. 制冷系统的工作过程

制冷循环是由压缩、放热、节流和吸热4个过程组成。

压缩机吸入蒸发器出口处的低温、低压制冷剂气体,把它压缩成高温、高压的气体,然后送入冷凝器。

冷凝器将高温、高压气态过热制冷剂的大部分热量通过风扇向室外散发,将其变为液态,然后流入储液干燥器。

高压高温制冷剂液体经膨胀阀节流降温降压,以雾状（细小液滴）排出膨胀装置。

雾状制冷剂液体进入蒸发器,低压制冷剂液体沸腾汽化变为气体。汽化过程吸收周围大量热量,达到制冷目的。

二、 制冷系统的故障诊断与排除

1. 系统不制冷故障诊断

启动发动机,打开空调开关和鼓风机开关,将温度设置为较低温度,如出风口无冷风,应从电气和机械两方面分析。

（1）电气方面故障

压缩机电磁离合器基本控制电路主要是由空调 A/C 开关、高压开关、低压开关及温控器组成的串联电路,只要有一个元件发生故障,空调压缩机就会停止工作。排除故障时应做如下检查:

① 检查压缩机主电路及其控制电路熔丝是否熔断。若熔断,应用万用表电阻挡分段检测相关线路的对地电阻,找出线路中非正常搭铁点,排除故障。

② 拔下压缩机电磁离合器线束插头,直接将电源正极连到电磁离合器线圈电路接头上,若离合器工作,说明离合器正常,否则更换或维修电磁离合器。

③ 检查电路中的 A/C 开关(风扇调速开关)、高压开关、低压开关、冷气继电器触电及温控器等,用短路法在接通电源时分别短接所有检查的开关,如短接某开关时空调离合器工作,则该开关有故障。

（2）机械方面故障

① 压缩机驱动皮带断裂,压缩机停止工作。

② 制冷系统堵塞,制冷剂无法循环,导致系统不制冷。用歧管压力表检测系统内部的压力,如果低压侧压力很低,高压侧压力很高,系统最可能产生堵塞的部位是储液干燥器和膨胀阀。

③ 膨胀阀感温包破裂,内部液体流失,造成膨胀阀膜片上方压力为 0,阀针在弹簧力的作用下,将阀孔关闭,制冷剂无法流向蒸发器,因此系统无法制冷。感温包破裂后,膨胀阀一般要换新件。

④ 系统内制冷剂全部泄漏。用歧管压力表检测系统压力,若高、低压侧压力都很低,说明制冷剂已经泄漏。此时,应用测漏仪检查确定泄漏部位,并进行修复。修复后要对系统抽真空,然后按规定加足制冷剂及冷冻润滑油。

⑤ 压缩机进、排气阀片损坏,制冷剂无法循环。用歧管压力表检测系统内压力,若高、低压侧压力接近,则说明阀片损坏。阀片损坏后,要拆卸压缩机进行修理或更换新件。

2. 系统制冷不足故障诊断

（1）制冷剂和冷冻润滑油方面的原因

① 系统内制冷剂不足。从视液镜中看到制冷剂流动中气泡偶尔冒出,说明制冷剂稍少,如果出现明显的翻腾气泡,则说明制冷剂严重缺少。

② 制冷剂注入量过多。从视液镜中看不到气泡,制冷系统高、低压两侧压力都提高,说明制冷剂过多,可用歧管压力表排出多余的制冷剂。

③ 制冷剂和润滑油中有脏物。用手摸干燥器两端,正常情况应没有温差,如果感觉温差明显,说明干燥器堵塞,需更换。

④ 制冷剂含有空气。当制冷剂通过膨胀阀节流孔时,由于其压力和温度迅速下降,

空气中的水分在膨胀阀小孔处产生"冰阻"现象,停机片刻,待冰融化后系统又恢复工作。这种情况须抽真空后重新注制冷剂。

（2）机械方面的原因

① 压缩机工作性能下降。

a. 高压侧压力偏低,低压侧压力偏高,可诊断为压缩机漏气,解决方法是更换压缩机。

b. 压缩机驱动带松弛,工作时打滑,传动效率低,解决方法是调紧驱动带。

c. 电磁离合器压板与带轮的结合面磨损严重或有油污,工作时出现打滑,解决方法是首先观察离合器压板与带轮的间隙是否均匀,压板是否扭曲,如无法维修则更换离合器。

② 冷凝器散热性能下降。冷凝器表面有污泥、被杂物覆盖或堵塞、翅片变形等,解决方法是调整驱动带张力,清除冷凝器表面污物及覆盖物,修整好弯曲的翅片。

③ 出风口吹出的冷气量不足。蒸发器表面结霜或鼓风机转速下降,都会使吹出的冷气量不足,解决办法是检查鼓风机调速开关、鼓风机电动机、鼓风机继电器等电路,有异常应维修。

3. 制冷系统有噪声故障诊断

① 制冷剂过量引起的高压管、压缩机的敲击声,解决办法是排放制冷剂,直至高压侧显示值正常为止。

② 制冷剂不足引起蒸发器进口出现"嘶嘶"声,解决办法是查清有无泄漏,如有泄漏,则应补漏,然后加足制冷剂。

③ 制冷系统水分过量故障,解决办法是更换干燥器,排出原制冷剂,系统再次抽真空,充注制冷剂。

④ 压缩机离合器异响。空调系统的异响主要来源于压缩机和电磁离合器,异响的主要原因如下:

a. 尖叫声。尖叫声主要由离合器结合时打滑而出,或者由于皮带过松或磨损引起。

b. 振动。压缩机的振动及轴的振动也是异响的来源之一。

汽车空调制冷系统故障原因及排除见表 3.3-1。

表 3.3-1　汽车空调制冷系统故障原因及排除

故障现象	故障原因	排除方法
系统噪声太大	（1）传动带松弛、磨损引起打滑 （2）离合器轴承磨损、间隙过大、打滑 （3）冷冻机油过少 （4）制冷剂过量或不足 （5）压缩机零件磨损或安装松动 （6）送风电动机磨损或安装松动 （7）制冷系统水分过量	（1）调整传动带张力 （2）检修、更换离合器 （3）加注冷冻机油,保持正确油平面 （4）按照规范进行压力检测并调整 （5）修理或更换压缩机 （6）调整、维修或更换系统零件 （7）更换干燥器,系统重新抽真空,充注制冷剂

故障现象	故障原因	排除方法
系统完全不制冷	（1）A/C 熔断器烧断 （2）控制电路故障 （3）传感器故障 （4）主继电器接触不良或失效 （5）电线和插接件折断或脱落 （6）电磁离合器线圈故障 （7）恒温控制器失灵 （8）储液干燥器或膨胀阀堵塞 （9）送风系统故障 （10）传动带松弛或折断 （11）高压或低压开关故障 （12）制冷剂全部漏光 （13）压缩机内部损坏	（1）查明原因，更换熔断器 （2）查明原因，予以排除 （3）检测各传感器，更换传感器 （4）检测主继电器，修理或者更换 （5）检测线路及插接件，接通线路 （6）检测线圈，修理或更换 （7）更换 （8）查明堵塞原因，检修或更换 （9）检测电动机、继电器，修理或更换 （10）调整或更换 （11）检测开关，查明原因，更换 （12）查明漏点，修理并重新抽真空、注液 （13）修理或者更换
系统制冷不足	（1）蒸发器风扇转速失控 （2）恒温开关、放大器故障 （3）电磁离合器打滑 （4）压缩机进、排气阀腔窜气 （5）储液干燥器、膨胀阀堵塞 （6）冷凝器的气流不畅通 （7）蒸发器的气流不畅通 （8）蒸发器压力控制阀故障 （9）系统中制冷剂过多或不足 （10）冷冻油过多 （11）系统内含水过多 （12）蒸发器结霜堵塞	（1）检测、修理调速电阻与风扇 （2）检测、修理恒温开关与放大器 （3）更换磨损的离合器零件 （4）更换缸垫或者压缩机 （5）清洗或更换滤网、干燥器、膨胀阀 （6）清理冷凝器表面杂物 （7）清理蒸发器表面 （8）调整或者更换 （9）压力检测并按照规范调整 （10）检测并排出多余的冷冻油 （11）排空、抽真空、充注 （12）调整恒温开关或蒸发器压力控制器
输出冷气时有时无	（1）系统电路接触不良 （2）离合器打滑或磨损严重 （3）主继电器、风扇继电器有故障 （4）系统内含水过多 （5）风扇调速器故障 （6）电动机故障 （7）恒温器或放大器有故障 （8）恒温器故障 （9）膨胀阀失灵 （10）蒸发器压力控制器故障	（1）检查测量，排除故障 （2）清洗油渍，更换磨损零件 （3）检修更换继电器 （4）排空、抽真空、充注 （5）检修、更换调速器 （6）检修、更换电动机 （7）更换恒温器或放大器 （8）重新调整或者更换 （9）更换膨胀阀 （10）调整或者更换

　　分析电路时，可将其分成鼓风机控制、冷凝器风扇控制、温度控制（压缩机控制）、通风系统控制、保护电路等即可清楚了解其电路控制原理。

　　汽车空调系统的基本控制电路一般包括电源电路、鼓风机控制电路和电磁离合器控制电路，如图 3.3-1 所示。

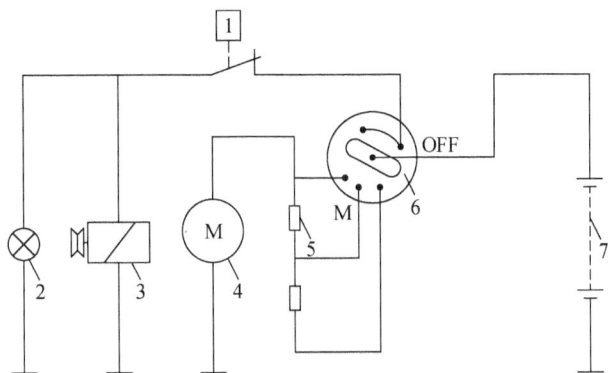

1—温控器;2—空调指示灯;3—电磁离合器;4—鼓风电动机;
5—鼓风机调速电阻;6—空调及鼓风机开关;7—蓄电池

图 3.3-1 汽车空调系统的基本电路

汽车空调系统的工作过程如下:

接通空调及鼓风机开关,电流从蓄电池流经空调及鼓风机开关后分为两条电路:一条电路经温控器至电磁离合器,使电磁离合器线圈通电,发动机带动压缩机运转制冷。与此同时,与电磁离合器线圈并联的压缩机工作指示灯通电发亮;另一条电路从开关的低速挡端子"L"经两个鼓风机调速电阻到鼓风电动机,这时鼓风电动机开始运转。由于电流通过两只电阻才到达鼓风电动机,故此时电动机转速最低。

转动空调及鼓风机开关使其接通中速挡端子"M"时,温控器与电磁离合器线圈电路不变。鼓风电动机电流只经过一只调速电阻,因此电动机转速升高。

如果继续沿顺时针方向转动开关使其接通高速挡端子"H"时,温控器与电磁离合器线圈电路仍然不变。鼓风机电流不经任何电阻直接流过电动机,因此电动机转速最高,冷气供给量最大。

当车厢内温度高于设定温度时,温控器触点处于闭合状态。当空调工作使车厢内温度降低到低于设定温度时,温控器触点断开,电磁离合器线圈断电,压缩机停止工作,指示灯熄灭,这时鼓风机仍在工作。空调停止工作后,车厢温度上升,当车厢温度高于设定温度时,温控器的触点又闭合,电流通过电磁离合器线圈使压缩机再次运转制冷,从而将车厢内温度控制在设定温度值范围内。

📚 操作步骤

一、汽车空调制冷系统故障原因诊断

1. 前期准备(见图 3.3-2)

(1)安装三件套及车轮挡块。

(2)安装方向盘套、座椅套、脚垫。

(3)检查机油液位、冷却液、刹车液及线束连接情况。

(4)变速箱置于空挡。

图 3.3-2　前期准备

2. 连接传感器

将传感器与主机连接,线束的颜色与主机接口颜色对应,如图 3.3-3 所示。

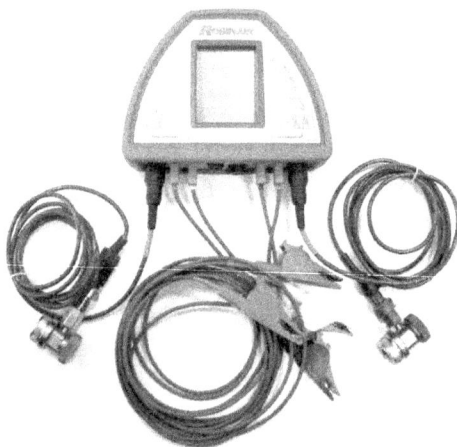

图 3.3-3　连接传感器

3. 开机

(1) 按住电源键,开机,显示主菜单,如图 3.3-4 所示。

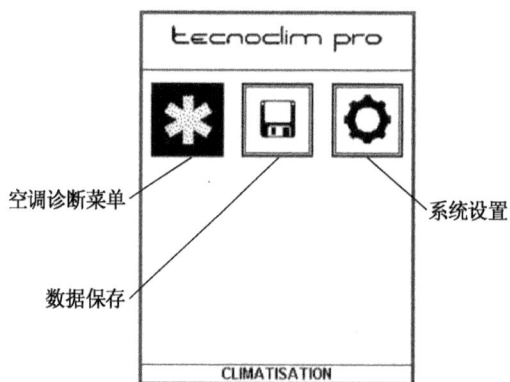

图 3.3-4　开机

（2）移动光标,选择菜单。

（3）按"确认"键,进入相应菜单。

4. 语言设置

第一次使用设备时,需要对语言进行设置,如图3.3-5所示。

（1）移动光标,选择"设置菜单",按"确认"键。

（2）移动光标,选择第三项的"语言项目",按"确认"键。

（3）移动光标,选择第二项的"英文",按"确认"键。

（4）按返回键,返回主菜单。

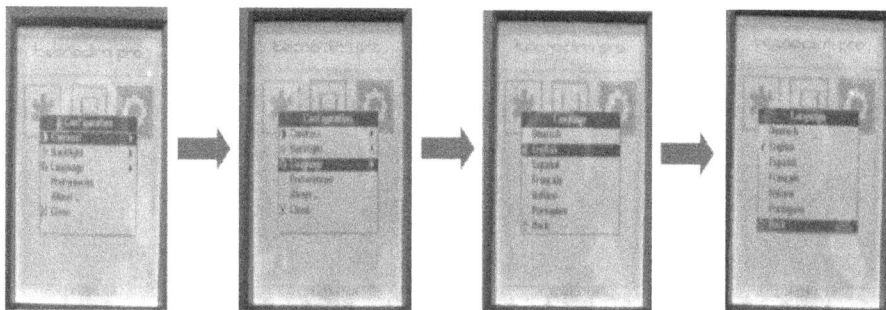

图3.3-5　语言菜单设置

5. 进入空调诊断菜单（见图3.3-6）

（1）移动光标,选择"空调诊断菜单"。

（2）按"确认"键,进入空调诊断菜单。

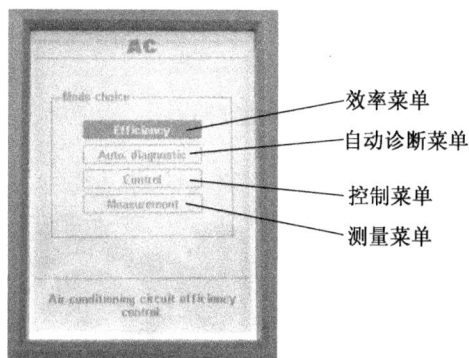

效率菜单

自动诊断菜单

控制菜单

测量菜单

图3.3-6　空调诊断菜单

6. 进入空调配置菜单

选择"效率菜单",按"确认"键,如图3.3-7所示。

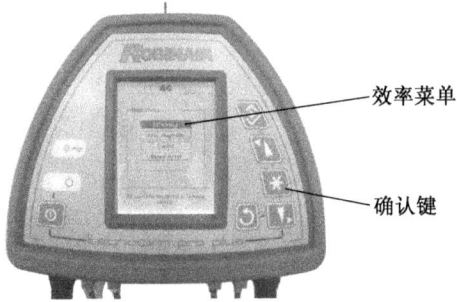

效率菜单

确认键

图 3.3-7　空调配置菜单

7. 配置空调参数

移动光标,按下"确认"键,配置空调参数,如图 3.3-8 所示。

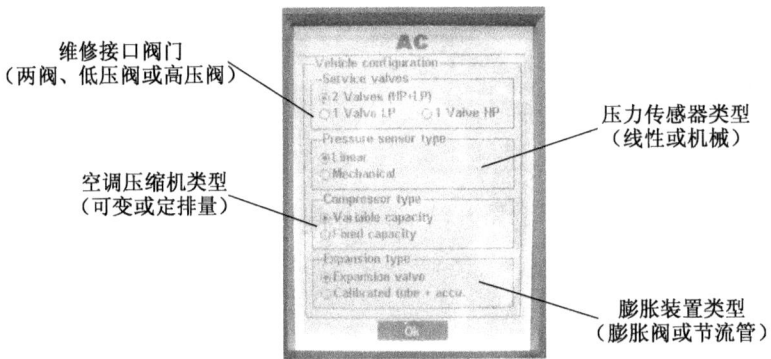

维修接口阀门
(两阀、低压阀或高压阀)

压力传感器类型
(线性或机械)

空调压缩机类型
(可变或定排量)

膨胀装置类型
(膨胀阀或节流管)

图 3.3-8　配置空调参数

8. 连接压力传感器

连接高、低阀传感器,完成后按"确认"键,如图 3.3-9 所示。

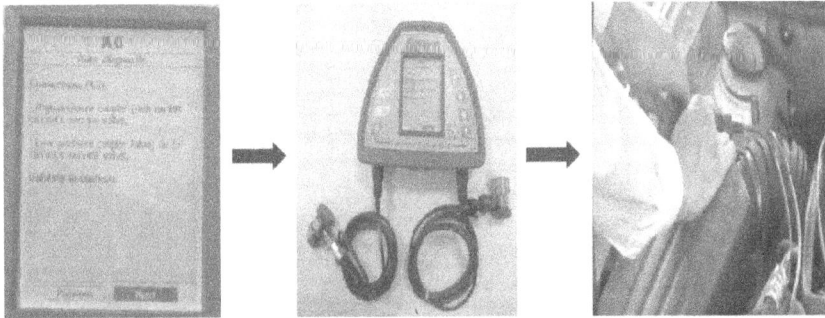

图 3.3-9　连接压力传感器

9. 连接温度传感器

连接 T2,T3,T4 温度传感器,完成后按"确认"键,如图 3.3-10 所示。

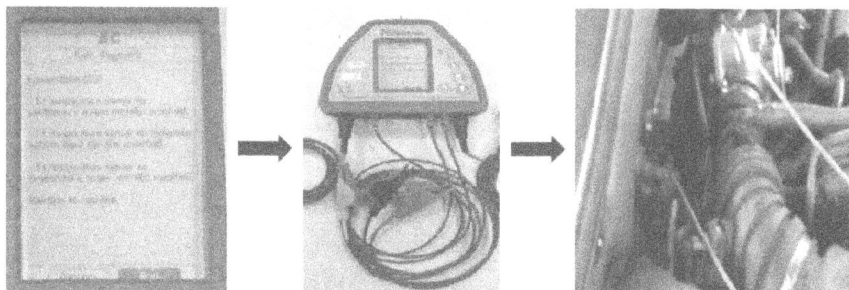

图 3.3-10 连接温度传感器

10. 连接 THR 传感器

将 THR 传感器放在距车辆 2 m 处,按"确认"键,仪器显示环境温度和湿度值,如图 3.3-11 所示。

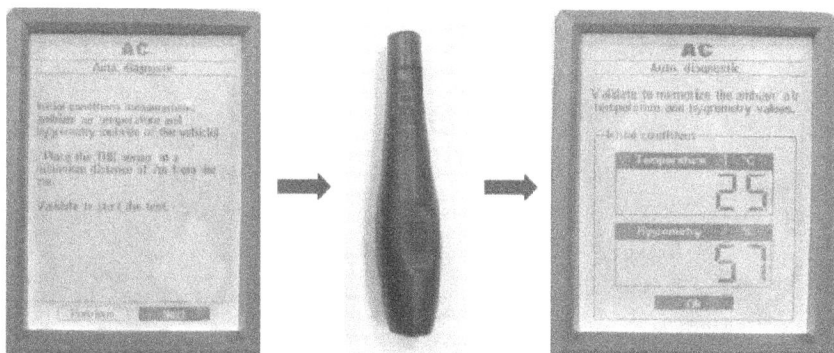

图 3.3-11 连接 THR 传感器

11. 设置空调工况

将 THR 放在正面出风口处,按"确认"键,如图 3.3-12 所示。

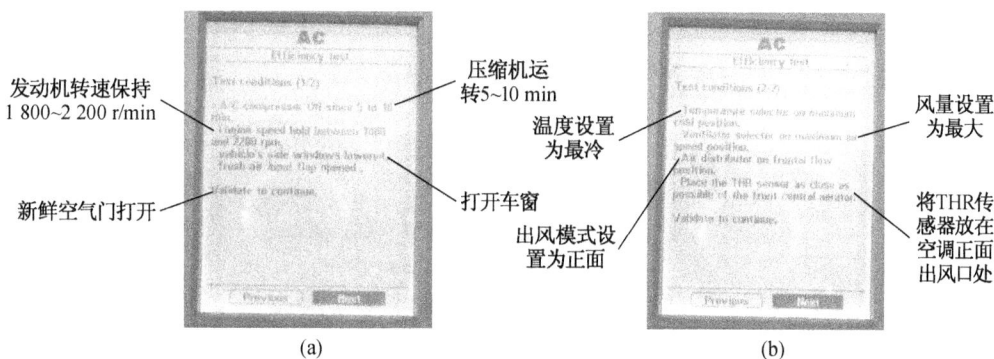

发动机转速保持 1 800~2 200 r/min

新鲜空气门打开

压缩机运转 5~10 min

温度设置为最冷

打开车窗

出风模式设置为正面

风量设置为最大

将THR传感器放在空调正面出风口处

(a)　(b)

图 3.3-12 设置空调工况

12. 系统诊断

仪器开始进行诊断,时间为 60 s,如图 3.3-13 所示。

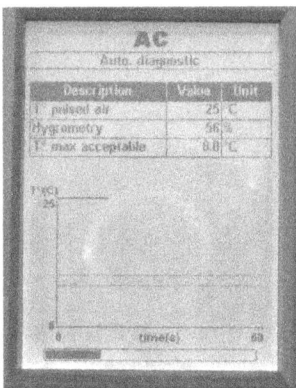

图 3.3-13　系统诊断

13. 诊断结果

按"确认"键,显示诊断结果,如图 3.3-14 所示。

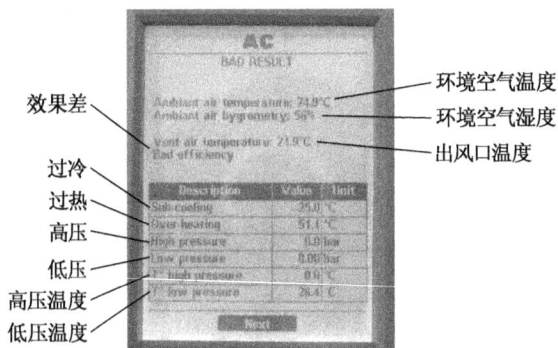

效果差　　　　　　　　　　　　　　环境空气温度
　　　　　　　　　　　　　　　　　环境空气湿度
　　　　　　　　　　　　　　　　　出风口温度
过冷
过热
高压
低压
高压温度
低压温度

图 3.3-14　诊断结果

14. 诊断故障原因

按"确认"键,保存诊断结果;按下标键和"确认"键,退出系统,如图 3.3-15 所示。

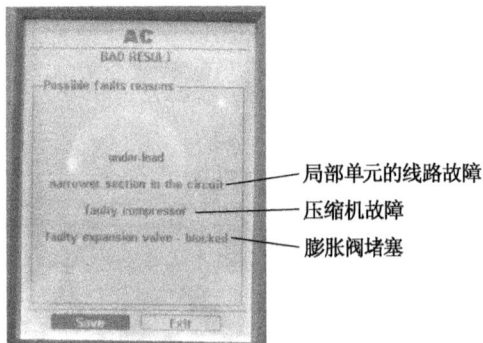

局部单元的线路故障
压缩机故障
膨胀阀堵塞

图 3.3-15　诊断故障原因

二、汽车空调系统故障排除

汽车空调系统故障排除步骤见表 3.3-2。

表 3.3-2 汽车空调系统故障原因排除步骤

1. 前期准备工作
(1) 安装三件套及车轮挡块。 (2) 安装方向盘套、座椅套、脚垫。 (3) 检查机油液位、冷却液、刹车液及线束连接情况。 (4) 变速箱置于空挡。
2. 解码仪的连接
(1) 准备解码仪。 (2) 将主机与诊断线连接好。 (3) 将诊断线的另一头连好诊断插头,选择诊断插头的型号为"OBD - Ⅱ"。 (4) 连接解码仪,将解码仪的诊断插头与汽车诊断插座连好。
3. 解码仪的故障读取
(1) 打开点火开关。 (2) 按下解码仪电源开关,解码仪有一个自检过程,大概 10 s 后进入解码仪诊断程序。

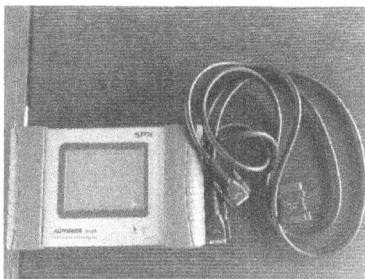

（3）选择"故障诊断"菜单。

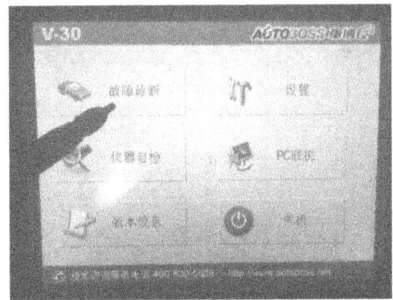

（4）选择车型——上海通用别克英朗2013款。

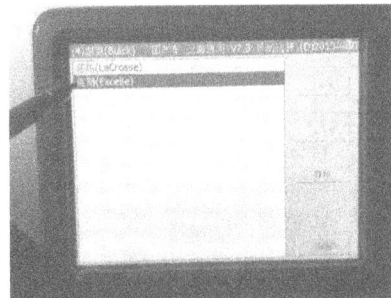

（5）选择诊断单元——空调控制模块。

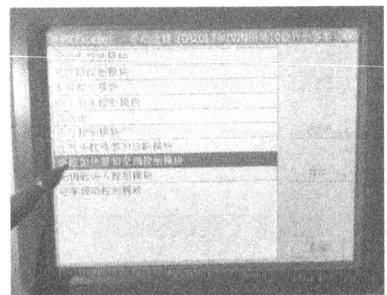

（6）读取故障码。

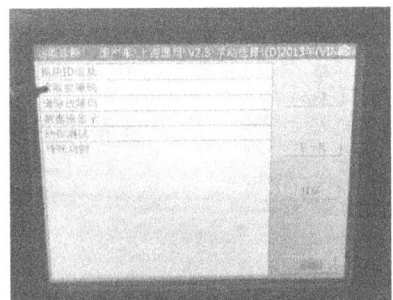

（7）显示当前空调故障码。	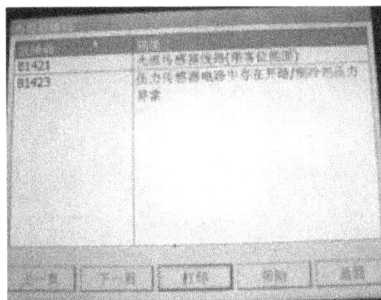
（8）读取数据流。	
（9）读取压力传感器数据流。	
（10）压力数据传感器显示高压侧压力过高。	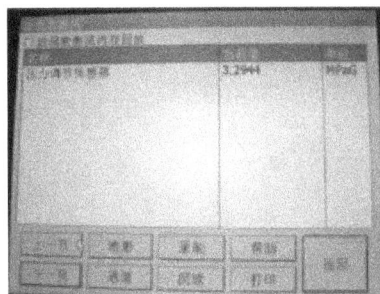
（11）压力传感器波形无变化,压力传感器信号丢失。	

4. 故障排除

（1）查看压力传感器。

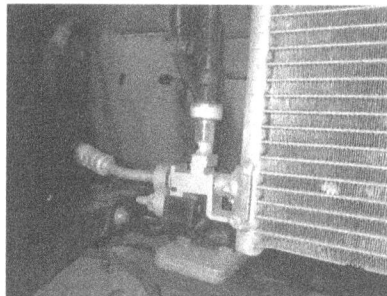

（2）查看压力传感器的 1 号端子与搭铁之间的电压。电压为 5.02 V，说明电源线正常。

（3）查看压力传感器的 2 号端子与搭铁之间的电压。电压为 5.02 V，说明信号线正常。

（4）检测 3 号端子与车身搭铁之间电阻。若小于 1Ω，说明搭铁正常。

（5）更换压力传感器。

（6）清除故障码。

（7）重新读取故障码。

（8）故障清除。	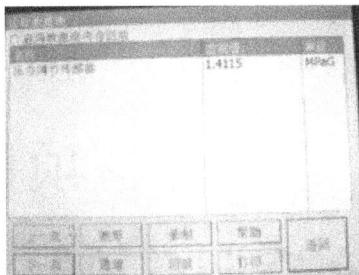
（9）读取压力调节器数据流与波形，显示正常，空调制冷系统恢复正常。	

5. 5S 工作

（1）清洁工具和设备，并放回原位。 （2）整理场地。 （3）清扫场地。 **注意事项：** 　　不要用潮湿的抹布清洁电器开关、按钮等。	

考核项目四

汽车空调系统制冷剂的加注与回收

4

考场准备

主流车型整车一辆、数字万用表、常用拆装工具、电子式卤素检漏仪、制冷剂鉴别仪、制冷剂回收加注机等、手电筒、汽车维修手册、电路图等。

考核要求

1. 了解加注制冷剂的重要性；
2. 熟悉汽车空调加注制冷剂的几种方法；
3. 掌握汽车空调系统加注制冷剂的技术标准与要求；
4. 能正确规范地进行汽车空调制冷剂的加注与回收操作。

考点链接

在汽车空调系统的使用过程中,由于部件损坏或管路泄漏等原因,使系统内的制冷剂排空或存量不足,需要重新加注或补充制冷剂,以恢复汽车空调系统正常的工作性能。

汽车空调系统制冷剂的技术标准与要求如下：

① 空调制冷循环系统中加注 R134a 制冷剂。

② 加注制冷剂时,应配戴防护眼镜和手套,以免制冷剂进入眼睛或溅到皮肤上。如果制冷剂不慎进入眼睛或溅到皮肤上,应立即用清水冲洗,严重者送医院进行专业处理。

③ 禁止对制冷剂容器进行加热,否则会有发生爆炸的危险。

④ 制冷剂加注量应适当,否则制冷效果不良。

⑤ 从低压管路加注制冷剂时,禁止将制冷剂容器倒置,防止液击压缩机。

⑥ 空调低压管路和高压管路中的真空度应不低于 750 mmHg,并保持 5 min 不下降。

⑦ 空调运行时,低压管路压力在 0.15 ~ 0.25 MPa 为正常;高压管路压力在 1.37 ~ 1.57 MPa 为正常。

⑧ 通过高压管路加注制冷剂时,压缩机禁止运行且低压侧阀门关闭。

⑨ 制冷剂加注后,应进行泄漏检查。

![知识拓展图标] **知识拓展**

1. 制冷剂排空

制冷剂排空有两种方法：一种是传统排空法；另一种是回收排空法。

排空时的注意事项：

① 回收场地应通风良好；不要使排出的制冷剂靠近明火，以免产生有毒气体。

② 制冷剂排出而冷冻润滑油并没有全部排出，因此应测定排出的油量，以便补充。

2. 冷冻机油

（1）冷冻机油的作用

冷冻机油是制冷压缩机的专用润滑油。冷冻机油在空调制冷系统中的作用如下：

① 润滑作用。压缩机是高速运动的机器，轴承、活塞、活塞环、曲轴、连杆等机件表面需要润滑，以减小阻力和减少磨损，延长使用寿命，降低功耗，提高制冷系数。

② 密封作用。汽车使用的压缩机传动轴需要油封来密封，防止制冷剂泄漏。有润滑油，油封才起密封作用。同时，活塞环上的润滑油，不仅可减少摩擦，还起密封压缩机蒸汽的作用。

③ 冷却作用。运动的摩擦表面会产生高温，需要用冷冻机油来冷却。冷冻机油冷却不足，会引起压缩机温度过高，排气压力过大，制冷系数减小，甚至烧坏压缩机。

④ 降低压缩机噪声。

（2）冷冻机油的性能要求

① 凝点低，具有良好的低温流动性；

② 黏度受温度的影响小；

③ 与制冷剂的溶解性能好；

④ 有较高的热稳定性；

⑤ 化学性质稳定。

（3）压缩机冷冻机油油量的检查

压缩机冷冻机油油量的检查方法一般有两种：① 观察视镜；② 观察油尺。

（4）冷冻机油的添加

添加冷冻机油一般可在系统抽真空之前进行。冷冻机油的添加方法有直接加入法和真空吸入法。

添加机油需准备的工具如图 3.4-1 所示。

(a) 制冷剂鉴别仪　　　　(b) 制冷剂回收加注机　　　　(c) 电子式卤素检漏仪

图 3.4-1　添加机油的工具（SPX 空调设备一套）

操作步骤

汽车空调系统制冷剂加注与回收步骤见表3.4-1。

表3.4-1　汽车空调系统制冷剂加注与回收步骤

1. 前期准备工作

（1）安装三件套及车轮挡块。
（2）安装方向盘套、座椅套、脚垫。
（3）检查机油液位、冷却液、刹车液及线束连接情况。
（4）变速箱置于空挡,拉起手制动。

2. 空调系统状况检测

（1）检测空调出风口风速。
① 调整风速仪的计量单位至"m/s"。
② 将风扇置于空调出风口处。
③ 检测鼓风机各挡位的风速。

（2）检测空调出风口温度。
① 改变温度单位至"℃"。
② 热电偶的探针深入出风口内部测量温度。

3. 制冷剂纯度检测

（1）连接电源后自动开机、预热，预热时间约为 2 min。

① 在预热的过程中，按住"A""B"键直到显示屏出现"USAGE ELEVATION，400 Feet"（出厂设置，海拔 400 ft，相当于约 120 m）。

② 使用"A"键和"B"键，调节海拔高度。（华东地区高度一般设定为"100 Feet"）

（2）把采样管接到车辆空调系统或制冷剂罐的出口上。按"A"键开始（采样管的阀门连接在汽车空调的低压加注阀门上）。

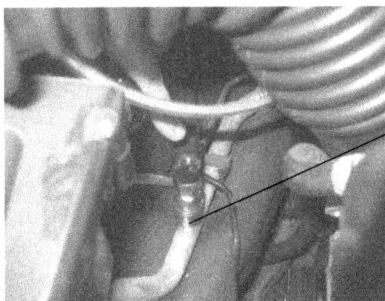

低压加注口

检验结果说明：

PASS：制冷剂纯度达到98%或更高。通过检验，可以回收。

FAIL：R12 或 R134a 的混合物，任一种纯度达不到98%，混合物太多。

FAIL CONTAMINATED：未知制冷剂，如 R22 或 HC 含量为4%或更多。不能显示含量。

NO REFRIGERANT – CHK HOSE CONN：空气含量达到90%或更高。没有制冷剂。

4. 制冷剂泄漏检查

（1）红色软管连接高压加注口、蓝色软管连接低压加注口。
高低压压力均要大于350 kPa才可进行泄漏检查。

（2）检查制冷剂的泄漏情况。
技术要求：
① 调节灵敏度。
② 探头保持洁净(不要接触被测部位)。
③ 环境空气洁净。
④ 每个点检查2次。

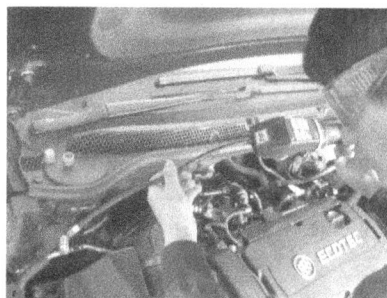

注意事项：
　　在检漏环节中需配合使用护目镜。

5. 制冷剂的回收、抽真空与加注

（1）开机。
连接220 V电源，打开开关，显示主菜单。

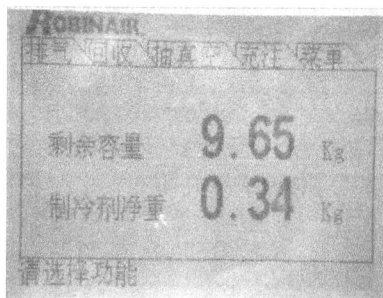

剩余容量 **9.65** kg
制冷剂净重 **0.34** kg

（2）排气。
按下"排气"键，设备进行排气，2 s后按下"确认"键。

0:02

（3）回收。

① 按下"回收"键,然后按界面提示接好管路及接头（红色软管接高压,蓝色软管接低压）。

② 低压表压力值为 −68.9 kPa 时,等待 1 min 后视为完全回收。

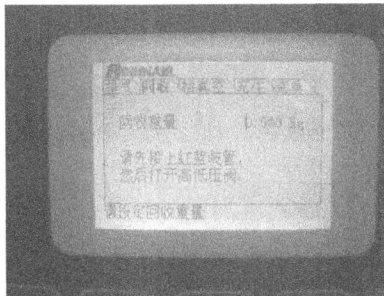

（4）排油。

① 在完成制冷剂回收之后,按下 AC350C 的"确认"键,AC350C 开始进行排油。

② 完成后（约 10 s）,记录排油量。

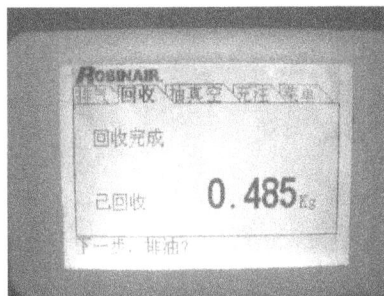
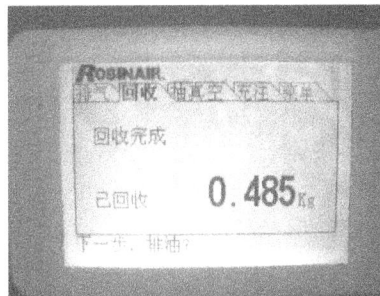

（5）第一次抽真空。

技术要求：

① 第一次抽真空时间设定为 5 min（抽真空结束需记录真空度）。

② 第一次抽真空从高低压双管抽。

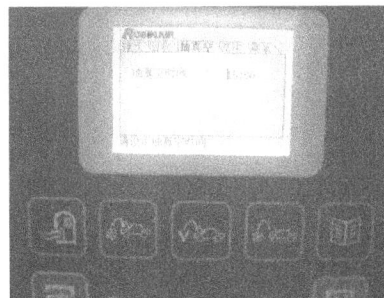
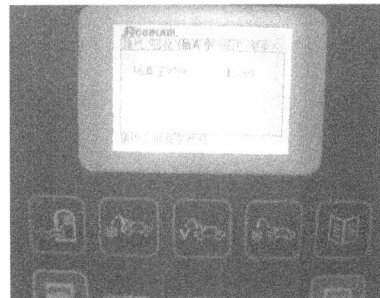

（6）保压。

技术要求：

① 保压时间设定为 1 min。

② 记录保压后的压力,对比保压前的压力,判定空调系统是否有泄漏(此处压力指低压侧压力)。

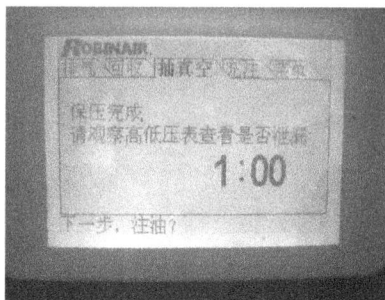

（7）注油。

技术要求：

① 设定注油量为排出油量加 20 mL。

② 关闭低压阀,进行单管充注。

（8）第二次抽真空。

技术要求：

① 设定抽真空时间为 3 min。

② 关闭高压阀,打开低压阀,进行单管抽真空。

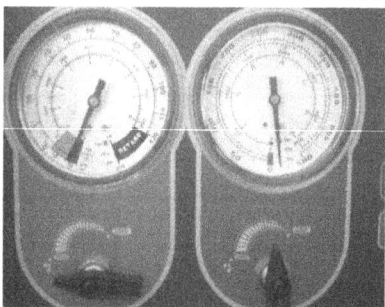

（9）加注。

技术要求：

① 制冷剂的加注量需对照车辆铭牌信息或查看数据库,并通过数字键输入充注重量。

② 关闭低压阀,进行单管充注。

③ 加注结束,关闭阀门。

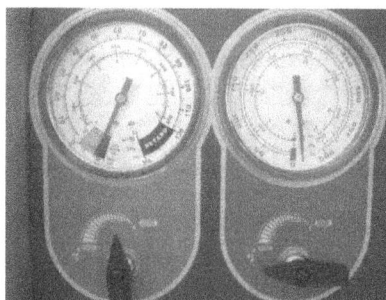

（10）管路清理。

① 拔下高低压连接管路。

② 打开加注机操作面板上的高低压阀。

③ 按"确定"键,运行管路清理程序。

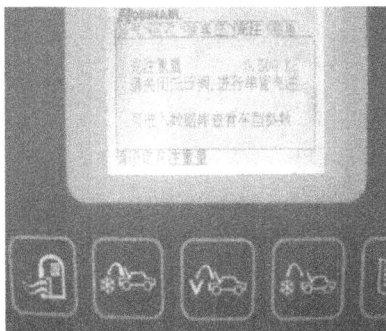

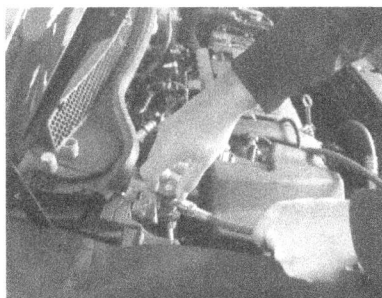

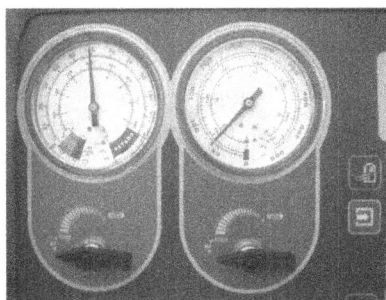

6. 5S 工作

（1）清洁工具和设备,并放回原位。

（2）整理场地。

（3）清扫场地。

注意事项:

不要用潮湿的抹布清洁电器开关、按钮等。

考核项目五

灯光性能检测

5

考场准备

主流车型整车一辆、数字万用表、常用拆装工具、前照灯检测仪、卷尺、手电筒、汽车维修手册、电路图等。

考核要求

1. 了解汽车灯光性能检测的重要性;
2. 正确使用 NHD - 8000 型前照灯检测仪;
3. 掌握汽车远光、近光的调节方法与技术要求;
4. 能按照国家检测要求规范地对汽车前照灯进行调整。

考点链接

前照灯是汽车在夜间或在能见度较低的条件下,为驾驶员提供行车道路照明的重要设备,而且也是驾驶员发出警示,进行联络的灯光信号装置。前照灯的发光强度和光束的照射方向是机动车运行安全检测的必检项目。

一、汽车灯光检测仪概述

汽车灯光检测仪用于调整和检测汽车、摩托车等机动车辆的前照灯的发光强度、灯高和光轴偏移量。

以南华 NHD - 8000 型灯光检测仪为例进行说明。

① 汽车灯光检测仪 NHD - 8000 可使用内置 DC9V 电池或外界 12 V 直流电源供电,并且外接直流电源的最大输入值不能超过 25 V,外接直流电源输入插座的极性。当同时安装有 DC9V 电池和外接 12 V 直流电源时,仪器自动优先使用外接 12 V 直流电源供电。为了方便用户使用,仪器随机配备了一条外接电源电缆,可通过电缆直接从被检汽车的点烟器插座或蓄电池取电。

② 检测时,仪器的光接收箱镜面应与被检车辆的纵向中心线垂直(称之为对准)。装

于光接收箱顶部的对准器就是用于此检查的。在被检车辆的纵向中心线（或其平行线）上选定前后两个参考点（例如发动机盖板的中线与窗玻璃的中线），用瞄准器观察（注意观察时眼睛距瞄准器约一个拳头）。如果上述两点均落在瞄准器十字分划板的垂直线上，则说明车辆已对准。否则，应重新停放车辆，或通过旋转摆正旋扭，使光接收箱旋转一定角度，从而使仪器与车辆对准。为方便检测，通常可利用地面上的行车导引线作为车辆驶入检测场地的参照物，使之正确地停放在检测位置上并与仪器对准。

③ 指示标尺的说明：仪器指示标尺单位为"%/10 m（cm/10 m）"，并且每一小格的刻度为 0.5%/10 cm（5 cm/10 m）。上下指示标尺在水平零刻度线上方的刻度为灯光下偏移量，下方的为上偏移量，分别用"D"和"U"标示。

二、 汽车灯光检测仪的结构及组成

（1）立柱

立柱是光接收箱的承重支柱，其上安装有齿条及灯高标尺，如图 3.5-1 所示。

图 3.5-1　立柱

（2）底座

底座是立柱的安装柱，如图 3.5-2 所示。

图 3.5-2　底座

（3）光接收箱

光接收箱内装有光电检测原件和光学测量系统,用于实现相关参数的检测,如图3.5-3所示。它通过侧面的升降座沿立柱上下滑动来调节光接收箱高度。

（4）对准器

对准器主要用于仪器与车辆的对正,其水平对准线必须与车辆的引车方向垂直,如图3.5-4所示。

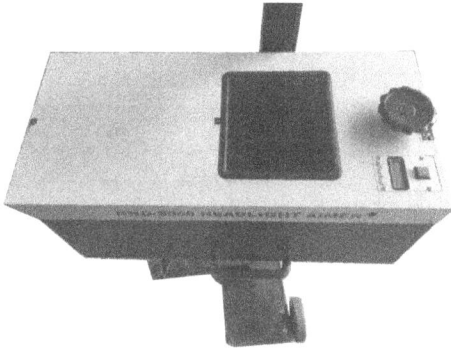

图3.5-3　光接收箱

图3.5-4　对准器

操作步骤

灯光性能检测步骤见表3.5-1。

表3.5-1　灯光性能检测步骤

1. 前期准备
（1）安装相关设备并检查线路连接情况。 技术要求： ①安装三件套及车轮挡块。 ②安装方向盘套、座椅套、脚垫。 ③检查机油液位、冷却液、刹车液及线束连接情况。 ④变速箱置于空挡,拉起手制动。 

（2）划定区域。

技术要求：

① 被检车辆车头停止线前方 88 cm 处用黄线画出 3 000 mm×30 mm 的区域。

② 检测仪器的后轮在此区域内行走。

（3）将检测仪器的后轮按照划定的区域移动到被检车辆的前方。

（4）对准。

技术要求：

使检测仪器的光接收镜面与被检测车辆的纵向中心线垂直。

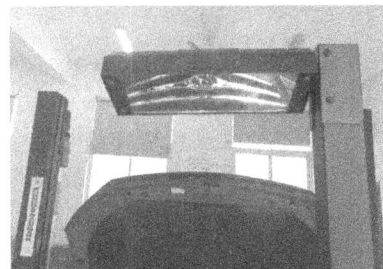

（5）将对准器与被检车辆对准。

技术要求：

① 在被检车辆的纵向中心线的垂直线上选取两个对称参考点(如车辆车灯中心点连线)。

② 手握对准器并旋转,当对准器上的水平线与刚才确定的水平连线平行时,说明已经对准,否则重新停放车辆。

2. 测量远光灯	
（1）沿检测仪器后轮对正线把仪器移动到被检远光灯前方。	
（2）测量被检车辆远光灯的中心高度。	
（3）移动光接收箱。 技术要求： ① 通过扳动升降座上的按钮及双手上下移动光接收箱。 ② 使光接收箱前方的菲涅尔透镜光学中心与被检远光灯中心等高。	
（4）确定光接收箱的位置。 技术要求： ① 让检测仪器光接收箱盖板上的两个对正指标的中心延长线与被检前照灯的延长线处于垂直面上。 ② 检测远光灯与灯箱的距离在(50±5)cm 范围内。	

（5）锁止检测仪器。

技术要求：

防止在检测过程中，仪器移动影响测量结果。

（6）打开远光灯。

技术要求：

① 启动发动机，打开远光灯。

② 保持仪器不动，按住仪器取数按钮。

（7）测量远光强度。

技术要求：

一边调整屏幕上下手轮，一边通过液晶屏观察当前的实时发光强度的测量值，当发光强度测量值为最大值时，保持当前的屏幕手轮不动，这时液晶屏显示的测量数据即为被测远光灯的远光强度。

（8）测量偏移量。

技术要求：

① 通过仪器光接收箱上的透明玻璃窗观察受光屏的相对移动，该移动距离即为当前被测前照灯的偏移量。

② 上下偏移量观察上下指示标志，左右偏移量观察光斑中心所在刻度，一大格对应偏移量为 10 cm，大格对应偏移量为 5 cm。

3. 远光灯调灯操作

（1）保持检测仪器不动，转动受光屏上下调节手轮，使上下指示标志对零。

（2）调整前照灯。

技术要求：

① 按照"先上下后左右"的原则调节前照灯。

② 字母"U"表示向上调整；字母"D"表示向下调整；字母"R"表示向右调整；字母"L"表示向左调整。

（3）调整远光灯。

技术要求：

① 远光以光斑最亮部分基本对正屏幕中心为准。

② 一边调整屏幕上下手轮，一边通过液晶屏观察当前的实时发光强度测量值，当发光强度测量值为最大值时保持当前远光灯的位置不动，即完成了远光灯调灯操作。

4. 测量近光灯

（1）沿检测仪器后轮对正线把仪器移动到被检近光灯前方。

（2）测量被检车辆近光灯的中心高度。

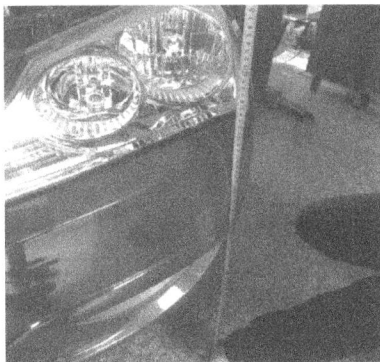

（3）移动光箱。

技术要求：

①通过扳动升降座上的按钮及双手上下移动光箱。

②使光接收箱前方的菲涅尔透镜光学中心与被检近光灯中心等高。

（4）确定光接收箱的位置。

技术要求：

①让检测仪器光接受箱盖板上的两个对正指标的中心延长线与被检近光灯的延长线处于垂直面上。

②检测近光灯与灯箱的距离在（50±5）cm 范围内。

（5）锁止检测仪器。

技术要求：

防止检测过程中,仪器移动影响测量结果。

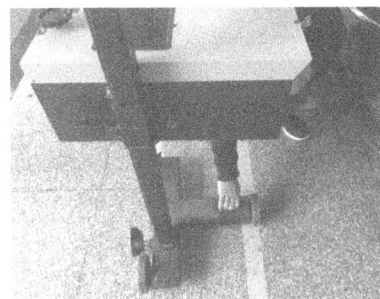

（6）打开近光灯。

技术要求：

① 启动发动机，打开近光灯。

② 保持仪器不动，按住仪器取数按钮。

（7）保持仪器不动，按住仪器取数按钮，调整屏幕上的上下手轮，使仪器受光屏中心点与近光灯明暗截止线的转角点基本重合。

（8）测量偏移量。

技术要求：

① 通过仪器光接收箱上的透明玻璃窗观察受光屏的相对移动。

② 当液晶屏显示的光强值为最小时，从受光屏组件指示标尺上读出被检测前照灯近光光轴偏移量，并通过屏幕板上的明暗截止线判断，其转角作为测量结果。

5．近光灯调灯操作

（1）保持检测仪器不动。

（2）调整前照灯。

技术要求：

① 按照"先上下后左右"的原则调节前照灯。

② 字母"U"表示向上调整；字母"D"表示向上调整；字母"R"表示向右调整；字母"L"表示向左调整。

（3）调整近光灯。

技术要求：

① 近光以看到的明暗截止线与屏幕上印刷的截止线基本重合为准。

② 一边调整屏幕上下手轮，一边通过液晶屏观察当前的实时发光强度值，当发光强度值为最小值时，保持当前的近光灯的位置不动，完成近光灯调灯操作。

6. 5S 工作

（1）清洁工具和设备，并放回原位。

（2）整理场地。

（3）清扫场地。

注意事项：

不要用潮湿的抹布清洁电器开关、按钮等。

作业工单

灯光性能检测作业工单见表3.5-2。

表 3.5-2　灯光作业记录工单

被检车辆型号		发动机型号	
车辆识别码			
前期准备			
安全检查			
检测作业	作业记录		
前照灯检测	1. 车辆准备情况 (1) 前照灯检测仪的检查及安装(只作业,不记录)。 (2) 轮胎气压:左前_____,右前_____,左后_____,右后_____。 (3) 前照灯开关及变光开关工况检查(只作业,不记录)。 (4) 充电系统性能检查(只作业,不记录)。 2. 检测仪准备情况 (1) 检测仪与被检车辆对准情况(对准器,只作业,不记录)。 (2) 检测仪与前照灯的检测距离((50±5)cm,只作业,不记录)。 (3) 检测仪的高度(H值,只作业,不记录)。 3. 检测过程及检测数据 表见下		

左灯检测	检测数据	国标要求	是否合格
远光发光强度			
远光上下偏差			
远光左右偏差			
近光上下偏差			
近光左右偏差			
右灯检测	检测数据	国标要求	是否合格
远光发光强度			
远光上下偏差			
远光左右偏差			
近光上下偏差			
近光左右偏差			

合格打"√",不合格打"×"。

调修	作业记录
调修作业	
复检	作业记录
复检作业	

6

考核项目六

喇叭声级检测

考场准备

主流车型整车一辆、数字万用表、常用拆装工具、喇叭声级计、手电筒、汽车维修手册、电路图等。

考核要求

1. 了解汽车喇叭性能检测的重要性；
2. 熟悉声级计的使用方法；
3. 掌握汽车喇叭的故障诊断流程；
4. 能正确对喇叭故障进行诊断与排除；
5. 能正确规范地使用喇叭声级检测仪对车辆喇叭进行检测。

考点链接

汽车喇叭分为电喇叭和气喇叭两种，电喇叭通过电磁线圈不断通电和断电，使金属膜片产生振动而产生音响，外形多数为蜗牛形和盆形（见图3.6-1），广泛应用在轻型乘用车上。气喇叭利用压缩空气的气流使金属膜片产生振动，外形多数为长喇叭形（筒形），声音大且声调高，传播距离远，广泛应用于跑长途的大、中型汽车上。

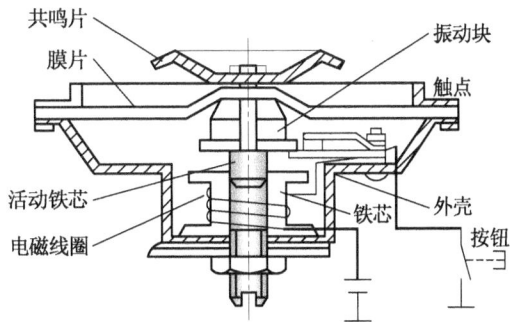

图 3.6-1　汽车盆形喇叭的结构

蜗牛形和盆形喇叭的基本工作原理相同。当司机按下按钮时，电流经触点通过线圈，线圈产生磁力吸下衔铁强制振膜钢片移动，衔铁移动使触点断开，电流中断，磁力消失，振膜钢片在本身的弹性和弹簧片的作用下又同衔铁一起恢复原位，触点闭合电路接通，电流再通过触点流经线圈产生磁力，重复上述动作。如此反复循环,膜片不断振动,从而出音响。共鸣片与膜片刚性联接,可使振动平顺,喇叭发出的声音更加悦耳。

一般汽车电喇叭通过调整衔铁与铁芯之间的间隙调节音调,通过调节触点压力调节音量,一旦调节音量,线圈电流也会随之变化。为了保持规定的音质音量,有一些电喇叭是全密封的,不允许调整,若喇叭坏了则整个更换。

一、 汽车喇叭的组成及工作原理

1. 汽车喇叭的组成

汽车喇叭信号系统主要由电喇叭、喇叭按钮、保险丝及其连线组成。为保证发音效果,很多汽车都装有两只电喇叭(高低音喇叭各一只)。

2. 汽车喇叭的工作原理

以伊兰特悦动双音喇叭控制电路为例分析汽车喇叭的喇叭的工作原理,喇叭电路如图 3.6-2 所示。

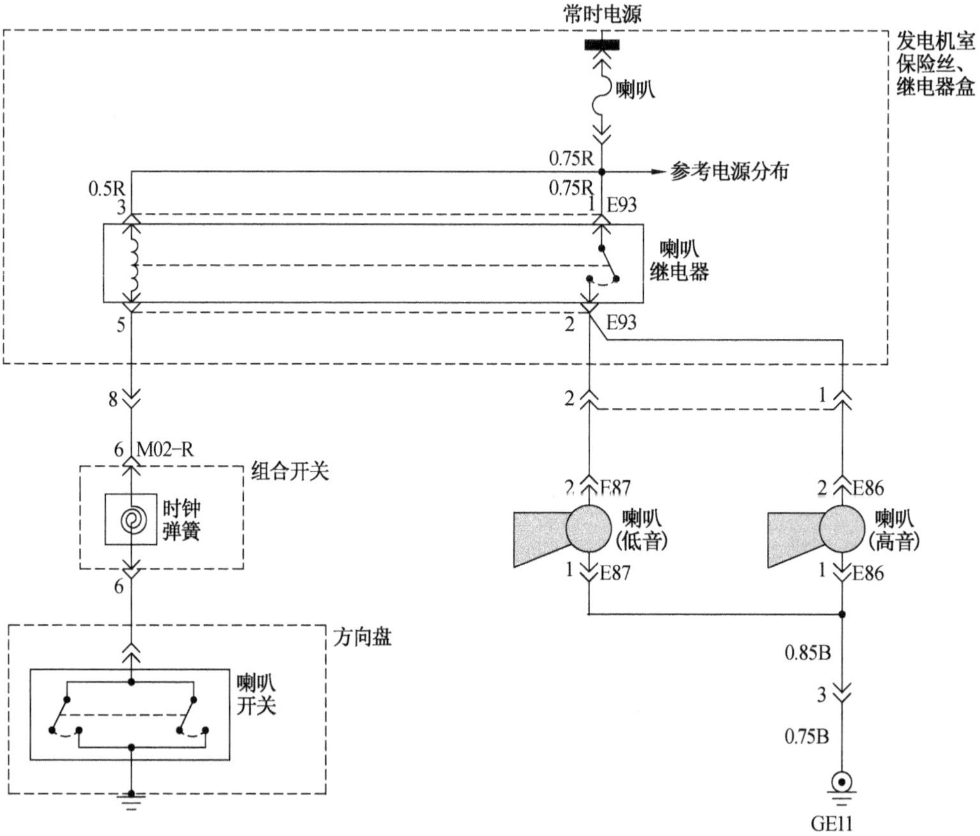

图 3.6-2 伊兰特悦动喇叭电路

按下方向盘上的喇叭按钮,接通喇叭继电器线圈搭铁回路,继电器线圈通电,使继电器铁芯产生电磁力,将继电器触点闭合,接通双音电喇叭电路,喇叭发音,其电流回路为:

蓄电池"+"极→熔断器→喇叭继电器→双音电喇叭→搭铁。

松开喇叭按钮,继电器线圈断电,铁芯电磁力消失,触点在自身弹力作用下张开,切断了喇叭电路,喇叭停止发音。

喇叭继电器的作用是利用线圈的小电流控制触点的大电流,从而保护喇叭按钮。

二、 汽车喇叭声级计各部分的名称和功能

声级计是一种能够把汽车发出的噪声和喇叭声音的响度,按人耳听觉近似值测量出来的仪器(见图3.6-3)。声级计主要由传声器、放大器、听觉修正计权网络、指示仪表和校准装置构成。

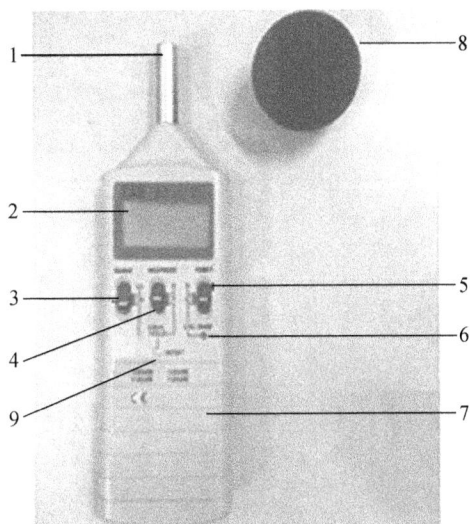

1—传声器;2—显示器;3—电源和挡位选择开关;4—反应速率和最大值锁定开关;
5—计权网络功能开关;6—校正调整旋钮;7—电池盖;8—海绵球;9—重设键

图3.6-3 汽车喇叭声级计示意

操作步骤

喇叭声级检测步骤见表3.6-1。

表3.6-1 喇叭声级检测步骤

1. 前期准备
(1) 安装三件套及车轮挡块。 (2) 安装方向盘套、座椅套、脚垫。 (3) 检查机油液位、冷却液、刹车液及线束连接情况。 (4) 变速箱置于空挡,拉起手制动。

2. 汽车喇叭电路故障诊断

（1）检查汽车蓄电池的电压,确保蓄电池电压符合要求。正常蓄电池电压为12 V。	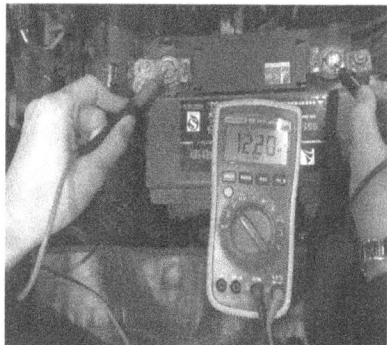
（2）确认元器件的位置。 技术要求: ① 打开汽车室内继电器盒。 ② 根据汽车喇叭电路的要求,找到相应元器件的位置。	
（3）检测汽车喇叭保险丝的通断情况。 利用万用表测量喇叭电阻。若阻值较大或无穷大,则需更换。	
（4）继电器的检测。 技术要求: ① 让继电器85号脚、86号脚通电,检测继电器本身30号脚与87号脚的通断。 ② 检测继电器85号脚、86号脚之间的线圈阻值。	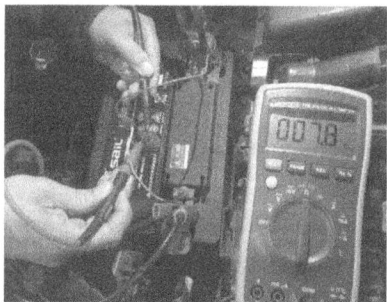

（5）喇叭按钮的检测。

技术要求：

掀起喇叭按钮盖，拔下喇叭按钮线插接头，点火开关置于"ON"挡，用万用表检测喇叭按钮线与搭铁端的电压值，应为12.5 V左右（蓄电池电压）。

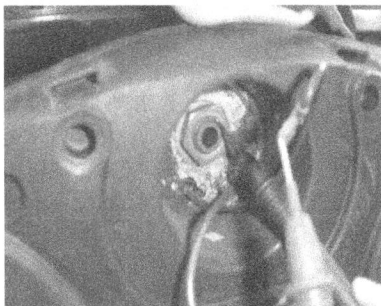

（6）确定喇叭的位置。

技术要求：

① 在汽车上找到汽车喇叭高音喇叭和低音喇叭位置。

② 拆卸过程中，注意塑料卡钩。

（7）低音喇叭检测。

检查低音喇叭本身的好坏。

技术要求：

① 检测电源电压时，喇叭处于工作状态（按下喇叭）。

② 检查的低音喇叭电源线电压应为蓄电池电压。

③ 检查低音喇叭搭铁线是否工作良好。

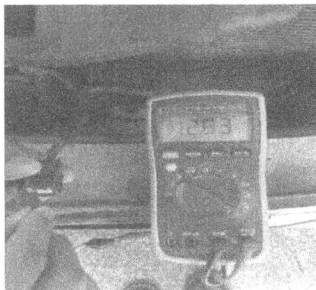

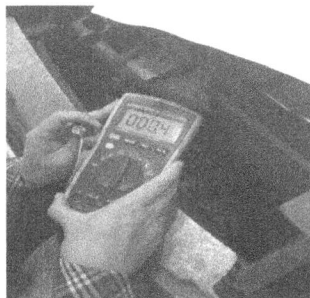

（8）高音喇叭的检测。

① 检查高音喇叭本身的好坏。

② 使用工具拆下喇叭,通电检测喇叭本身。

③ 使用工具调整喇叭的声级。

技术要求：

① 测量电源电压时,喇叭处于工作状态(按下喇叭)。

② 检查的高音喇叭电源线电压应为蓄电池电压。

③ 高音喇叭搭铁线工作良好。

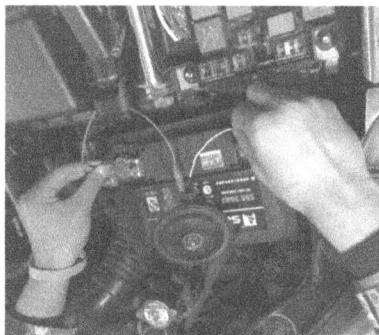

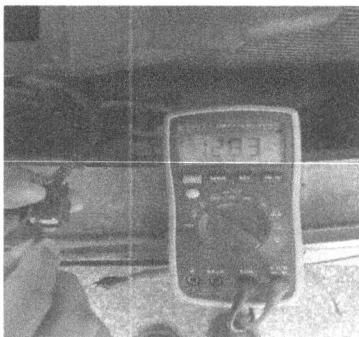

3. 汽车喇叭声级检测

（1）声级计的校准。

① 选择"Hi"量程。

② 选择"F"登记。

③ 选择"CALL"。

④ 调节旋钮,直至显示 94 dB。

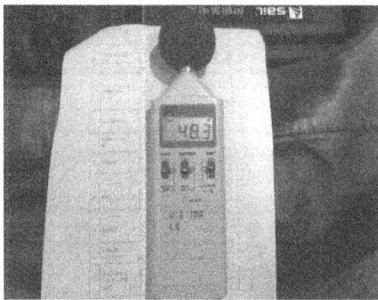
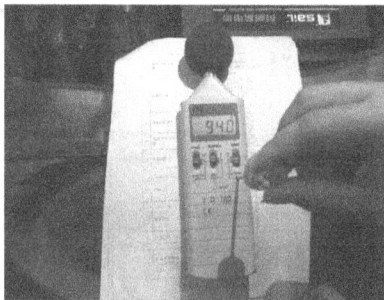

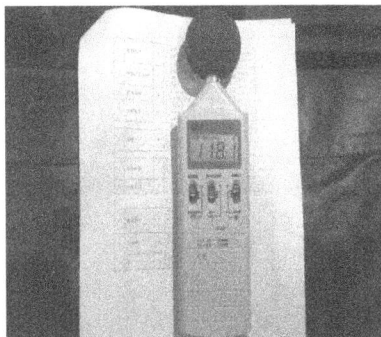

（2）量程的选择。
① 选择"Hi"量程。
② 选择"MAX HOLD"。
③ 选择"A"计权网络。

（3）声级计的安装。
① 声级计置于距汽车前 2 m 处。
② 应将声级计置于离地高 1.2 m 处。
③ 话筒朝向汽车，轴线与汽车纵轴线平行。

（4）声级的测量。
① 按下喇叭开关，一般测量 3 次。
② 读取检测数据。

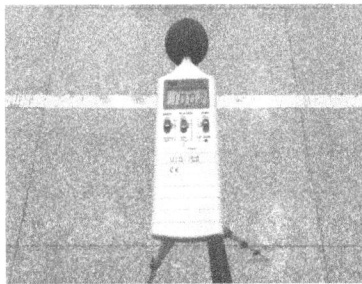

（5）处理测量结果。
① 根据国家标准，汽车喇叭的声级在 90 ~ 115 dB。
② 对于不符合标准的数值需要对喇叭进行调修。

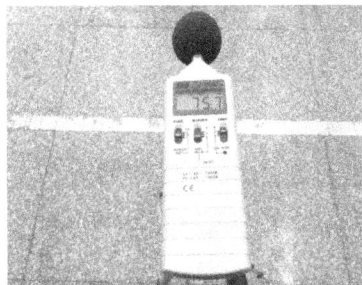

续表

4. 汽车喇叭声级调修

　　按照汽车喇叭故障诊断流程进行操作。

5. 汽车喇叭声级复检作业

(1) 按下"RESET"键。
(2) 按下喇叭开关。
(3) 读取检测数据。
(4) 按照国标要求,检查测量结果是否符合要求。

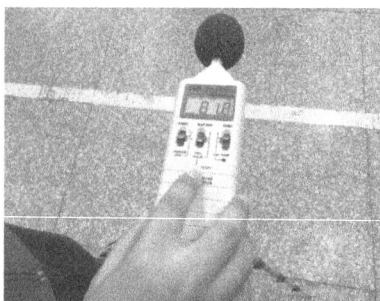

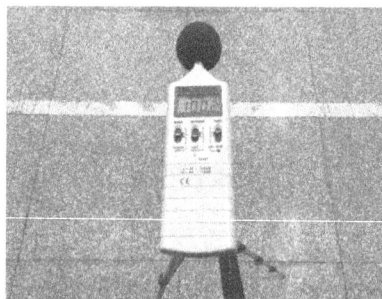

6. 5S 工作

考核项目七

驱动 CAN 系统故障排除

考场准备

主流车型整车一辆、数字万用表、常用拆装工具、KT600 解码仪、抹布、翼子板布和前格栅布、三件套、车轮挡块、手电筒、汽车维修手册、电路图等。

考核要求

1. 了解 CAN 系统在汽车中的作用；
2. 熟悉 CAN 系统的组成结构、工作原理；
3. 掌握 CAN 系统的故障诊断流程；
4. 能够正确使用解码仪对汽车进行故障诊断；
5. 能够利用电路原理图对 CAN 线系统进行故障诊断与排除。

考点链接

随着以 CAN 总线为主流标准的车载网络控制技术应用的普及，汽车整车电气系统的布线得以简化，车载电控单元实现了更高的数据信息交换与共享的要求，汽车的电子控制技术水平与性能有了较大的提高。

一、 汽车驱动 CAN 系统的组成及工作原理

1. 驱动 CAN 总线的组成部件

① CAN 控制器：接收由控制单元微处理器芯片传来的数据。CAN 控制器对接收到的数据进行处理并将其传递给 CAN 收发器，同样 CAN 控制器也接收收发器传来的数据，处理后传递给控制单元微处理器。

② CAN 收发器：具有接收和发送的功能。它将 CAN 控制器传来的数据转化为电信号并将其送入数据传输线，同样也为 CAN 控制器接收和转化数据。

③ 数据传输线：它是双向的，对数据进行传输。这两条线传输相同的数据，分别被称为 CAN 高线和 CAN 低线。

2. 驱动 CAN 总线的工作原理

为提高数据传输的可靠性,CAN 数据总线系统使用两条导线(双绞线)传递数据。这两条导线分别为 CAN – High(简称 CAN – H)线和 CAN – Low(简称 CAN – L)线。

以驱动 CAN 数据总线为例,在隐性状态和显性状态之间转换时,CAN 导线上的电压会发生变化。在静止状态时, 在 CAN – H 和 CAN – L 线上作用有相同的约为 2.5 V 的预先设定电压,该值称为静电平。静电平也称为隐性状态, 在此总线上连接的所有控制单元均可修改其状态。

当 CAN 总线从隐性状态转为显性状态时,总线上的电压值会变化(对驱动 CAN 数据总线来说,变化值至少为 1 V),CAN – H 线上的电压值会增大,约为 3.5 V, 而 CAN – L 线上电压值会减小,约为 1.5 V,如图 3.7-1 所示。

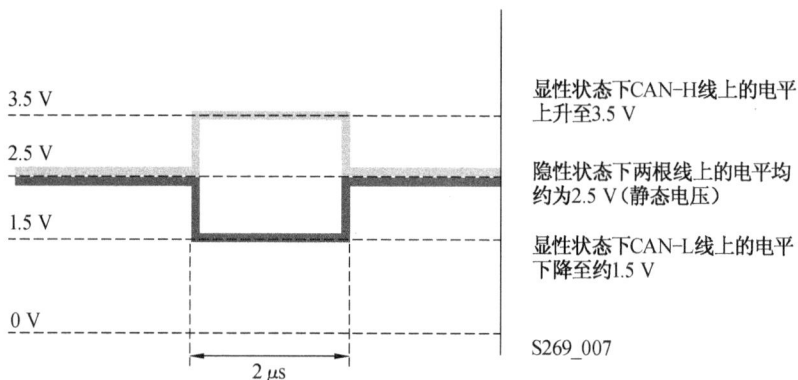

图 3.7-1 驱动 CAN 总线上的信号波形

二、 汽车驱动 CAN 控制单元的网络连接

上海大众采用驱动 CAN 总线的速率为 500 KB/s,用于将驱动 CAN 数据总线方面的控制单元联成网络。驱动 CAN 数据总线上控制单元有发动机控制单元、ABS 控制单元、组合仪表等,如图 3.7-2 所示。

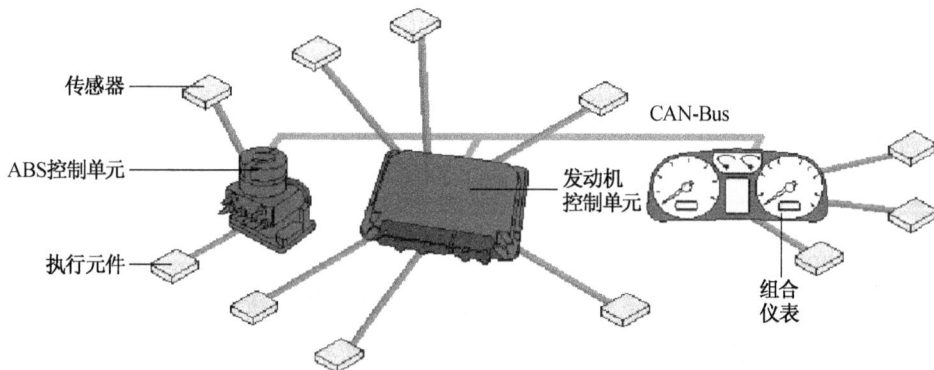

图 3.7-2 驱动 CAN 总线上的控制单元

三、驱动 CAN 系统的结构特点

最初的数据总线的两个末端有两个终端电阻,相比之下朗逸使用的是分配式电阻,即发动机控制单元内的"中央末端电阻"和其他控制单元的高欧姆电阻。由于轿车上的数据总线不长,所以不会产生负面作用。

在大众汽车上,发动机控制单元内部在驱动 CAN 数据总线的 CAN – H 线和 CAN – L 线之间形成 66 Ω 的电阻,驱动 CAN 总线上其他控制单元均在该总线上形成 2.6 kΩ 的电阻,如图 3.7-3 所示。由于不同的车型所连接控制单元的数量有所差异,连接在驱动 CAN 总线上的所有控制单元形成的总电阻约为 53 ~ 66 Ω。

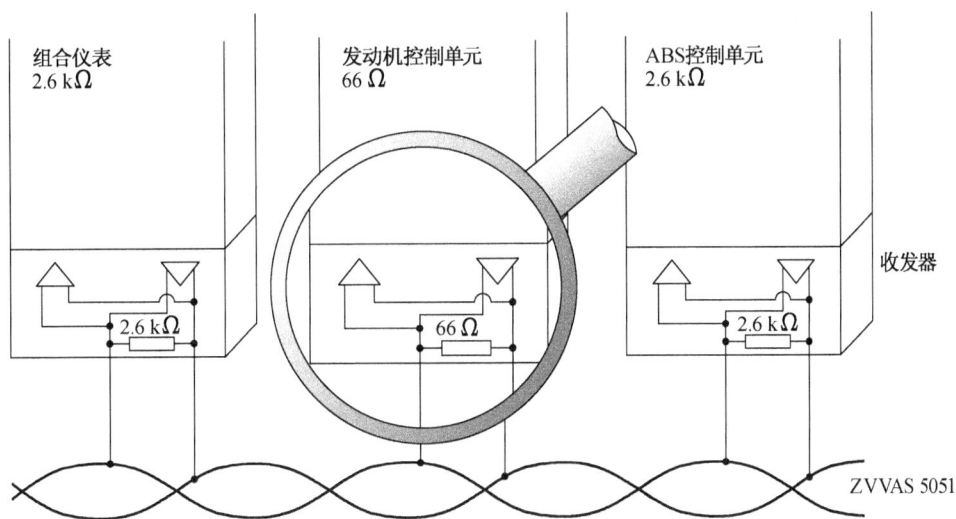

图 3.7-3　驱动 CAN 总线上控制单元电阻

四、驱动 CAN 系统诊断电路

大众朗逸轿车驱动 CAN 系统车载网络控制单元(J_{519})、组合仪表中带显示单元的控制单元(J_{285}),如图 3.7-4 所示。在故障诊断过程中,需要通过电路图来完成故障排除过程。

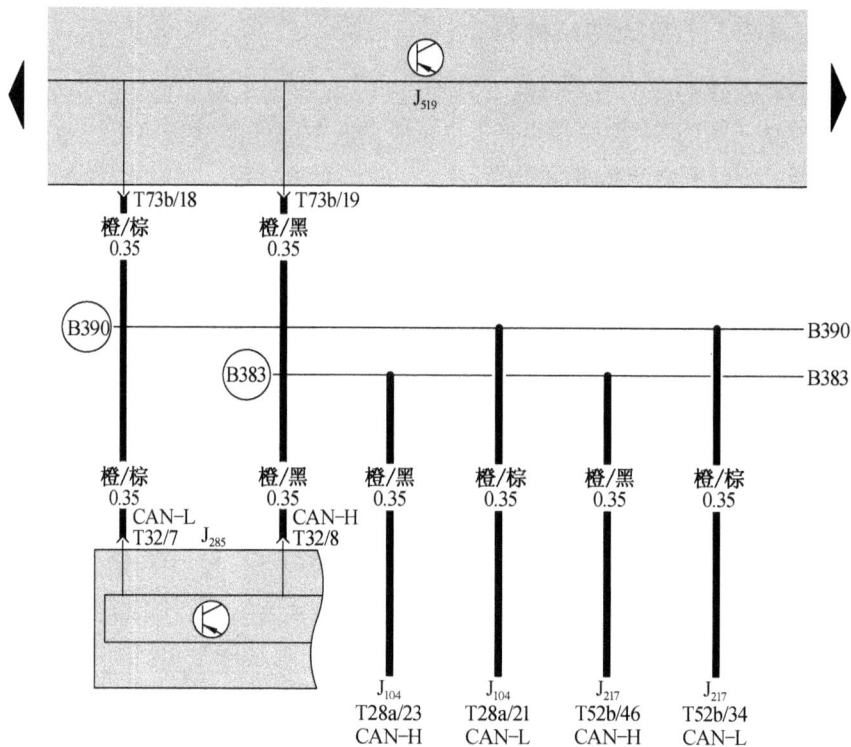

图 3.7-4 大众朗逸轿车驱动 CAN 系统电路

操作步骤

驱动 CAN 系统故障排除步骤见表 3.7-1。

表 3.7-1 驱动 CAN 系统故障排除步骤

1. 前期准备工作

① 工作场景:实训工厂、上海大众朗逸。

② 主要设备:KT600 解码仪、万用表。

③ 辅助材料:抹布、翼子板布和前格栅布、三件套、车轮挡块。

（1）安装三件套及车轮挡块。

（2）安装方向盘套、座椅套、脚垫。

（3）检查机油液位、冷却液、刹车液及线束连接情况。

（4）变速箱置于空挡,拉起手制动。

2. 解码仪的使用

（1）选择诊断插头。
① 准备解码仪。
② 将主机与诊断线连接好。
③ 将诊断线的另一头连好诊断插头,选择诊断插头的型号为"OBD‑Ⅱ"。

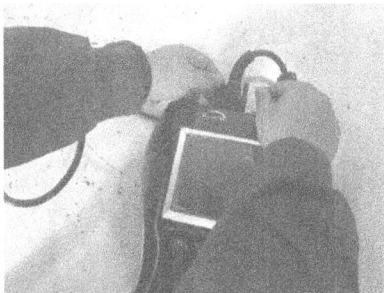

（2）连接解码仪。
① 将解码仪的诊断插头与汽车诊断插座连好。
② 打开点火开关。

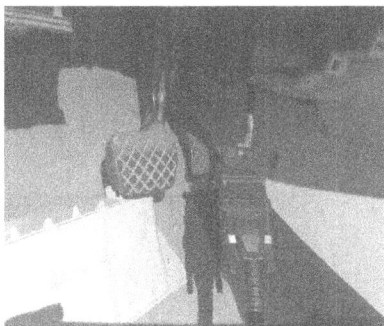

（3）按下解码仪电源开关,解码仪有一个自检过程,大概 10 s 后进入解码仪诊断程序。

（4）进入解码仪,选择"汽车诊断"菜单。

（5）进入解码仪,选择"上海大众"汽车。

（6）选择发动机型号。

技术要求:

① 选取车型:大众新朗逸。

② 所选车型的发动机型号:CPJ 1.6 L/77 kW。

3. CAN 总线的故障诊断

（1）读取故障码。

① 进入解码仪,读取故障码。

② 显示"通讯错误"。

（2）驱动 CAN - H 断路检查。

① 万用表调整到电压挡。

② 在静态状态下，检查 CAN - H 线与搭铁之间的电压值，标准电压约为 2.5 V。

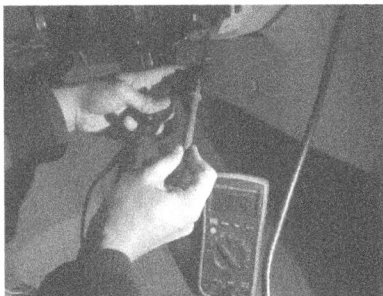
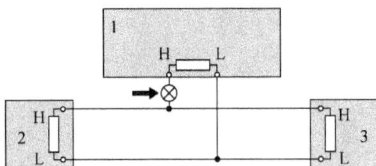

（3）驱动 CAN - L 断路检查。

① 万用表调整到电压挡。

② 在静态状态下，检查 CAN - L 线与搭铁之间的电压值，标准电压约为 2.5 V。

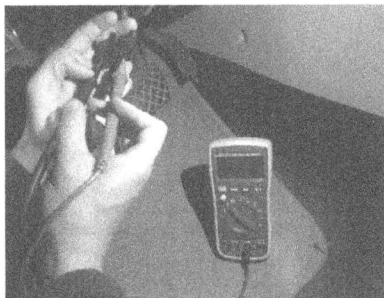
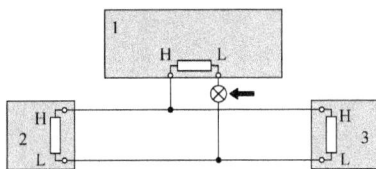

（4）读取故障码。

① 进入解码仪，读取故障码。

② 显示"通讯错误"。

（5）驱动 CAN - H 对正极短路检查。

① 万用表调整到电压挡。

② 在静态状态下,检查 CAN - H 线与搭铁之间的电压值,标准电压约为 2.5 V。

③ 万用表显示电压为 12 V,CAN - H 线对正极短路。

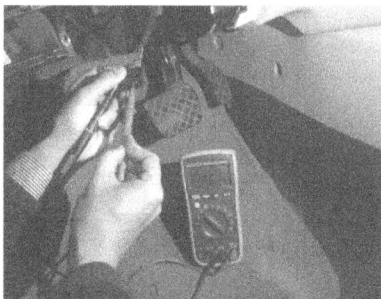
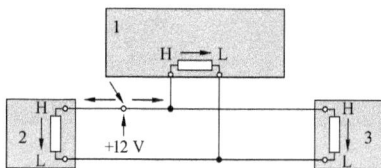

（6）驱动 CAN - L 对正极短路检查。

① 万用表调整到电压挡。

② 在静态状态下,检查 CAN - L 线与搭铁之间的电压值,标准电压约为 2.5 V。

③ 万用表显示电压为 12 V,CAN - L 对正极短路。

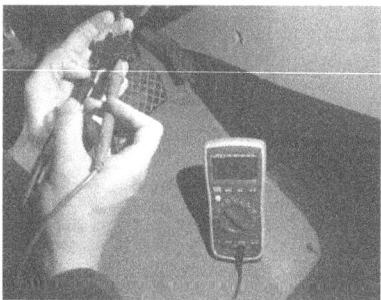
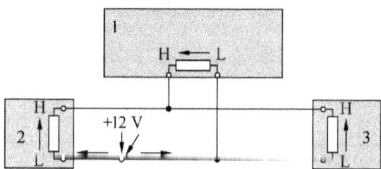

（7）读取故障码。

① 进入解码仪,读取故障码。

② 显示"通讯错误"。

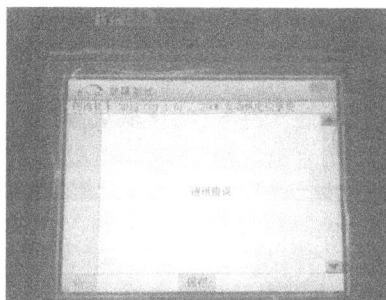

（8）驱动 CAN - H 对负极短路检查。

① 万用表调整到电阻挡。

② 在静态状态下,检查 CAN - H 线与搭铁之间的电阻值,标准电阻为无穷大。

③ 万用表显示电阻为 1.1 Ω,CAN - H 对负极短路。

 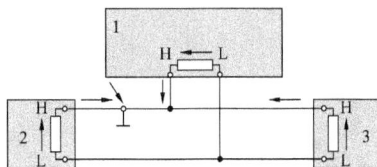

（9）驱动 CAN - L 对负极短路检查。

① 万用表调整到电阻挡。

② 静态状态下,检查 CAN - L 线与搭铁之间的电阻值,标准电阻为无穷大。

③ 万用表显示电阻为 1.2 Ω,CAN - L 对负极短路。

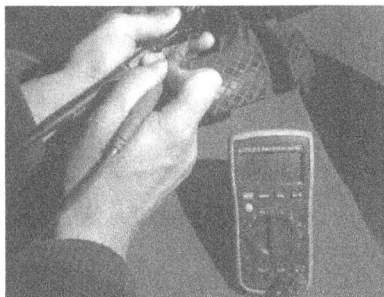 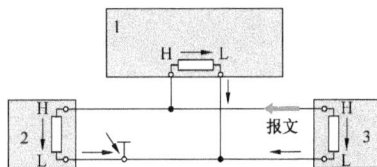

（10）读取故障码。

① 进入解码仪,读取故障码。

② 显示"通讯错误"。

(11) 驱动 CAN – H 与驱动 CAN – L 短路检查。

① 万用表调整到电阻挡。

② 静态状态下,检查 CAN – H 线与 CAN – L 线之间的电阻值,标准电阻为无穷大。

③ 万用表显示电阻为 0.5 Ω,CAN – H 与 CAN – L 之间短路。

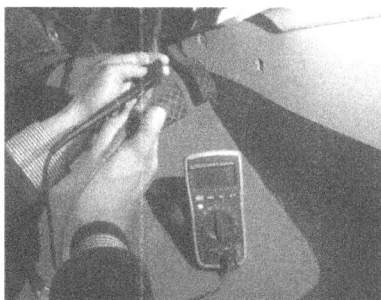
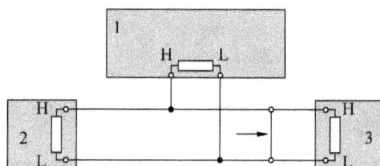

4. 读取数据流

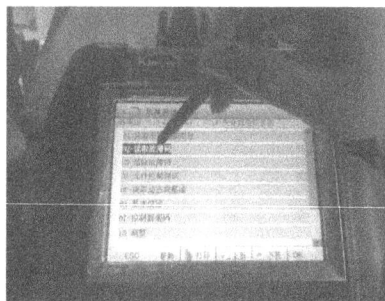

驱动 CAN 线故障排除,正常进入解码仪,读取故障码。

5. 5S 工作

模块四

技师专业技术论文撰写规范

知识要点

　　本模块主要讲解了汽车维修专业技术论文的基本构成，并重点阐述了各部分的写作注意事项；同时介绍了专业技术文献的检索方法。

考核项目一

专业技术论文撰写规范

1

考核要求

1. 了解专业技术论文撰写步骤；
2. 能按照正确的步骤撰写论文大纲；
3. 能写出合格、规范的技师专业技术论文。

考点链接

一、专业技术论文的类型

从广义角度来说,论文就是以系统和专门的知识对某个问题加以说理、议论为主要表达方式的文章。技师专业论文是技师在总结或研究汽车维修这一工种领域中的有关技术或业务问题时,表达其工作或研究过程的成果的综合实用性文章。它是个人从事某一专业(工种)学识、技术和能力的基本反映,也是个人劳动成果、经验和智慧的升华。

专业技术论文主要有以下几种类型：

1. **实操型**

该类型的论文表述的是作者对具体的技术对象,运用新原理、新材料、新设备、新工艺,将实际操作性工作引向更高层次的见解。其既是对前人或他人已有的实际操作规律和成果的总结和深化,又是进一步对技术对象的某些更高层次的性质和规律的认识。

其内容结构为引言、正文(实操技术对象的技术原理、典型技术对象、实操基本步骤、分析与讨论)、结论。撰写要求有理论依据、实际操作方法及过程分析、综合性总结 3 个基本方面的内容。

2. **理论型**

特点:① 在本专业基础理论、专门知识和技能的基础上,从更广泛的范围去论证已有理论的正确性。② 通过长期的实践和研究,对本工种范围内的某一理论、定理、定律提出修改、补充意见或质疑。③ 进一步拓展本工种专业在实践中的具体运用范围。④ 提出新的见解和理论。

内容结构:① 引言;② 正文(充分展开论题、进行分析和得出结论,把作者的全部思想、理论、观点和见解进行全面的阐述);结论(对课题的理论推导、分析和研究结果进行最终总结)。

撰写要求:① 善于发现和提出问题(前人所没有察觉到的、已有发现但没能恰当把握和准确提出的、丰富和发展前人提出的问题);② 表述规范化。

3．报告型

特点:① 陈述技术工作成果、学术观点和独创性见解;② 深入、集中反映本工种的某一科研成果或进展情况;③ 对某项科研成果的书面总结。

内容结构:① 引言;② 正文(详细、具体、如实地表述和分析技术改造和工作革新的进展情况;对成果做出恰当的估计和正确评价;对存在的问题进行分析并提出解决方案);③ 结论(对技术改造、工作革新的科学性、先进性和实用性做出客观的基本评价)。

撰写要求:① 叙述核心是事实(注意系统性和完整性);② 分类:技术工作总结报告、课题研究报告。

4．评述型

特点:① 对本工种的理论知识和国家的各种相关政策或专业技术研究成果及科技发展动向进行综合性评述。② 按内容的深度和广度可分为综合性和专业性评述;按对象分为文献评述和讨论述评。

内容结构:① 引言;② 正文(预测本领域的发展趋势,可能产生的新问题,以便提前制订解决方案;预测本领域与其他专业或学科之间的互相影响与效益);③ 结论。

撰写要求:① 学习专业基础知识和科学信息学知识;② 做好综合分析,各分析方法(如列举法、阶段法、层次法、典型法)可单独应用或交叉应用;③ 力求概括面广、论据充分、分析精深。

二、 专业技术论文的撰写步骤

专业技术论文的撰写一般包括选题、拟定提纲、撰写论文正文、完成其他内容写作、修改成文等步骤。

1．选题

选题是在研究资料的基础上,经过选择,确定所要研究论证的中心问题。一般来说,选题主要包括两个方面的内容:一是确定研究的方向;二是选择研究论题。论文的主题是作者在说明问题、发表主张或反映生活现象时,通过对材料的深入分析、研究后孕育、形成见解或结论,进而提出的主要观点,是论文的纲领和灵魂。

国家标准对论文标题的要求:用最简洁、恰当的词组反映文章的特定内容,把论文的主题明白无误地告诉读者,并且使之具有画龙点睛、启迪读者兴趣的功能。一般情况下题名中要包括文章的主要关键词。题名应简短,最长也不宜超过 20 个汉字,外文题名不超过 10 个实词。

(1) 选题原则

① 扬长避短,熟悉或实践过的课题。

② 知识和能力都能胜任的相对单一的课题。

③ 有一定实用价值的课题。

④ 选择具有一定创意和深度的课题。

（2）选题方法

① 浏览捕捉法。

通常所说的泛读,即对所占有的文献资料快速、大略地阅读。阅读过程中注意广泛收集资料并着意寻找自己的研究方向,在资料的比较中确定选题。

a. 全面快速地浏览资料。在浏览中,注意做好笔记,记下对自己影响深刻的观点、论证方法、论题等,并随手记下在脑海中闪现的心得体会。一些相同或类似的观点和材料,可以不必重复记录,只需记下资料名称、文章题目、页码即可,以备写作时引用。

b. 做好资料的分类整理工作。具体归类方法:本专业领域具有权威性和影响力较大的归为一类;对同一问题有几种不同观点的资料或与本专业技术领域关系密切的资料归为一类;本专业技术领域最新的资料及成果归为一类;本专业领域有争议的最新资料和成果归为一类;自己在阅读中的体会和观点归为一类等。

c. 体会分类。完成资料归类后,可以结合自己在日常研究中的体会对手头上现有的资料进行分析、比较,经过反复多次的比较后,可以逐渐形成自己的想法,选题的目标也就会渐渐明朗起来,最终达到确定选题的目的。

② 追溯验证法。

a. 追溯本专业技术领域学术的研究动向。

b. 追溯自己的"拟想"是否对别人的研究成果有补充作用。

c. 如果"拟想"无据可查,应当中止该项选题,留到以后再做研究。

d. 追溯自己在研究中的"灵感",深思熟虑。

总之,以主观"拟想"为出发点,通过选定研究方向追踪验证是否可行。

③ 调查法。

在搜集一定的资料,进行一定研究的基础上,向所要开展研究的对象进行调查、咨询,通过分析确定课题。

具体方式:调查、访问、问卷调查、集体访谈、专家征询等。

特点:以提问的方式要求被调查者对某个或某些问题表明其态度、想法或做法。

分类:口头调查和书面调查。

从心理、行动配合调查活动,做好记录和分析。

（3）注意事项

① 根据内容确定标题,准确得体,使标题与内容一致,用简洁的词语表达尽可能多的主题信息,并尽可能准确地反映出论文主旨,满足关键词（主题词）的取词要求。题目拟不好往往关键词也取不准。标题应能准确地表达论文的特定内容,恰如其分地反映研究的范围和所达到的深度。

② 注意语句的规范化,外延和内涵要恰当,使命题更准确严密,同时尽量不在标题中使用标点符号。

③ 切忌在标题中加入多余的修饰成分。论文讲求实事求是,要求把研究过程中的本质东西不加夸张和修饰地表现出来,一切与论文内容不符或无关的修饰成分均应一律删除。

④ 要尽量去掉多余的虚词和介词。

⑤ 不宜使用疑问句作标题。

　　论文的标题是目录、索引等二次文献的重要着录内容,直接影响读者检索和查阅,题名拟得是否准确、具体、简明而又有章法,会直接影响到这篇论文是否有助于二次文献的编制,能否被迅速传播、利用。同样,分标题(章节标题)也是文章结构的有力助手,是为了向读者提供直接的信息和明确的说明,告诉读者从一个论题转向另一个论题,或从论题的一个方面转向另一个方面,也能增加页面的清晰感,便于阅读。因此,应尽可能使用能表达章节内容的分标题。

举例

浅谈宝马 530Li 车门事故修复

1. 车门外壳修复
2. 车门内部升降机更换
3. 车门玻璃更换
4. 车门锁更换
5. 车门蒙皮更换

2. 拟定提纲

　　提纲是论文的基本框架结构,包括论点、论据,如何提出问题,选择哪些材料,在布局上分为哪几部分,各部分的任务和要求如何,提纲的内容应包括全文的基本要点,各段落的安排,大、小标题名称等,并要把这些构思用文字写下来。一个完善的大纲,能使目标明确、思路清晰,有利于顺利撰写论文。

举例

[案例1]

浅谈汽车碰撞修复合理方法
——修复器件的选用及注意事项

1. 进行充分的修复准备
2. 诊断测量、制订科学的修复方案
3. 车身安装固定
4. 拉伸整形及部件的、拆卸、修理和更换
5. 最终的检测和更换

[案例2]

江淮瑞风氧传感器故障的诊断与分析

1. 江淮瑞风氧传感器的结构、作用与工作原理

  1.1 氧传感器的结构

  1.2 氧传感器的作用

  1.3 氧传感器的工作原理

2. 江淮瑞风氧传感器故障实例分析

  2.1 故障现象

  2.2 故障原因分析

  2.3 故障的诊断与排除

[案例3]

废气涡轮增压器的机理及故障

1. 废气涡轮增压器的结构

  1.1 涡轮室

  1.2 压缩器

  1.3 中央冷却器

  1.4 泄压阀

  1.5 旁通阀

  1.6 电控设备

2. 废气涡轮增压器的工作原理

  2.1 废气涡轮增压器的工作原理

  2.2 废气涡轮增压器工况

3. 废气涡轮增压器故障分析

  3.1 废气涡轮增压器润滑不良

  3.2 废气涡轮增压器漏油

  3.3 废气涡轮增压器引起的发动机动力不足

  3.4 废气涡轮增压器异物进入

4. 废气涡轮增压器的维护

  4.1 废气涡轮增压器车辆使用注意事项

  4.2 废气涡轮增压器车辆用油注意事项

[案例4]

浅谈大众宝来车系发动机抖动异常的修复与预防

1. 发动机抖动异常的原因

2. 发动机抖动异常的害处

3. 发动机抖动异常的检测

4. 发动机抖动异常的修复

5. 发动机抖动异常的预防

244

3．写成论文初稿

根据所拟定提纲和准备的材料,按照论文的各项要求,特别是正文的内容和要求,按提纲的顺序,对提出问题、解决问题、分析问题的基本步骤做充分的说明和论证,最后归纳总结,得出结论,并写成论文初稿。

论文基本要求:

① 论点明确:论文的论述要点是论文的核心与关键;要求论文中的论点应明确、肯定(不允许含糊其辞)。

② 论据充分:论文的论述依据应选择真实、典型、切合论点的材料,使论点得到充分、有力的证明。

③ 逻辑缜密:论文不仅要做到"言之有物",而且要求"言之有序",要加强论文的逻辑性,论文应有层次、有章法。

④ 文字:简练、通畅、图文并茂、书写端正。

4．反复修改,提高论文的技术质量

初稿写成后,可向老师、周围的工程技术人员和有经验的工人求教,要多征求他人对所写论文的论点、分析、文字书写等方面的意见,然后进行修改。

论文初稿只是完成论文的初步基础,要提高论文质量,需多花时间,不怕修改,不惜修改,要检查论点是否充分,结构是否完整,材料是否真实,文字是否精练,标题是否贴切等,对撰写的内容要细心进行思考、推敲。应该删除的内容舍得删去,该增加的内容的不惜功夫增加。这样经过反复修改的论文才能成为质量较高的论文。

三、 专业技术论文的构成

1．题名

题名应以简明、确切的词语反映文章中最重要的特定内容。中文题名一般不宜超过20 个字,必要时可加副题名。英文题名应与中文题名含义一致。题名应避免使用非公知公用的缩写词、字符、代号,尽量不出现数学式和化学式。

2．作者署名和工作单位

作者署名是文责自负和拥有著作权的标志。作者姓名署于题名下方,团体作者的执笔人也可标注于篇首页页脚或文末。英文摘要中的中国人名和地名应采用《中国人名汉语拼音字母拼写法》的有关规定;人名姓前名后分写,姓、名的首字母大写,名字中间不加连字符;地名中的专名和通名分写,每分写部分的首字母大写。对作者应标明其工作单位全称,同时,在篇首页地脚标注第一作者的简介,内容包括姓名、性别、出生年月、学位、职称、研究方向、城市名、邮编及 E-mail 地址(选项)。

3．摘要

论文都应有摘要。作为一种可供阅读和检索的独立使用的文体,只能用第三人称来写。摘要的内容包括研究的目的、方法、结果和结论。一般应写成报道性文摘,也可以写成指示性或报道—指示性文摘。摘要应具有独立性和自明性,应是一篇完整的短文。一般不分段,不用图表和非公知公用的符号或术语,不得引用图、表、公式和参考文献。中文摘要的篇幅:报道性的,200～300 字;指示性的,50～100 字;报道—指示性的,100～200字。英文摘要一般与中文摘要内容相对应。

4. 关键词

关键词是为了便于文献索引和检索而选取的能反映论文主题概念的词或词组,一般每篇文章标注 3~8 个关键词。

5. 引言

引言的内容可包括研究的目的、意义、主要方法、范围和背景等。应开门见山,言简意赅,不要与摘要雷同或成为摘要的注释,避免公式推导和一般性的方法介绍。引言的序号可以不写,也可以写为"0",不写序号时"引言"二字可以省略。

6. 论文的正文部分

论文的正文部分是指引言之后、结论之前的部分,是论文的核心。总的思路和结构安排应符合"提出论点,通过论据来对论点加以论证"这一共同要求。

（1）层次标题

层次标题是指除文章题名外的不同级别的分标题。各级层次标题应简短明确,同一层次的标题应尽可能"排比",即词(或词组)类型相同(或相近),意义相关,语气一致。各层次标题一律用阿拉伯数字连续编号;不同层次的数字之间用小圆点"."相隔,末位数字后面不加点号,如"1""2.1""3.1.2"等;各层次的序号均左顶格起,后空 1 个字距接排标题。其他列项用 1），2），3），…或 a., b., c., …

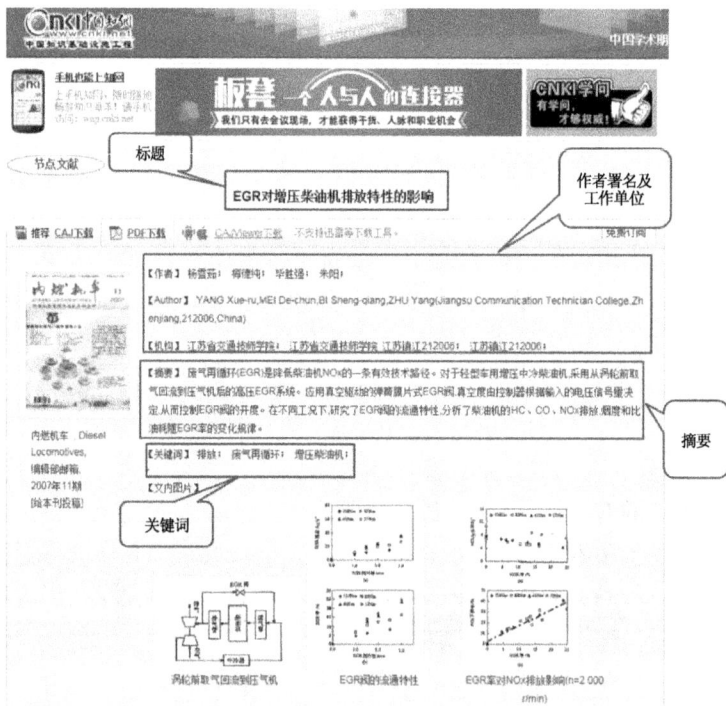

图 4.1-1　专业论文的构成

（2）图

图要精选,应具有自明性,切忌与表及文字表述重复。图要精心设计和绘制,要大小适中,线条均匀,主辅线分明,图元的画法要符合国家标准。图中文字与符号均应植字,应保证缩尺后文字的大小在 6 号至新 5 号之间。坐标图标目中的量和单位符号应齐全,并分别置于纵、横坐标轴的外侧,一般居中排。横坐标的标目自左至右;纵坐标的标目自下而上,顶左底右。坐标图右侧的纵坐标标目的标注方法同左侧。图中的术语、符号、单位等应与表格及文字表述所用的一致。插页图版可另编页码,且须在图版上方标识文章的题名和所在页码。图应有以阿拉伯数字连续编号的图序(如仅有 1 幅图,图序可定名为"图 1")和简明的图题。图序和图题间空 1 个字距,一般居中排于图的下方。

(3) 表

表要精选,应具有自明性。表的内容切忌与插图及文字表述重复。表应精心设计,项目栏中各栏标注应齐全。若所有栏的单位相同,应将该单位标注在表的右上角,不写"单位"二字。表中术语、符号、单位等应与插图及文字表述所用的一致。表中内容相同的相邻栏或上下栏,应重复示出或以通栏表示,不能用"同左""同上"等字样代替。表一般随文排,先见文字后见表。表若卧排,应顶左底右。表应有以阿拉伯数字连续编号的表序(如仅有 1 个表,表序可定名为"表 1")和简明的表题。表序和表题间空 1 个字距,居中放在表的上方。

(4) 数学式和反应式

文章中重要的或后文要重新提及的数学式、反应式等可另占一行,并用阿拉伯数字连续编序号。序号加圆括号,右顶格排。数学式需断开,用 2 行或多行来表示时,最好在紧靠其中符号" = , + , − , ± , × , /"等后断开,而在下一行开头不再重复这一符号;反应式需断开,用 2 行或多行来表示时,最好紧靠其中符号" → , = , +"等后断开,而在下一行开头不再重复这一符号。式中的反应条件应用比正文小 1 号的字符标注于反应关系符号的上下方。化学实验式、分子式、离子式、电子式、反应式、结构式和数学式等的写作,应遵守有关规定;结构式中键的符号与数学符号应严格区别,如单键"—"与减号" − ",双键"="与等号" = "等不应混淆。

(5) 量和单位

应严格执行 GB 3100 ~ 3102—1993 规定的量和单位的名称、符号和书写规则。

量的符号一般为单个拉丁字母和希腊字母,除规定使用正体的量(如 pH,π 等)外采用斜体。为区别不同情况,可在量符号上附加角标。表达量值时,在公式、图、表和文字叙述中,一律使用单位的国际符号,采用正体。单位符号与数值间要留适当间隙。不许对单位符号进行修饰,如加缩写点、角标、复数形式,或在组合单位符号中插入化学元素符号等说明性记号等。在插图和表格中用特定单位表示量的数值时,应当采用量与单位相比的形式,如 $L/m,m/kg,p/Pa$。不能把 ppm,pphm,ppb,ppt,rpm 等缩写字作单位使用。词头不得独立使用,也不能重叠使用,如 μm,不用 $\mu pF,\mu\mu F$。组合单位的分母中一般不加词头,一般也不在分子分母同时加词头,如 kJ/mol 不写成 J/mmol,MV/m 不写成 kV/mm。

(6) 数字用法

凡是可以使用阿拉伯数字的地方,均应使用阿拉伯数字。可参照 GB 15835—2011 出版物上数字用法的规定。公历世纪、年代、年、月、日和时刻用阿拉伯数字。年份不能简写,如 1997 年不能写成 97 年。日期和时刻可采用全数字式写法,如 2001 年 2 月 8 日写为 2001 − 02 − 18 或 20010218;15 时 9 分 38 秒写成 15:09:38。计量和计数单位前的数字应采用阿拉伯数字。多位的阿拉伯数字不能拆开转行。百分数范围:20% ~ 30% 不能写成 20 ~ 30% ;偏差范围:(25 ± 1)℃不能写成 25 ± 1℃,(85 ± 2)% 不能成 85 ± 2% 。

（7）外文字母的书写

应特别注意外文字母的正斜体、大小写和上下角的表示。特别是手稿中易混淆的外文字母，如：a,α;B,β;C,c;K,k,κ;O,o,0;P,p;r,γ;S,s;U,u;V,v,υ;w,ω;X,x,χ;Y,y;Z,z,2 等，外文字母的上下角一定要跟正文有所区别。

7. 结论和建议

结论是文章的主要结果、论点的提炼与概括，应准确、简明、完整、有条理。如果不能导出结论，也可以没有结论，而进行必要的讨论，可以在结论或讨论中提出建议或待解决的问题。

8. 致谢

现代科学技术研究往往不是一个人能单独完成的，而需要他人的合作与帮助，因此，当研究成果以论文形式发表时，作者应当对他人的劳动给以充分的肯定，并对他们表示感谢。致谢的对象是：对本研究直接提供过资金、设备、人力及文献资料等支持和帮助的团体或个人。"致谢"段可以列出标题并冠以序号，如"6 致谢"放在如"5 结语"段之后，也可不列标题，空一行置于"结论"段之后。

9. 参考文献著录

参考文献是为撰写论著而引用的有关图书资料。按规定，在科技论文中，凡是引用前人（包括作者自己过去）已发表的文献中的观点、数据和材料等，都要对他们在文中出现的地方予以标明，并在文末列出参考文献的详细情况。这项工作叫作参考文献著录。

（1）参考文献著录的目的与作用

对于一篇完整的论文，参考文献著录是不可缺少的。归纳起来，参考文献著录的目的与作用主要体现在以下5个方面：

① 著录参考文献可以反映论文作者的科学态度和论文具有真实、广泛的科学依据，也反映出该论文的起点和深度。

② 著录参考文献能方便地把论文作者的成果与前人的成果区别开来。这不仅表明了论文作者对他人劳动的尊重，而且也免除了抄袭、剽窃他人成果的嫌疑。

③ 著录参考文献能起索引作用。读者可方便地检索和查找有关图书资料，以对该论文中的引文有更详尽的了解。

④ 著录参考文献有利于节省论文篇幅。

⑤ 著录参考文献有助于科技情报人员进行情报研究和文献计量学研究。

（2）参考文献著录的原则

① 只著录最必要、最新的文献。

② 只著录公开发表的文献。

③ 采用标准的著录格式。

（3）参考文献著录的方法和要求

论文中参考文献的著录方法，按规定一般采用"顺序编码制"和"著者—出版年制"这两种。其中，顺序编码制为我国科学技术期刊所普遍采用。

① 文内标注格式。

采用顺序编码制时，在引文处，按它们出现的先后用阿拉伯数字连续编码，并将序码置于方括号内，视具体情况把序码作为上角标，或者作为语句的组成部分。

② 文后参考文献表的编写格式。

采用顺序编码制时,在文后参考文献表中,各条参考文献按在论文中的文献序号顺序排列,项目应完整,内容应准确,各个项目的次序和著录符号应符合规定。论文中参考文献置于"致谢"段之后、"附录"段之前。

③ 各类文献著录的通用格式。

a. 连续出版物的著录格式。

[标引项顺序号] 作者.题名[文献类型标志].刊名,出版年份,卷号(期号):起止页码.

示例:[1] 钱培德,扬季文,吕强,等.一个校对型汉字录入器的设计和实现[J].计算机研究与发展,1996,33(7):555-557.

b. 专著的著录格式。

[标引项顺序号] 作者.书名[文献标志类型].版本(第一版不标注).出版地:出版者,出版年:起止页码.

示例:[2] 薛华成.管理信息系统[M].北京:科学出版社,1993.38-39.

c. 论文集的著录格式。

[标引项顺序号] 作者.题名[文献标志类型].见(英文用In):主编.论文集名.出版地:出版者,出版年:起止页码.

示例:[3] 赵秀珍.关于计算机学科中几个量和单位用法的建议.见:中国高等学校自然科学学报研究会编[C].科技编辑学论文集.北京:北京师范大学出版社,1997:125-129.

d. 会议论文。

[标引项顺序号] 作者.题名[文献标志类型].会议名称.会址,会议年份。

示例:[4] 惠梦君,吴德海.奥氏体—贝氏体球铁的发展[C].全国铸造学会奥氏体—贝氏体球铁专业学术会议.武汉,1986.

e. 学位论文的著录格式。

[标引项顺序号] 作者.题名[文献标志类型].保存地点:保存单位,年份.

示例:[5] 朱建立.面向对象的分布式知识处理系统[D].北京:中国科学院计算机技术研究所,1987.

f. 报纸文章的著录格式。

[标引项顺序号] 作者.题名[文献标志类型].报纸名,年-月-日(版次).

示例:[6] 国务院新闻办公室.中国的粮食问题[N].人民日报,1996-10-25(2).

g. 专利的著录格式。

[标引项顺序号] 专利申请者.题名[文献标志类型].国别,专利文专利号,发布日期.

示例:[7]姜锡洲.一种温热外敷药制备方法[P].中国,881056073.1989-07-26.

h. 技术标准的著录格式。

[标引项顺序号] 起草责任者.标准代号 标准顺序号—发布年 标准名称[S].出版地:出版者,出版年(也可略去起草责任者、出版地、出版者和出版年).

示例:[8] 全国量和单位标准化技术委员会.GB 3100~3102—1993 量和单位[S].北京:中国标准出版社,1997.

i. 科技报告的著录格式。

[标引项顺序号]作者.题目[文献标志类型].单位,技术报告:编号,出版年.

示例:[9] D W Clark. The memory system of a high performance personal computer[R]. Xerox Palo Alto Research Center, Thch Rep:CSL – 81 – 1,1981.

j. 用户手册的著录格式。

[标引项顺序号]用户手册名[文献标志类型].出版地:出版者,出版年。

示例:[10] MC88100 RSIC Microprocessor User's Manual(Second edition)[K]. Englewood Cliffs, NJ:Prentice Hall, 1990.

k. 译著的著录格式。

[标引项顺序号]著者.书名[文献标志类型].译者.出版地:出版者,出版年.

示例:[11] R K 霍斯尼.谷物科学与工艺学原理[M].李庆龙译.第 2 版.北京:中国食品出版社,1989.

l. 协议的著录格式。

格式同技术标准。

m. 网络文献的著录格式。

[标引项顺序号]主要责任者.电子文献题名[电子文献及载体类型标识](任选).电子文献的出处或可获得地址,发表或更新日期/引用日期(任选).

示例:[12] 王明亮.关于中国学术期刊标准化数据库系统工程进展[EB/OL]. http://www.cajcd.edc.cn/pub/wml.txt/980810 – 2.html, 1998 – 08 – 16/1998 – 10 – 04.

10. 文献类型及标识码

根据 GB 3469 规定,以单字母方式(见表 4.1-1)标识参考文献类型。

表 4.1-1　文献类及单字母标识

单字母	参考文献类型	单字母	参考文献类型	单字母	参考文献类型
A	录音带 (含唱片、录音磁带)	J	期刊	S	技术标准 (含规范、法规等)
B	档案	K	参考工具 (年鉴、手册、字典等)	T	中译本
C	会议录 (论文集)	L	唱片	U	缩微胶卷
D	学位论文	M	专著(含教材等)	V	录像带
E	其他(盲文等)	N	报纸	W	检索工具(含目录、书目、文摘等)
F	缩微唱片	O	古籍(含金石、竹简等)	X	产品样本 (含产品说明书等)
G	汇编 (含论文集等)	P	专利文献	Y	电影片
H	手稿	Q	图表 (含地图、地质图、气象图等)	Z	幻灯片
I	乐谱	R	科技报告 (技术、调查、考察等)		

对于数据库(database)、计算机程序(computer program)及电子公告(electronic bulletin board)等电子文献类型的参考文献,建议以表4.1-2所列双字母作为标识。

表4.1-2　电子文献类及双字母标识

电子参考文献类型	数据库	计算机程序	电子公告
双字母	DB	CP	EB

11. 附录

附录是论文主体的补充项目,并不是每一篇科技论文都必需的。附录段置于参考文献表后,依次用大写正体A,B,C,…编号,如以"附录A""附录B"作标题前导词。附录中的插图、表格、公式、参考文献等的序号与正文分开,另行编制,如编为"图A1""图B2";"表B1""表C3";"式(A1)""式(C2)";"文献[A1]""文献[B2]"等。

12. 注释

解释题名项、作者及论文中的某些内容,均可使用注释。能在行文时用括号直接注释的,尽量不单独列出。不随文列出的注释叫脚注。用加半个圆括号的阿拉伯数字1),2),3)等,或用圈码①,②,③等作为标注符号,置于需要注释的词、词组或句子的右上角。每页均从数码1)或①开始,当页只有一个脚注时,也用1)或①。注释内容应置于该页地脚,并在页面的左边用一短、细水平线与正文分开,细线的长度为版面宽度的1/4。

考核项目二

专业技术论文文献检索

考核要求

1. 了解专业技术论文文献检索的方法与步骤；
2. 能利用各类资源查找所需的专业文献。

考点链接

一、 科技文献资料的检索

1. 文献检索的作用

文献检索是做好毕业设计工作的前提。从最初的选题到最后的论文写作，整个过程均与文献检索有着密切的关系。

为保证培养的大学生在毕业设计选题、毕业论文写作及在毕业设计工作中有较强的创新与独立工作能力，必须强调文献查阅的重要性，使学生熟练掌握各种现代化的检索手段与工具，学会检索信息、选择信息、利用信息、开发信息，并学以致用。

对于文献查阅能力差的学生，其对课题基本情况的了解主要来自指导教师的介绍，由于搜集资料的手法单一，手头数据资料不全，因而对课题的把握不准。

对于文献查阅能力好的学生，不但可通过指导教师介绍搜集资料，还可通过现代化的检索手段来搜集资料，了解课题的现状、进展和趋势。这类学生开展课题从容，心中有数，能力特别突出的学生还可根据自身掌握的资料、信息和爱好自主创新。

2. 文献检索的语言

（1）分类语言

它是一种人工语言，用于各种检索工具的编制和使用，并为检索系统提供统一的、作为基准的、用于信息交流的一种符号化或语词化的专用语言。

《中国图书馆图书分类法》是我国图书分类法的基础。它把一切知识门类按"五分法"分为马克思列宁主义、毛泽东思想，哲学，社会科学，自然科学，综合性图书五大部类。在此基础上建成由 22 个大类组成的体系。

（2）主题语言

它是经过控制的,表达文献信息内容的词语。

（3）关键词语言

它是从文献内容中抽出来的关键的词,作为文献内容的标识和查找目录索引的依据。

（4）自然语言

它是文献出现的任意一个词语。

3. 文献检索的方法

文献可以根据关键词、主题词、题名、责任者、时间等进行检索。

关键词检索:全篇文献中所有有实义的词均可作为检索词。

主题词检索:通过严格规定的主题词或叙词进行检索。

题名检索:只在文献的标题中进行主题词或关键词的检索。

责任者检索:通过编著者索引进行检索。

时间检索:根据文献的出版日期进行检索。

文献检索的基本方法有以下几种:

（1）直接法

直接法是指直接利用检索工具(系统)检索文献信息的方法。这是文献检索中最常用的一种方法。它分为顺查法、倒查法和抽查法。

① 顺查法。

顺查法是指按照时间的顺序,由远及近地利用检索系统进行文献信息检索的方法。这种方法能搜集到某一课题的系统文献,它适用于较大课题的文献检索。例如,已知某课题的起始日期,现在需要了解其发展的全过程,就可以用顺查法从最初的日期开始,逐渐向近期查找。

② 倒查法。

倒查法是由近及远,从新到旧,逆着时间的顺序利用检索工具进行文献检索的方法。此法的重点放在近期文献上。使用这种方法可以最快地获得最新资料。

③ 抽查法。

抽查法是指针对项目的特点,选择有关该项目的文献信息最可能出现或最多出现的时间段,利用检索工具进行重点检索的方法。

（2）追溯法

追溯法是指不利用一般的检索工具,而是利用已经掌握的文献末尾所列的参考文献,进行逐一地追溯查找"引文"的一种最简便的扩大文献资料来源的方法。它还可以从查到的"引文"中再追溯查找"引文",像滚雪球一样,依据文献间的引用关系,获得越来越多的内容相关文献。

（3）综合法

综合法又称为循环法,它是把直接法和追溯法两种方法加以综合运用的方法。综合法既要利用检索工具进行常规检索,又要利用文献后所附参考文献进行追溯检索,分期分段地交替使用这两种方法,即先利用检索工具(系统)检索到一批文献,再以这些文献末尾的参考目录为线索进行查找,如此循环,直到检索结果满足要求时为止。综合法兼有直接法和追溯法的优点,可以查得较为全面而准确的文献,是实际中采用较多的方法。

（4）浏览法

浏览法是指对本专业或本学科的核心期刊每到一期便浏览阅读的方法。

优点：能最快获取信息，能直接阅读原文，基本上能获取本学科发展的动态和水平。

缺点：必须先知道本学科的核心期刊；检索的范围不够宽，漏检率大。

二、论文数据库的使用

以"中国知网"为例，论文数据库的使用步骤见表4.2-1。

表4.2-1　论文数据库的使用步骤

1. 登录论文数据库界面
例如登录网址：http://www.cnki.com.cn/或百度搜索"知网空间"，进入中国知网数据库页面。
2. 下载全文浏览器
点击网页右上角"下载阅览器"按钮，下载专用浏览器"CAJ浏览器"或"PDF浏览器"，安装在电脑上。

3. 选择专辑

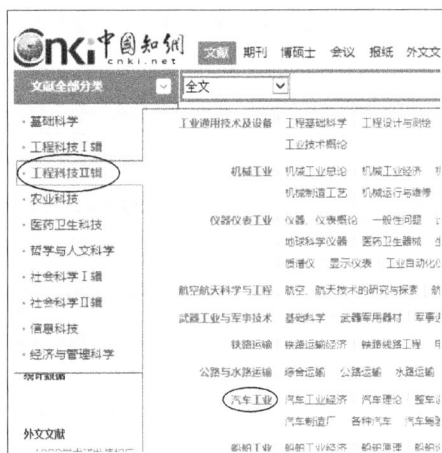

（1）点击"高级搜索"按钮，进入相关页面，检索的准确度更高。

（2）针对自己想要搜寻的资料涉及的专业领域，选择相应的专辑。

（3）以汽车行业相关资料为例，点击"文献全部分类"下拉菜单，依次选择"工程科技Ⅱ辑""汽车工业"。

对于不熟悉的专业领域，也可直接在搜索栏中搜索相关内容。

4. 选择检索项

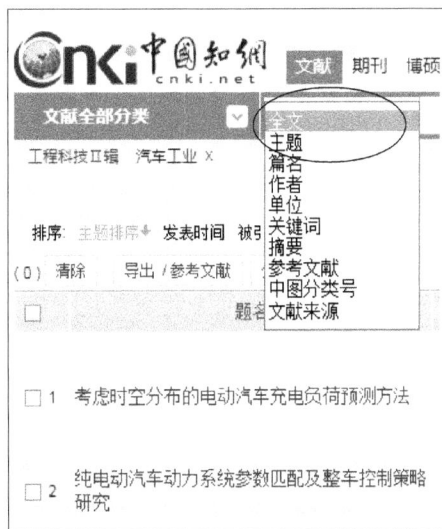

根据不同的检索项内容，搜索与之相关的专业文献。

5. 输入检索词

（1）选择其中一个检索项，如"主题"，输入相关内容，如"汽车维修"，单击"检索"按钮。在跳转以后的界面中可看到与该检索项内容符合的文献数目。

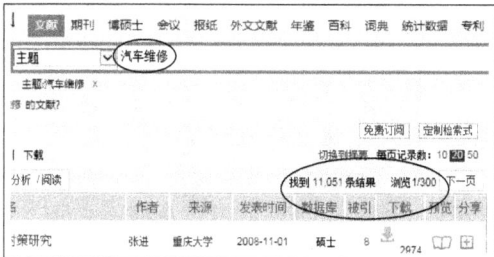

（2）对于列举出来的检索文献，可按不同的顺序进行排列，方便查找，如"主题排序""发表时间""被引""下载"等。

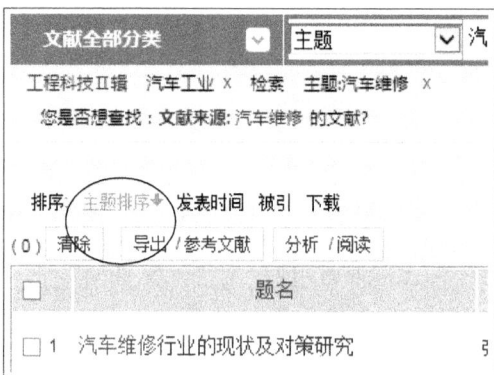

6. 进行检索

（1）找到符合自己要求的相关文献，单击此文献的标题，即可进入该文献资料的详细页面。

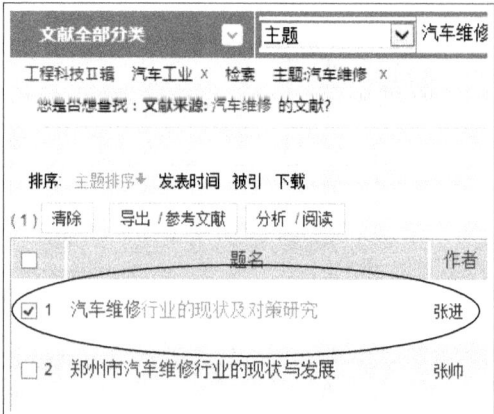

（2）如选择"汽车维修行业现状及对策研究"，作者"张进"，点击即可进入该文献的详细页面。通过对详细页面的研究，可判断该文献是否符合要求。

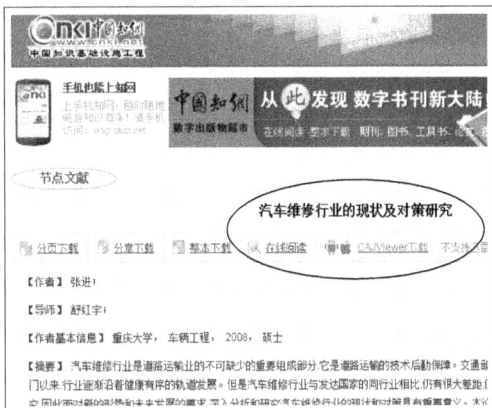

7. 高级检索

上述检索过程属于"初级检索"，虽然过程较简单，但是由于与某个检索项相关的文献数量很多，并且文献内容五花八门，无形中增加了文献检索的工作量。因此，对于专业工作者来说，限定范围，提高文献检索效率是相当重要的环节，可以利用"高级检索"来实现。

（1）单击页面的右上角"高级检索"选项。在弹出的页面中，出现检索项和检索语法的相关条件框。

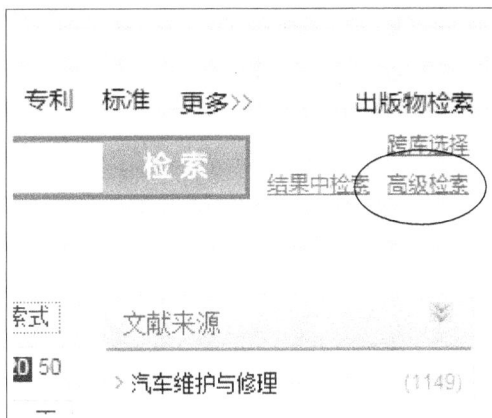

（2）单击"输入内容检索条件"的"＋"按钮，可增加一个至多个检索项，从而增加目标文献的检索条件，减少不符合条件的文献数目，提高文献检索效率。

（3）通过"输入检索控制条件"中的文献"发表时间""文献来源""作者""作者单位"等相关条件，进一步缩小目标文献的检索范围。如检索汽车发动机故障诊断与排除的相关文献，可按图示进行检索。

257

（4）点击"检索"按钮，系统界面显示被检索的文献列表，可根据文献发表的年份不同，进一步搜索，并下载所需文献用以参考。

如按照条件检索到陈李军、王瑜老师发表在《汽车维修》杂志上的《伊兰特悦动轿车发动机无法起动故障诊排》的论文。点击论文标题，进入该论文的详细资料页面。在详细资料页面中，可进一步查找有关信息。如根据论文摘要，大致了解论文所阐述内容等。同时也可以下载该文献，方便参考。

8．相关信息

（1）对于该文献的其他相关信息，也可进一步进行搜索。如查找该文献作者发表的其他论文，可单击作者的姓名，进行搜索，在弹出的页面中，可看到该作者发表的其他论文的检索结果。

（2）查看该论文作者所在单位发表的所有文献的检索结果。

（3）查看发表该文献的期刊里的其他文献。

（4）对于与该文献所阐述内容相关的其他资料，可通过"关键词"来进一步延伸搜索。

259

（5）如点击"关键词"中"汽车检测"，在弹出的页面中，可看到与该关键词有关的文献总数。

9. 搜索研究背景

为了写出一篇有质量的论文,或者根据文献想进一步研究与该文献相关的资料,可以对检索文献的"研究背景"进行搜索。

（1）如论文《汽车维修行业的现状及对策研究》,进入该论文的详细页面后,可看到该文献本身的相关内容。 （2）在页面中显示"本文链接的文献网络图示"中,可窥得一二。	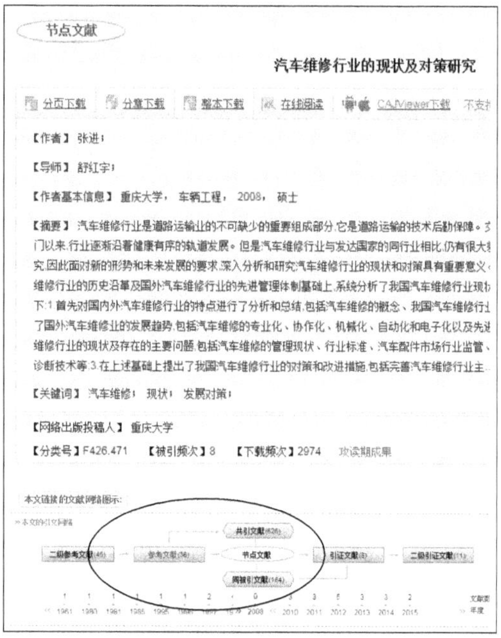
（3）点击"参考文献"（即可显示本文献所参考的文献来源）,这反映该论文研究工作的背景和依据。	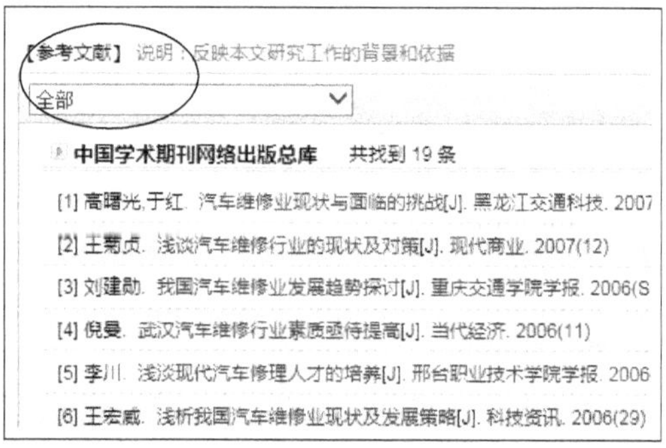
（4）点击"二级参考文献"（即本文参考文献的参考文献）,进一步反映该论文研究工作的背景和依据,即该文献的"来龙"。	

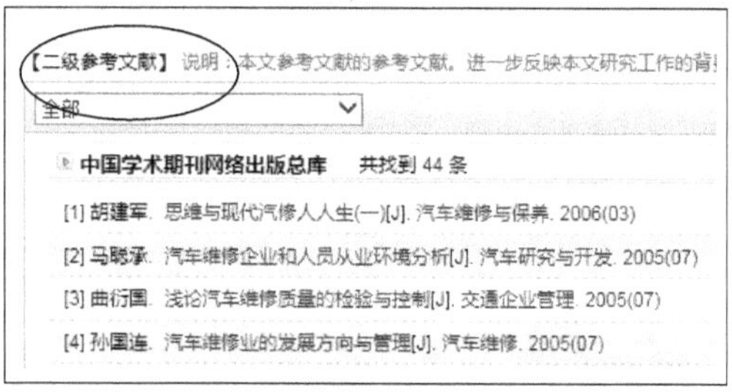

10. 后续研究

　　（1）参考该文献之后，如果想了解该文献研究内容的后续研究、应用或发展，可点击"引证文献"，即引用该文献的文献，表明该论文的后续、应用、发展或评价。

【引证文献】 说明：引用本文的文献，本文研究工作的继续、应用、发展或评价

全部 ▼

▸ **中国学术期刊网络出版总库**　共找到 4 条

[1] 寇照，樊梦欣．汽车维修业发展现状及对策研究[J]．价值工程．2012(29)

[2] 王宇奇．关于国内建立汽车维修连锁店的研究[J]．汽车实用技术．2011(05)

[3] 张旭明，李瑰明．浅析如何做好汽车维修工作[J]．经营管理者．2010(22)

[4] 张力,何少桃．车辆维修管理信息系统的开发应用[J]．民营科技．2010(08)

▸ **中国优秀硕士学位论文全文数据库**　共找到 4 条

[1] 马涛．以可靠性为中心的ZPW-2000A无绝缘轨道电路设备维修研究[D]．兰

[2] 厉倩．基于清洁生产的汽车售后服务系统设计研究[D]．上海交通大学 2012

[3] 唐睿洋．冷缩技术在发动机机体更新清洗中的应用研究[D]．山东大学 2011

　　（2）点击"二级引证文献"（即该论文引证文献的引证文献），更进一步反映该论文的研究走向、发展及评价，即研究内容的"去脉"。

【二级引证文献】 说明：本文引证文献的引证文献，更进一步反映本文

全部 ▼

▸ **中国学术期刊网络出版总库**　共找到 7 条

[1] 吴继信．浅析汽车维修技术的现状及发展趋势[J]．科技展望．201

[2] 孙传义，穆天宇．试论汽车维修现状以及技术设备与质量管理[J]．

[3] 梁岳蔚．汽车维修技术特征与改善措施探讨[J]．技术与市场．201

[4] 刘宏亮．浅析汽车维修技术的现状及发展趋势[J]．科技创新与应

[5] 庞立新．探究汽车维修与保养的行业现状及对策研究[J]．网友世

[6] 张蓉．我国二手车市场交易存在的主要问题及改革措施[J]．中小

[7] 张小兵．汽车维修技术的特征与改善措施探讨[J]．产业与科技论

▸ **中国优秀硕士学位论文全文数据库**　共找到 4 条

[1] 王钰．基于客户满意度的品牌认证二手车市场策略研究[D]．长安

11. 同行研究搜索

　　（1）若需了解同行之间的研究内容及方向，则点击"共引文献"，即可了解与该论文有共同研究背景和依据的同行的相关文献资料。

【共引文献】（也称同引文献）与本文有相同参考文献的文献，与本文有共同研

全部 ▼

▸ **中国学术期刊网络出版总库**　共找到 352 条

[1] 陈青青，姬巧玲，蔡天富．水轮机调速系统健康状态的预防研究[J]．水电与新

[2] 郭敏锐，衡蟠付．简论汽车维修人员素质的定量评价及其应用[J]．赤峰学院

[3] 郭昂．人工经验诊断法在汽车维修中的应用探究[J]．才智．2015(17)

[4] 衡蟠付,郭敏锐．汽车维修人员素质评估模型的建立及应用[J]．湖北科技学

[5] 陈英强,姬伟东,肖志怀,蒋劲．大型泵机组在线监测系统[J]．湖北机电化．20

[6] 陈经峰．探讨LNG储罐泵振动故障诊断方法[J]．石油和化工设备．2015(03)

[7] 高晓光,江志农,王辉,苏建峰．天然气管道离心压缩机振动高故障的诊断分析

[8] 刘建强,赵益萍,姜国英,王广阳,李明,任刚．柴油车底盘测功机故障诊断分析

（2）点击"同被引文献"，即与该论文同时被作为参考文献引用的文献，共同作为进一步研究的基础。	【同被引文献】与本文同时被作为参考文献引用的文献，与本文共同作为进一步 全部 中国学术期刊网络出版总库　共找到 112 条 [1] 占蕾博,孔维珍,马涛. 模糊故障树在列车运行时故障开门中的应用[J]. 计 [2] 齐东,米根锁,马涛. 无绝轨道电路传输距离分析[J]. 科学技术与工程. 201 [3] 吕德峰,过秀成,孔智,张小辉,李岩. 基于可用度的地铁车辆维修检查间隔 [4] 曾令金. 高速列车高级别维修[J]. 铁道机车车辆. 2011(02) [5] 陆宇衡,董德. 发动机再制造技术及产业发展[J]. 装备制造技术. 2010(12) [6] 厉倩. 汽车服务产业绿色发展战略研究[J]. 上海汽车. 2010(09) [7] 韩学松. 2009年中国工程机械主要设备保有量[J]. 工程机械与维修. 2010

12. 其他相关信息搜索

（1）仔细查看文献页面，还会得到一些"意外惊喜"。在"相似文献"中，可查看与该论文内容较为接近的文献。	【相似文献】说明：与本文内容上较为接近的文献 中国优秀硕士学位论文全文数据库　共找到 9 条 [1] 南征. 漯河市汽车维修行业的现状与发展研究[D]. 河南农业大 [2] 裴杰. 基于汽车维修行业现状工作过程系统化的汽车运用与维 [3] 祝刘洪. 贵阳市汽车维修行业政府规制有效性研究[D]. 贵州大 [4] 王志江. 政府对汽车维修行业规范化管理的研究[D]. 天津大学 [5] 吕林凯. 汽车维修行业信息对称监管机制研究[D]. 中国社会科 [6] 熊英. 西安市汽车维修行业监管制度优化研究[D]. 西北大学 20 [7] 张帅. 郑州市汽车维修行业的现状与发展[D]. 河南农业大学 20 [8] 王晓丽. 汽车维修行业管理信息系统研究[D]. 长安大学 2007
（2）"同行关注文献"是与该论文同时被多数读者关注的文献。	【同行关注文献】说明：与本文同时被多数读者关注的文献，同行关注较多的一 中国优秀硕士学位论文全文数据库　共找到 9 条 [1] 叶涛. 我国汽车企业核心竞争力评价研究[D]. 山东大学 2008 [2] 吴袁睌. 4S汽车营销模式在我国导入的内生机制与优化研究[D]. 暨南大 [3] 杜仲华. 汽车4S店销售模式存在的问题及对策研究[D]. 合肥工业大学 200 [4] 刘帆. 上市汽车公司业绩状况及影响因素分析[D]. 华中科技大学 2007 [5] 范俊强. 高档新车4S店售后服务体系研究与实践[D]. 重庆大学 2008 [6] 袁瑞雷. 汽车售后服务质量研究[D]. 重庆大学 2007 [7] 谢三山. 我国汽车营销现状及对策研究[D]. 重庆大学 2008 [8] 薛峰. 哈尔滨成功汽车维修有限公司发展战略案例[D]. 哈尔滨工程大学 20 [9] 李秉炎. 汽车快修连锁经营模式与发展对策探索[D]. 南京林业大学 2008

（3）"相同导师文献"是与该论文作者拥有相同导师的其他的博士或硕士研究生的学位论文。	
（4）"文献分类导航"，可根据中图法分类搜索相关领域的研究文献。	

13. 保存文档

（1）找到符合自己要求的文献，即可点击"下载"按钮下载该文献。	
（2）使用专用的浏览器进行浏览和参考。	

263

参考文献

［1］祖国海,高宏伟.汽车修理工(技师、高级技师)国家职业资格证书取证问答[M].北京:机械工业出版社,2007.

［2］梅德纯.汽车发动机构造与维修[M].镇江:江苏大学出版社,2014.

［3］杨雪茹.电控发动机检测[M].镇江:江苏大学出版社,2014.

［4］陈卫忠.汽车电控发动机实车故障诊断[M].武汉:华中科技大学出版社,2008.

［5］陈卫忠.汽车诊断中心设备的配置与使用[M].武汉:华中科技大学出版社,2008.

［6］关文达,张凯良.汽车修理工(技师、高级技师)[M].北京:机械工业出版社,2013.

［7］陈木元.汽车发动机控制系统维修[M].北京:机械工业出版社,2010.

［8］Fischer Richard.汽车维修技能学习工作页(1-4)[M].房大川,译.北京:机械工业出版社,2010.

［9］Fischer Richard.汽车维修技能学习工作页(5-8)[M].房大川,译.北京:机械工业出版社,2010.

［10］Fischer Richard.汽车维修技能学习工作页(9-14)[M].房大川,译.北京:机械工业出版社,2010.